# 價值戰爭

## 極權中國與民主陣營的終極經濟衝突

Ultimate Economic Conflict *between* China and Democratic Countries

An Institutional Analysis

朱敬一、羅昌發、李柏青、林建志——著

許瑞宋——譯

# 目錄

# 各界讚譽

為何中國與民主國家間的經濟衝突終究無法避免？全球經貿規則需要如何調整，以改革現行ＷＴＯ體制之不足？《價值戰爭：極權中國與民主陣營的終極經濟衝突》提供了我們真知灼見的分析，也帶來豐富多樣的實證案例，紮實地證明了國際經貿交流也無法自外於威權政治的負面影響，是以「台灣觀點」貢獻國際討論的絕佳典範。

——**鄭麗君，青平台基金會董事長**

作者以嚴謹學術論述與親身實務觀察，剖析美中經貿衝突根植於民主與專制價值差異對公平競爭與經濟利益的影響。要瞭解美中經貿衝突核心問題的人，都應該詳加研讀本書。

——**蘇建榮，國立臺北大學財政學系教授、財團法人台灣金融研訓院董事長**

這本書告訴我們，什麼叫做「創意」。有關民主體制的比較研究，國內外的討論與出版品，已是汗牛充棟。但是從現代科技（5G）、普及的數位交易，再加上實証的調查等等，這本書為民主體制的比較研究，開啟嶄新的另一扇門。

——**邱義仁，新境界文教基金會副董事長**

數位極權對內壓制、對外擴張，嚴重威脅全球政經秩序。本書從科技、經貿、制度觀點提出分析建議，為民主夥伴奠定堅實基礎。

——**唐鳳**

不同於美蘇冷戰的壁壘分明，美中之間千絲萬縷的經濟衝突，本書結合經濟與法學觀點，提供了有力的論點。

——**沈榮欽，加拿大約克大學副教授**

獨裁者主導的國家資本主義如何發生？有什麼特徵？跟我們的民主價值會產生什麼衝突？最重要的，我們又該如何面對？四位作者長期在這場無煙硝的戰役最前線折衝，精闢的分析對台灣的未來是重要的參考。

——**林明仁，台大經濟系特聘教授**

有如師徒聯手的老少組合，面對國家價值抗衡與經濟利益競爭的混亂世局，透過實證論述解析為讀者敲山震虎，也為思考經貿困境的決策者指引迷津。

——**張瑞昌，財團法人中央通訊社社長**

朱敬一與他中研院同事們合寫的這本書，來得正是時候，這本書著眼於美中之間的經濟關係，從學術與實務的角度，對美中之間深刻的裂痕，提出了獨到的見解。與過去幾十年來許多政策制定者和學者的期望相反，中國加入世界貿易組織和其他多邊機構，並沒有使它在共同價值觀方面變得與美國及其盟友更為一致。中國在經濟繁榮之餘，反而為了中國政府的利益，試圖改變自由經濟秩序。這本書是重要的研究成果，架構清晰，證據有力，有助讀者認清這個事實：兩大超級強國之間的競爭，是不同的原則之爭，兩者之間的分歧勢必難以彌合。

——**林夏如，美國維吉尼亞大學、香港中文大學、布魯金斯學會**

這本書令人眼界大開，改變了我對中國與先進市場經濟體關係的看法。目前世界上有許多人面臨著兩難：既渴望進入中國這個成長中的巨大市場，又對進入中國市場將面臨的嚴重風險和挑戰憂心忡忡（他們的這種憂心是合理的）。我強烈推薦，想多了解這個兩難問題的人都應該要讀這本書。

**——何漢理（Harry Harding），美國維吉尼亞大學**

這本著作的到來恰逢其時，對市場經濟與國家資本主義之間的經濟衝突，尤其是美國與中國的經濟衝突，提出了獨到和深入的分析。本書的每一個主要章節，各探討一個在兩種體制間，因制度差異而產生的重大、根本的分歧。本書論述清晰，內容豐富，而且有實證支持。它有助讀者更深入理解當前美國與中國之間的經濟衝突，並指出在現行世貿組織規則和法律制度下解決這些衝突的困難。正如作者所言，本書的重點不在於探討哪一種體制比較好，而是希望釐清衝突的根源。只有明白衝突的真正源頭，我們才能找到克服衝突的方法。因此，我強烈推薦本書給所有商業和經濟的政策制訂者，以及所有關心美中關係的人。

**——蔡瑞胸，美國芝加哥大學布斯商學院計量經濟學與統計學講座教授**

在這本書中，朱敬一與合著者仔細研究了圍繞著中國獨特的國家資本主義制度各種懸而未決的問題，提出了豐富的論述。近年來，許多政策制定者在做決定的時候，把學術研究的發現晾在一旁，光靠直覺做決定，如此罔顧研究成果的政策制訂，無法保護自由經濟的利益。本書作者藉由全面重新審視經濟文獻，並且高度注意中國做法中最明顯違背市場期望的一些例子，為這個議題提出了新的見解，也扣合了時勢的最新發展。如今主要經濟體正在擺脫過去幾年資訊不足的單邊主義，開始認真合作，為不再假定所有國家終將奉行市場原則的新時代制定議程，這本書來得正是時候。

**——榮大聶（Daniel Rosen），美國榮鼎集團（Rhodium Group）合夥人**

# 中文版序與導讀

朱敬一、羅昌發、李柏青、林建志

很高興，我們在二〇二一年出版的英文書 *Ultimate Economic Conflicts Between China and Democratic Countries*，將由衛城出版繁體中文版。我們四位作者都是台灣人，用英文寫書，再回過頭來翻譯成中文，這過程十分曲折。開玩笑說，這是「出口轉內銷」。

寫書、寫文章的目的，就是要影響讀者；之所以會走上「出口轉內銷」的曲折道路，理由也不難理解：我們這本書最想要影響的人，是全球民主國家（所謂 like-minded）的盟友，所以先用英文撰寫，希望及早觸動盟友。國內讀者的溝通理解當然也重要，所以英文一出版就即時進行中譯。

我們四位作者都有若干法律的訓練與專業，多位也曾經在台灣駐WTO代表團工作過。這本書有許多內容，都與國際經貿法制有關，也討論WTO現行法規的若干缺點。但是從國際經貿的角度切入，對大多數讀者來說恐怕生澀了一點。在這篇中文版序，我們試圖用不同的切入角度，幫助台灣讀者了解我們的論點。

我們可以把全球以國家（或其他名義）參與的「俱樂部」概分為兩類：其一是「經貿」俱樂部，例如全球性的WTO、區域性的CPTPP（跨太平洋夥伴全面進步協定）、USMCA（美墨加協定）等。其二是「政治」俱樂部，例如聯合國及其附屬機構等。大致而言，各經貿俱樂部都擬有一份或若干份規則，要求參與的會員皆需遵守，例如WTO以GATT（關稅暨貿易總協定）與GATS（服務貿易總協定）等規則，規範各會員的關稅、補貼、市場開放等政策。經貿俱樂部會員如果違反這些規範，其他會員經過一定程序，往往可以反制或是處罰。所以簡單地說，經貿俱樂部的會員規範，是頗具強制性的。

但是政治俱樂部卻殊少類似規定。基本上，政治是一個國家的「內部」事務，政治俱樂部成員很難跳過主權政府，逕行批評其他成員國國內的言論、資訊、選舉等內政。某國政府除非涉及核武擴散、種族清洗等極為嚴重的事，國際上的政治俱樂部通常都會避免「干涉內政」。

為什麼經貿俱樂部與政治俱樂部有這樣的差別呢？傳統的國際關係理論，都強調國家「利益」，不太去談自由、人權、民主等「價值」。這主要是因為國際社會沒有國際政府，國際法的實質拘束力不強，聯合國也稱不上是執法機構，因此國際社會像是一個無政府狀態，這是一切國際關係理論推論的起點。所以，國家的行為模式與個人或公司不一樣，因為國家就像是在一個霍布斯的自然狀態下競爭，沒有一個國際規範去懲罰過分的行為。俄羅斯侵略烏克蘭、殘害無辜、塔利班不讓婦女受教育，也不讓婦女工作，這些都違反國際法，但國際只能譴責，不能繩之以「法」。

但是經貿活動不同。在全球化之下，全球經貿互動密切也彼此競爭。WTO的諸多規範，都是在保證競爭的公平。例如，如果A國課高關稅、放任海關騷擾，使得B國商品難以進口A國，這就是國際經貿的不公平競爭。又如A國政府大力補貼其境內公司，使得沒有政府補貼的B國公司難以抗衡，這也是不公平競爭。WTO或其他區域性經貿俱樂部為了要保障國際經貿競爭的公平，遂訂定了諸多關稅、補貼、開放市場的規定，要求成員國遵守。如果成員違反規定，各俱樂部就可能祭出懲罰措施。例如，台灣既是WTO會員，我們能不能禁止美國豬肉進口，就不只是台灣的內政；WTO的相關規範對我們的確有約束性。簡言之，因為國際經貿活動「不是內政」，而涉及會員之間的商業競爭，涉及各國利益，所以經貿俱樂部的規範比政治俱樂部嚴厲，其「國境穿透性」也比較強。

國際上經貿俱樂部與政治俱樂部的差別，概如前述。接下來的問題是：這兩個俱樂部雖然互不隸屬，但是彼此之間是否會相互影響呢？經貿活動競逐的是經濟利益，但政治規範背後卻是國家政治體制的價值。國際上的政治俱樂部不觸碰各國政治體制的價值，但是各國捍衛自己的經濟利益卻是天經地義。那麼，萬一政治「價值」與經濟「利益」有所衝突，要怎麼辦呢？這是一個傳統國際關係理論忽略的重要面向，也是本書的主要切入點。

用一個例子說明最清楚：眾所皆知，中國有網路封鎖，當然也就沒有資訊流通的自由。雖然民主國家對中國限制言論與資訊自由皆不以為然，但是「不尊重資訊自由」是中國集權體制的一環，網路封鎖更是中國的內政，民主國家很難透過「政治俱樂部」表達異議。即使提出異議，中國政府也完全不必理會；中國會大聲說：「網路封鎖是我國內政，與它國無涉」。

但是在全球化的經貿體系裡，價值與利益卻經常自然掛勾。以網路通訊自由為例，因為中國網路封鎖，所以中國十四億人連上其他國家電商平台購買商品會非常困難，既需VPN翻牆，連網等待時間也極長，購物內容往往還會受監控審查。相反地，由於民主國家網路自由連網便利，所以他們在中國的淘寶購物極為方便。這，就形成了電子商務貿易的不公平：民主國家人民買中國貨品很容易，中國人民買民主國家貨品很困難。我們要再度提醒：貿易不公平扭曲了國與國之間的「利益」，但是背後關鍵，卻是國與國之間「是否容許資訊自由」的「價值」歧異。

又再如，民主國家的價值之一是「制衡」，避免任何單一力量獨大。這個概念放在產業競爭場域，則形成了各種版本的「反獨佔法」，或是台灣的「公平交易法」。但是，極權國家沒有「制衡」的價值。相反地，他們主張「集體」、「集中」的價值。以中國資通訊產業一哥「華為」為例，它轄下經營的業務包括晶片設計、晶片製造、基地台設備、手機生產等。如果要在美國找一家匹配的公司，大概需要高通＋蘋果＋英特爾，還要再併購歐洲的基地台設備製造商。但是如所週知，在民主國家的反獨佔法規範下，這種垂直合併根本完全不可能。

因此，民主國家的制衡價值約束了企業的併購。像中國這樣的極權國家因為以黨領政，完全不在乎制衡，因此創造出一個垂直加水平併購的巨大商業模式華為。當華為在國際上競爭5G與6G市場時，也許其巨大的合併架構有利於其競爭，進而獲取經濟利益。準此，民主國家的制衡「價值」又與競爭「利益」產生了衝突。

這本書，就是把諸多因為民主與極權的「價值」歧異臚列，進而說明這些價值歧異會產生哪些國際經貿「利益」的矛盾。由於許多價值都以文字形諸法律甚至憲法，恐怕不太可能更動。準此，價值衝突所引發的利益矛盾極有可能在若干面向呈現。即使若干利益衝突目前沒有浮上檯面，我們認為中長期而言衝突終究無法避免。本書英文書名「Ultimate Economic Conflicts」中「Ultimate」這個字，就是在描述這種「終究無法避免」的態勢。本書中文版書名為《價值戰爭》，確實能刻劃我們所描述的「價值差異引發利益對峙」。

除了講述價值與利益的相互牽動，我們也指出當前WTO法規的缺陷，以及其應該修正的方向。WTO的法規研擬於三十年前，當時的環境與現在已經有重大不同。也因為如此，舊石器時代的WTO法規已經不足以完整規範元宇宙時代的國際經貿活動。在法規方面，由於其修改涉及複雜的國際互動，我們僅點到為止，避免做一廂情願的論述。

我們英文書稿的撰寫大約始於二〇二〇年，書中記述的環境在過去三年略有變化，但並沒有結構性的根本改變。少數一二處變化稍大者，我們也為中文版讀者做了補充，算是對「出口轉內銷」延誤的補償。書中或有粗疏或遺漏之處，尚請讀者不吝指正。

二〇二三年五月

# 序言

朱敬一、羅昌發、李柏青、林建志

這本書是關於美中兩國在貿易和科技方面的衝突。這些衝突大約開始於十年前，在本書付梓時，預計還會持續許多年。因此，我們應當解釋這些衝突為何引起我們的注意，以及我們為何能夠提供全面的分析。

主修經濟學的學生多數讀過凱因斯在一九三六年出版的經典著作《就業、利息和貨幣通論》（*The General Theory of Employment, Interest, and Money*）。凱因斯經歷了大蕭條時期，而正是他在大蕭條時期的觀察，激發他提出了這本經典之作中的觀點。但是，對於出生在二次世界大戰之後的經濟學家來說，如果不是目睹二〇〇八年的金融海嘯，他們可能根本無法想像全球金融危機的衝擊，以及在促進經濟復甦上，政府支出所發揮的重要作用。同樣地，國際關係的年輕學子多數讀過一九二〇年代貿易禁運和經濟報復的故事。但是，如果不是川普執政期間爆發史無前例的美中貿易戰，他們當中許多人可能還無法真正明白全球貿易戰是怎麼一回事。

無論幸或不幸，我們幾位作者有機會身處世界貿易組織（ＷＴＯ）的前線，觀察ＷＴＯ組織氣氛的劇變，看到ＷＴＯ解決爭端的制度如何陷於癱瘓，並目睹ＷＴＯ會員在這場貿易戰期間何其沮喪。這種獨特的「戰爭前線」觀察成為我們寫這本書的第一個動機，因為我們希望研究、並找出世上最大的兩個國家爆發如此巨大衝突的體制面原因。如果美國認為它容許中國加入ＷＴＯ是犯了錯誤，那是為什麼？如果美中衝突與ＷＴＯ規則的一些缺陷有關，那是什麼樣的缺陷？如果存在這種缺陷，ＷＴＯ為何一直無法加以糾正？最後，這些衝突最終將如何結束？

除了上述的貿易衝突，川普政府還將「科技禁運」這個新的面向帶入了美中的對抗當中，所用的方法是像「實體清單」禁運這樣的行政措施。站在貿易和經濟學的角度，這種禁運可視為「非關稅貿易障礙」，可能比關稅這種傳統貿易障礙更加有力。已經有許多評論者提出「科技脫鉤」這個新名詞，科技禁運看來甚至可能成為一種新的、更有效的對抗武器。此外，如果科技脫鉤，全球貿易未來將如何發展？我們寫這本書的第二個動機，就是釐清貿易與科技面向間的相互作用。具體而言，如果貿易戰背後有體制上的原因，我們希望了解科技面向如何助長貿易問題，甚至成為問題的一部分。

展望未來，如果科技的脫鉤確實發生了，我們就無法樂觀期待統一的、基於規則的全球體系（如舊WTO）再次復興。尤其值得注意的是，由於許多國家安全網絡和武器系統是以網際網路為骨幹基礎設施，未來的網際網路標準（如6G）很可能出於國家安全的考量而脫鉤，甚至一分為二。如果未來的服務貿易主要是建立在網際網路的基礎設施上，我們會越來越懷疑，一個統一的全球服務貿易體系能否維持下去。

上述美中衝突涉及各方面的知識，包括經濟學、國際關係、法律體系比較、WTO法律，以及科技政策。正是這些知識促成我們四人合寫了這本書。

第二章和第三章有部分內容改寫自我們發表過的論文。[1] 此外，我們要感謝我們在不同機構的許多同事和朋友，對初稿提出了寶貴的意見和回饋，尤其是WTO代表團的同事們，對於本書的主軸貢獻良多。我們非常感謝各出版商，容許我們在這本書中使用相關內容。我們也感謝本系列叢書的編輯安德魯・泰勒（Andrew Taylor），他既迅速又有條理地完成了這本書的出版。

二〇二一年八月

# 推薦序

孔傑榮（Jerome A. Cohen）
美國外交關係協會亞洲兼任高級研究員
紐約大學法學院亞美法研究所榮休創所主任

在還沒閱讀這本內容豐富、深具啟發性的著作之前，我對作者們邀請我寫序感到疑惑。雖然我和許多人一樣，觀察著日趨緊張的美中關係，對每天都有可能導致事態惡化的各種經濟衝突感到憂心，但我畢竟不是經濟學家，很難掌握媒體中所報導的美國與中國在貿易、投資和技術移轉方面各項爭端的細節和涵義。現在我很高興可以告訴大家，這本書並非只是為經濟專家而寫，而是也為關心世界兩大超級大國全面互動的大眾而寫。事實上，正如書名所暗示，本書的分析有更普遍的意義，就是揭示了威權社會與民主社會在相互合作和理解上的巨大障礙。

當然，中國是威權乃至極權政府在當代最主要的例子。本書作者有力地證明了中國的共產黨政府與民主國家的政府截然不同，而這種差異對已經出現的形形色色的經濟爭端，全都有著決定性的影響。

作者將這種差異定性為相互競爭的意識形態之間的分歧，甚至是對立的價值體系之間的分歧，而非只是經濟體之間的衝突。他們以中華人民共和國（PRC）獨特的目標、組織、制度和實踐，闡述了這種差異的主要表現。此外，作者還強調中國共產黨如何壟斷和動員起它獨特的部署，以便最大限度地利用近數十年來重要技術創新所造就的機會，來增強它的國力。

各方與中華人民共和國、該國的公司、該國的代表之間的個別經濟衝突，正是必須放在這種獨特的背景下來理解。正如本書強調，中華人民共和國及其從屬的相關人員、部門、單位、機構談判，不同於與大英國協、西歐、日本或印度的代表談判。無論談判桌上中華人民共和國的代表在名義上是何種身分，他們實際上通常只是中國共產黨的奴僕，而且必然順從於黨的意志。外國人在與中華人民共和國的商業往來中遇到不平，若是想要尋求滿意的爭端解決方式，則無論是在國際的公開場合，還是在中華人民共和國的法律機構裡，往往都會遇到很不尋常的政治障礙。

本書作者在一系列的脈絡下闡明此一主題。他們關於中華人民共和國加入世貿組織有何後果的討論，雖然複雜，但極具啟發性，因為他們早就是世貿組織相關事務的專家。此外，在人工智慧和大數據的新時代，像 TikTok 這種看似無害的公司，對於美國和其他自由國家的國家安全，為什麼會被視為威脅？我發現本書作者提出的解釋非常有幫助。本書的分析也有助我們理解當前的許多其他爭議，包括中華人民共和國《反壟斷法》的境外管轄權，華為與高通之間的激烈爭端；也能幫助我們認識美國證券交易所的一項為時已晚、亡羊補牢的做法，即要求在交易所上市的中國公司必須遵循所有上市公司適用的資訊揭露要求。

關於當今中華人民共和國的法律制度，和它對解決經濟衝突的作用，本書作者做出了詳盡的描述，相信許多讀者會特別感興趣。本書正確地突顯了以下兩方面之間的明顯矛盾：一方面，是中國統治當局試圖在國內建立一種比較有吸引力的國際爭端解決環境，因此創造了一些新的法律和法庭；另一方面，在中國發生的事又清楚證明，共產黨完全控制了法院和法律界。正如作者指出，在中國，現存的許多相關法律往往含混不清，容易被當局權宜解釋，而且在實踐中常遭漠視。

最後，值得一提的是，本書的四位傑出作者全都來自台灣，而當中的資深學者，朱敬一教授和羅昌發教授，分別在其專業領域經濟學和法學享有顯赫地位。兩人在台灣令人讚嘆的現代化進程中，在政府和學術界都持續發揮重要的影響力。他們的背景和經歷顯然使他們更有能力分析中華人民共和國和它與世界的關係，並沒有因為這些經歷而扭曲他們對海峽對岸政權的看法和判斷。

有許多台灣專家當然是一心關注、研究著台灣在政治、經濟和法律方面的驚人進步，台灣尚未克服的重大挑戰，但也有一些人已經完成有關與中華人民共和國的傑出研究。我希望會有更多的台灣專家，效法這本重要著作的作者，在關注台灣之餘，也投注心力去研究發生在中華人民共和國的進展。

二〇二一年五月十四日

# 本書使用的英文縮寫

ACCC 澳洲競爭與消費者委員會

ACGA 亞洲公司治理協會

AI 人工智慧

AMC 中國國務院反壟斷委員會

AML 中國的《反壟斷法》

CCMCs 中共軍方企業

CCP 中國共產黨

CFIUS 美國外國投資委員會

CMA 英國競爭與市場管理局

COMECON 經濟互助委員會

CPC 聯合國中央產品分類

CPTPP 《跨太平洋夥伴全面進步協定》

CSLI 手機位置紀錄

CSRC 中國證券監督管理委員會

CTBs 網路空間貿易障礙

DARPA 美國國防部高等研究計劃署

DSB 世貿組織的爭端解決機構

E-WTO 電商 WTO

EC 歐盟執委會

F-WTO 公平競爭 WTO

FDA 美國食品藥物管理局

FDI 外商直接投資

FIRRMA 美國的《外國投資風險審查現代化法》

FTTs 強制技術移轉

GAAP 通用會計準則

GAFA Google、蘋果、臉書、亞馬遜

GATS 《服務貿易總協定》

GATT 《關稅暨貿易總協定》

GDPR 《一般資料保護規章》

GFW 中國的防火長城

HFCAA 美國的《外國公司問責法》

HFCE 家庭最終消費支出

ICH 國際醫藥法規協和會

IP 智慧財產權

JSI 聯合聲明倡議

M&As 併購

MNCs 跨國公司

NASSP 中國國家保密局

NATO 北大西洋公約組織

NIH 美國國家衛生院

NME 非市場經濟

NSF 美國國家科學基金會

NYSE 紐約證交所
OSC 軌道科學公司
PCAOB 美國上市公司會計監督委員會
PPF 生產可能性邊界
PWG 美國總統金融市場工作組
SASAC 中國國有資產監督管理委員會
SBIR 小型企業創新研究計畫
SCM 《補貼及平衡措施協定》
SEC 美國證券交易委員會
SOEs 國有企業
SPC 中國最高人民法院
STTR 小型企業技術移轉
TFEU 《歐盟運作條約》
TIER 中國的《技術進出口條例》
TiSA 服務貿易協定
TRIMs 《與貿易有關的投資措施協定》
TRIPS 《與貿易有關之智慧財產權協定》
UNSD 聯合國統計局
US BRAIN Initiative 推進創新神經技術腦部研究
USMCA 《美國墨西哥加拿大協定》
VPN 虛擬私人網路
WFOE 外商獨資企業
WTO 世界貿易組織

# 第一章 引言

## 當「社會主義市場經濟」走向世界

## 美中衝突升級

二〇一七至二〇二〇年，在美國總統川普執政期間，國際關係上最重要的事件就是美國與中國的衝突升級。這當然不是歷史上美國第一次與其他國家發生貿易衝突；一九八〇年代的美日貿易衝突是美國與其他國家衝突的案例之一。不過，之前的美日貿易衝突與當下的美中貿易戰截然不同。以前者而言，雖然美國與日本在制度上有一些差異，但兩國的經濟決策仍大致遵循市場理性。[1]中國所代表的社會主義經濟就不同了。因為在社會主義經濟體制中，「國家擁有生產手段，國家的規劃與官僚體系的目標設定，不是為了達成發展目標的理性手段……它們本身就是基本價值。我們不能拿低效率或無效率當作理由來質疑國家。」[2]從這個角度看，美國與中國的衝突從最初關乎不公平貿易，迅速延伸至科技以至金融領域，也就不足為奇。曾任美國國家安全顧問的波頓認為，貿易問題只是冰山一角，美中之間的結構性問題才是導致美中衝突的真正因素（Bolton, 2020）。當然，這絕不僅是波頓個人的鷹派觀點；事實上，許多人也曾發表過類似的言論。[3]在這一章中，我們會先概述上述的結構性問題和美中衝突的演變。至於更詳細的資訊，我們將在後面的章節提供，本章因此會先略過一些細節。

二〇一八年三月二十二日，川普政府開始對中國出口至美國的六百億美元商品課徵關稅。這個純粹的貿易措施很快就擴展至科技方面：二〇一八年四月十六日，美國宣布禁止美國企業出售零組件給中國電訊製造商中興通訊。然後在二〇一八年十二月一日，加拿大政府應美國司法部的要求，逮捕了中國主要電訊公司華為的副董事長暨財務長孟晚舟。美國指控華為將使用了美國零組件的產品出口至伊朗和北韓，違反了美國對這兩個國家的制裁。由於華為是中國第五代通訊（5G）發展的領導廠商，外界咸認為逮捕孟晚舟反映了美國對美中5G競爭的態度。[4]

二〇二〇年八月六日，川普政府下令，在紐約證交所和納斯達克上市的一些公司必須接受美國的審計，否則必須在二〇二二年前下市。雖然這項行政命令沒有提到具體的公司名稱，但所有新聞報導都指出，當局的目標是與中國和香港有關的兩百八十三家上市公司。這是美中衝突第一次蔓延到金融層面。此外，在二〇二〇年，美國政府多次將更多中國公司列入實體清單，逐漸增加針對中國的科技制裁項目。[5]

本書的目的是分析這場美中經濟衝突的各個面向。為了理解美中衝突發生的根本原因，我們審視了專制共產主義的中國，與民主資本主義國家如美國、日本、德國、英國和澳洲，在體制和意識形態上的差異。在本書中，我們以「市場經濟」和「黨國資本主義」分別指稱西方自由民主國家和中國的經濟模式。根據穆薩基奧與拉扎里尼的說法（Musacchio and Lazzarini, 2014），在國家資本主義體制中，「政府廣泛影響經濟，手段包括持有企業的多數或少數股權，以及向私營公司提供信用補貼或其他特權」。而在中國所代表的黨國資本主義下，政府背後同時有「國家」與「共產黨」雙重身影。相對之下，在市場經濟體制中，政府的角色較為有限，經濟決策主要是受供給和需求驅動和影響。我們明白，這兩種模式只是理念類型，也就是說，它們無法精確描述個別國家的經濟行為屬於哪一類型；現實中有許多中間或混合模式，把這兩種理念類型的元素結合在一起。雖然有這樣的侷限，我們仍然認為這兩個概念雖然不精確，但作為本書的分析工具還是很有用。

當我們比較黨國資本主義與市場經濟背後的意識形態時，我們不把重點放在人們常提到的價值觀差異（例如自由或民主之類的價值問題），而是放在這種價值觀和體制差異導致的經濟層面影響。為了了解為什麼價值觀差異最終會導致終極經濟衝突，我們會先討論川普政府提出的一個廣為人知的批評：讓中國加入世貿組織是美國犯下的錯誤。[6]說美國政府「犯了錯誤」是什麼意思呢？如果說，中國在經濟上的行為與美國和其他民主國家所期望的不同，那是為什麼？如果中國繼續維持現行政治體制，我們可以預測和預料將來還將有哪些經濟衝突？[7]此外，最重要的是，這種預期衝突與專制共產主義與民主之間的體制差異有什麼關係？

## 經濟發展會促成民主嗎？

有關經濟發展與政治體制變革的關係，二十年前中國加入世貿組織時，當時主流觀點認為，將中國納入全球市場經濟體系，最終將會改變中國的政治體制，中國很可能就此走向民主，至少在某個程度上或在某些領域裡應該會如此「民主化」。但事實證明，中國辜負了這個期望：自加入世貿組織以來，中國濫用其超快速經濟成長所帶來的機會，積極推進它的獨裁目標。換句話說，問題不僅是中國沒有民主化，而是中國在取得經濟成就的同時，變得比以前更極權。前述「經濟發展促成民主」的主流觀點雖然現在看來完全是不切實際的一廂情願，但政治科學的研究文獻中的確有一些理論分析支持該觀點。接下來我們先回顧相關討論，然後再提出我們自己的看法。

民主與經濟發展之間的交互影響，是社會科學界長年以來討論的一個課題。李普賽是探討這個課題的先驅（Lipset, 1959），在他之後有戴雅門與林茲（Diamond and Linz, 1989）、英格哈特與威爾采（Inglehart and Welzel, 2010）、艾塞默魯與羅賓森（Acemoglu and Robinson, 2012, 2019），還有其他許多人。李普賽認為，經濟發展有可能促成民主，因為經濟發展會產生特定的社會文化變化，而這些變化會造成人類行為的改變（Lipset, 1959）。戴雅門與林茲則提出這種交互影響的三種可能方式（Diamond and Linz, 1989），以下逐一討論之。

首先，有一個論點是認為，經濟表現不佳很可能引起大眾的焦慮和不滿。焦慮日甚的社會氣氛通常歡迎強權領導，而這與民主的發展並不相容。因此，健康的經濟是民主永續的一個必要條件。但我們注意到：一、這個論點並不意味著經濟發展是民主的充分條件；二、這個論點關注的是民主永續的問題，而不是從專制政體轉向民主的轉變問題。

第二，研究人員發現，經濟發展往往伴隨著都市化、識字率提高、教育機會普及，以及社群互動變得比較密切。這些都有利於人權觀念和民主思想的推廣。但是，這個論點同樣只是觀察到經濟發展與一種有利於民主的社會環境之間的「相關性」，並不表示經濟發展與民主化之間有因果關係。

第三，我們觀察到，經濟發展有助於促進中產階級和相關社會組織的崛起，進而能夠對政府的施政施加壓力並且予以制衡；這種制衡與民主化的發展當然是一致的。但這個論點也同樣不嚴謹：中產階級崛起推動政權走向民主只是一種設想，是否真的發生難以確定，因為有很多因素可能導致政權往其他方向演變。

綜上所述，上述論點為民主與經濟發展的相關性提供了概念上的支持，但並不構成嚴謹的因果論證。英格哈特和威爾采等研究者就已經提出了經濟發展並沒有促成民主的許多實際案例（Inglehart and Welzel, 2010）。而即使有大規模跨國調查的資料可供分析，學術界還是未能確立經濟成功促成民主的因果關係。此外，由於政治體制變革速度緩慢，研究者很難觀察到政治體制穩定過程的全貌，也很難基於有限的觀察得出嚴謹的推論。最後，新加坡的例子反映了一個灰色地帶：該國既不民主也不完全專制，但半個世紀以來，它是世界上經濟成長最快的國家之一。

過去三十年間，最令人不安的例子當然是中國。一九九〇至二〇二〇年間，中國經歷了空前快速的經濟成長，三十年間國內生產毛額（GDP）增加了約四十倍。中國傾向將其經濟成就解釋為社會主義市場經濟（或「具有社會主義特色的市場經濟」）的典範。姑且不論社會主義市場經濟的確切含義如何，如果這個典範論成立，它顯然駁倒了經濟發展會促成政治民主的說法。無論以什麼標準衡量，二〇二一年的中國可能是世界上最專制的國家之一。

那麼，如果經濟發展會促成政治自由化的預測不成立，專制國家的下一步將會如何？在這個全球化已經不可逆轉的時代，世界要如何應對兩種經濟體制——一種是民主的市場經濟，另一種是以中國（或許還有俄羅斯）為代表的專制社會主義市場經濟？我們是否應該期待看到，將有一種世界經濟秩序以某種方式調和這兩種體制呢？抑或，這兩種體制之間存在根本的制度差異，而這意味著未來的衝突無可避免呢？本書將試著回答這些問題。

## 中國企業在世界經濟中的奇特角色

中國經濟成功的故事也與本章開頭提到的美中衝突有關。美國貿易代表署在多份WTO文件中表示，中國的經濟成就（至少某程度上）靠的是各種不光彩的手段，包括強迫技術移轉、盜竊智慧財產權、政府大量補貼、操縱匯率，以及違反現行WTO規則或鑽漏洞等許許多多其他手段。[8]根據朱敬一與李柏青的研究（Chu and Lee, 2019），美國的指控有一定的道理，因為一九九四年簽訂的《馬拉喀什協定》（Marrakech Agreement，此為WTO成立的法律基礎）確實存在漏洞。今天的世界與一九九四年時已經大不相同，而中國確實利用了很早以前制定的WTO舊規則來佔其他國家便宜。

朱敬一與李柏青指出了現在與《馬拉喀什協定》制定時的三項環境差異（Chu and Lee, 2019）。在這裡，我們僅簡述其中兩項，細節留待後面的章節闡述。現在的情況與一九九四年的第一項差異，是知識經濟的崛起。在一九九四年，半導體產業還沒有驚人的發展；人類基因組計畫還沒開始；基於研發的高科技產業和創投公司也沒有像今天這樣蓬勃，今天的許多高科技巨頭當時甚至還沒冒出頭。一九九四年頒布的《關稅暨貿易總協定》（GATT），其規則主要涉及傳統產業。為了在這些傳統產業維持公平的國際競爭，貿易規則主要規管介於「工廠」與「市場」之間的政府補貼。但在高科技產業，一種新的、可能更重要的補貼出現了，那就是從「研發實驗室」到「工廠」的補貼。中國政府在這個早期階段就提供了許多補貼，但現行WTO規則無法有效規管這些補貼。簡言之，《關稅暨貿易總協定》管制的補貼針對「已經存在」的商品，但高科技產業的補貼卻是針對「還不存在」的商品，希望靠補貼促成其商品之出現。

一九九四年沒有預料到的第二種情況，則與蘇聯和中國快速市場化有關。蘇聯一九九一年開始解體，鄧小平則是在一九九二年發表南巡講話，進而全面啟動中國的市場化。各國起草《馬拉喀什協議》時，是基於正統的西方市場經濟背景，假定企業與政府是不同的實體。但中國的情況完全不是這樣。

在中國，以前完全由政府或中國共產黨擁有的企業迅速私有化，創造出很大比例的偽私營企業；擁有或控制這些私營企業的人，多數與政府或黨高層有良好關係。這種怪異的經濟狀況可稱為黨國權貴資本主義（state-party crony capitalism）。因此，在中國（或許還有俄羅斯），企業與政府在其體制設計和關鍵人員方面，兩者之間實際上有剪不斷的關連。

馬利德（McGregor）指出，在決策方面，中國沒有真正的「私營」企業；該國所有企業，尤其是大型企業，皆受中國共產黨嚴格控制（McGregor, 2010）。他引用其他人的觀點，得出中國GDP僅二〇%至三〇%是由真正私營企業貢獻的結論（p. 199）。許多中國大公司的執行長辦公室裡有個「紅色電話」，連接中共內部的通訊線路，方便共產黨在必要時向執行長發出關於業務方向的指示（p. 29）。多數公司並不厭惡這個紅色電話，反而視之為公司與黨關係密切的象徵，而這種關係可在關鍵時刻提供公司營運上的便利。

馬利德指出，雖然法律沒有明文規定，但中國共產黨可以針對公司的政策發出指示，決定公司董事會成員和執行長的人選，無視或繞過所有與商業有關的法律，以及鎮壓任何公司內部的工會運動。即使是上市公司，公開的文件也從不說明誰是最重要的決策者（p. 74）。許多外國公司抱怨，名義上是企業對企業的雙邊事務，它們在私人談判中面對的卻是一個國家，而不是一家公司（p. 81）。總而言之，我們認為社會主義市場經濟這個「單純」的名詞，已經無法充分反映中國商業運作的實況。

這一點事關重大。例如，WTO 義務適用於會員政府，要求各國政府規管其國內的企業活動。但是，如果企業實際上是由政府或黨經營，上述 WTO 規則就顯然未能產生應有的作用。

以上分析突顯了一個事實：到了二〇二一年，二十七年前制定的現行 WTO 規則應用在現代國際貿易上，已經有些過時了。而且由於 WTO 修訂規則必須獲得會員一致支持，受惠於現行規則漏洞的國家不大可能放棄這種好處，因此舊規則無法朝合理的方向修訂。如是之故，現況等同是慫恿各國利用 WTO 現行規則的漏洞，佔其他國家便宜。基本上，這正是美國對中國的指控。

## 本質上不公平的經濟競爭

雖然現行WTO規則存在著這些漏洞，但這些漏洞並非帶給所有國家平等的機會，而是系統性地偏袒某些國家。在本書接下來的章節裡，我們將指出，在專制國家企業與民主國家企業的競爭中，後者本質上處於劣勢。

首先我們要強調兩點。第一，雖然我們稍早提到許多WTO規則已經過時，但不公平的競爭並非僅限於適用WTO規則的情況。例如在第六章，我們將說明民主國家的反托拉斯法如何導致不公平的競爭，即便WTO的規則並不涉及反托拉斯。整體而言，專制國家與民主資本主義之間的衝突，也出現在許多與WTO規則無關的領域。

第二，民主國家的企業在與專制國家企業的競爭中處於劣勢時，這種劣勢與競爭效率本身沒有任何關係，而是因為民主國家的法律反映了或明或暗的其他民主價值觀。勞動權利的情況正是如此：在尊重人的尊嚴和實踐勞動權利的國家，企業受各種勞動法規約束，諸如工作時數上限、有薪假期最低標準，以及最低勞動年齡、解僱前必須給予一定通知期的規定。因此，這些國家的企業與那些在勞動權利保障薄弱的國家營運的企業競爭時，必然背負較高的勞動成本。我們當然了解，民主國家之間也可能因為勞動權利保障不同，導致企業營運成本顯著有別，但專制國家與民主國家因為差別極大，競爭不公平的問題不可忽視。

在本書接下來的章節裡，我們將說明相對於專制國家，民主國家這種（因為受束縛導致的）低效率的各個面向。但我們必須強調，我們的討論完全無意推論專制國家（如中國）、半專制國家（如新加坡）或民主國家何者效率較高。正如我們稍早提到的，競爭上的限制源自各國法制上的根本差異，而這種差異反映超越效率考量的道德價值。舉個例子：利用奴隸種植棉花的效率很可能更高，但現在所有民主國家都選擇了廢除奴隸制，並且立法禁止。如果有兩個國家在棉花產業競爭，一個利用奴工而一個不用，我們要明白的是這種競爭根本不公平，而不是急著斷言哪個國家更有效率。

簡而言之，我們認為，專制中國與民主國家的終極經濟衝突，根植於兩者之間的意識形態和價值觀差異。民主國家尊重法治，它們的政府因此根本不可能像中國那樣封鎖網路。民主國家的政府有悠久的相互制衡傳統，行政部門因此根本不可能像中國那樣影響法院判決以偏袒本國企業。民主國家的政府官員根本不能向特定私營企業提供補貼，但中國的官員會公然這麼做。此外，民主國家的所有上市公司都對公眾負責，不像中國的公司只對中國共產黨負責。這些差異實際上是所有不公平競爭背後的關鍵。因為這種差異體現在民主國家與專制政體的根本差別上，我們很難想像應當如何避免隨之而來的經濟衝突。這正是為什麼我們把這些衝突稱為無可避免的「終極」經濟衝突。

## 政治體制是可塑的嗎？

對「經濟發展促成民主」這假說的另一種批評，涉及現實中的政治運作。我們討論經濟發展如何促成民主時，似乎隱含了一種假設：政治體制是可改變或可塑的，是可能受教育、知識和經濟環境影響的。但是，現實中的情況並非總是如此。專制統治菁英從不願意放棄他們的既得利益；他們總是傾向抵制可能損害他們利益的變革。而且在中國這種列寧主義黨國，「政治體制可塑」的這個假設，顯然是有問題的。在這種列寧主義專制國家，根據其憲法，共產黨／國家是幾乎所有事情的最終決定者。固此，是政治體制決定了市場機制，而不是反過來的因果關係。

誠然，每一種政治制度，無論民主與否，都在某程度上影響或改變經濟的運作，這正是為什麼我們會有反托拉斯法之類的立法設計。但是，中國的情況在類型和程度上都有所不同。在西方社會，政治系統試圖影響或規管市場時，通常會輕微介入，以促進商業運作和防止市場失靈為目的。相對之下，在中國，政治系統牢牢控制和全面監督經濟的運作，目的是確保經濟運作為黨的利益服務。事實上，當中國宣稱它有一種「社會主義市場經濟」（或市場社會主義）時，這意味著中國共產黨已經將西方市場經濟改造成一種截然不同的體制。

例如，在中國，共產黨為了維持它對國家的控制，建立了最嚴厲的網際網路審查機制，被稱為「防火長城」。根據自由之家的資料，[9]在全球瀏覽量最大的一千個網站中，中國封鎖了一百七十一個，此外也封鎖了超過一萬個商業網站。[10]這種封網措施是基於上層的政治決定，而所有經濟活動都必須根據這項上層束縛加以規管和微調。因為這道防火長城，中國人必須使用虛擬私人網路（VPN）「翻牆」，才可以連上外國網站。但這種行為在中國是違法的，而自二〇一七年以來，中國政府對這種活動的監控越來越嚴厲。[11]

如上所述，所有經濟活動都必須根據中國的封網措施作調整。例如，中國民眾若要進入美國電子商務平台亞馬遜的網站是非常不方便的（第三章將詳細討論）；因此，如果亞馬遜希望中國民眾能比較方便地進入其購物網站，就必須為潛在的中國顧客建立一個當地版本的網站，雖然這對亞馬遜來說是非常沒有效率的做法。這個亞馬遜中國網站連接一個當地伺服器，而且受中國政府審查。例如，你在亞馬遜美國網站搜尋「天安門廣場」這個關鍵詞，可以找到數以百計的書籍和相關商品。但如果你在亞馬遜中國網站上做同樣的搜尋，只能找到不到五項商品——所有其他項目都因為中國的審查而被刪掉了。由此可見，亞馬遜的全球業務必須因應中國的政治運作加以調整；政治是不可塑的，商業活動才是可塑的。

另一個例子是：在中國，任何組織裡有超過三名共產黨員，就必須建立黨組織，而所有上市公司都有一名黨委書記坐鎮公司董事會。[12]因為中國共產黨是中國統治政黨，公司所有的政策都必須接受黨的監督。此外，由於中國共產黨的運作不透明，這種內部控制機制當然會妨礙公司對其股東和債權人負責。這再次說明：在中國，是政治體制改變了經濟規則和活動，而不是經濟活動影響政治體制。

上述例子告訴我們，在專制政體中，尤其是在列寧式共產主義國家，被改變的是經濟活動，而不是政治體制。因此，在這個全球化時代，民主國家的企業面臨來自兩個不同源頭的經濟競爭：有些競爭對手來自體制相似的民主國家，有些來自政治意識形態完全不同的專制國家。如此一來，我們自然會問：這種競爭公平嗎？在這種競爭中，哪一方本質上佔有優勢？後面的章節將分析這些問題。

## 二十一世紀專制統治者的不義優勢

影響經濟和政治互動的另一個因素，涉及近年的科技發展。艾塞默魯與羅賓森（Acemoglu and Robinson, 2012, 2019）和拉詹（Rajan, 2019）皆強調可以制衡國家權力的「社會」或「社群」力量。艾塞默魯與羅賓森提出了他們的窄廊論：民主和經濟成長能夠穩定發展和維持的參數範圍，只存在於一個非常狹窄的窄廊地帶之中。在我們看來，最近的科技發展很可能將使這道窄廊變得更窄，專制國家變得更容易維持其運作的穩定性。

我們知道，從專制統治轉向民主必然涉及某種「社會運動」——或是一場殘酷的革命，或是一連串的和平抗議，例如二〇一〇至一二年阿拉伯之春期間的著名集會。阿拉伯之春之後，許多社運人士開始意識到，社群媒體是動員社會集會抗議的有效工具。但另一方面，國家權力機關也意識到，網路上的溝通交流能夠推動反政府運動。這促使國家對網際網路實施更有效的控制。因此，雙方都試圖充分利用網際網路：一方希望利用網路動員社會力量，另一方希望利用網路遏制社會力量。問題是：哪一方可以佔據優勢？

我們認為，在網路時代，國家權力機關佔有優勢。促使我們得出這個結論的，是大數據和人工智慧這些關鍵科技發展。大數據方面，政府自然掌握了來自人口紀錄、戶籍、租稅申報、房產登記、交通監控、銀行信用紀錄、公共交通監視器、公有電信足跡、全球衛星定位系統（GPS）等資料。相對之下，社會團體或組織很難取得這些資料。如果政府想利用這些大數據監控公民社會的反對力量，它有可能掌握境內（和甚至境外）每個人的一舉一動。

如果上述大數據掌握在專制國家手上，政府運用這些資料時還有一個優勢：利用人工智慧技術。需要注意的是，大數據的運用通常涉及複雜的平行計算演算法和極快的運算速度。這種設備對社會團體來說非常昂貴，但專制國家可以輕易取得。因此，大數據配合人工智慧技術，不成比例地增強了政府的能耐，更能夠監控社會團體、了解其網絡、先發制人阻止其集會，或甚至分化這些團體。

最著名的例子當然是中國，它公開吹噓其社會信用系統，該系統記錄每一個人過去的行為和言論，並為每一個人「打分數」。這種分數被用來決定當事人是否可以購買高鐵票、他們的孩子是否可以入讀優質公立學校、他們能否得到申請的工作，以及他們會不會被起訴犯了某些罪。[13]隨著政府利用大數據和複雜的人工智慧演算法監控民眾，可以預料，社會制衡力量將嚴重受限，專制國家將更難轉向民主。

在民主國家，大數據和人工智慧則不會那麼令人擔憂。民主國家最大量的數據資料可能來自臉書、Google和亞馬遜，每一家都只能獲取用戶的一部分私人資料。民主國家也有比較全面的隱私保護法，它們的憲法也不可能容許合併使用這些不同企業擁有的雲端資料。

總而言之，我們認為在這個大數據和人工智慧數位時代，專制國家在壓制社會力量方面佔有顯著優勢，它們因此比以前來得穩定。因此，我們預期民主國家與專制國家的對抗將是曠日持久的。如果這兩個陣營的企業之間有一些根本不公平的競爭情況，我們預期這種情況將持續頗長時間。本書的目的，是辨明這種不公平競爭的各個面向。

## 有可能溫和競爭嗎？

值得注意的是，上述的不公平競爭面向，有些已經出現在美中衝突中，例如不公平的政府補貼和市場准入（第二章和第三章）；但也有一些面向還沒有，例如反壟斷制約（第六章）。即使是那些已受矚目的面向，外界也只是指出了不公平競爭的事實，但未能闡明這種衝突的理論結構。在這本書中，我們試著系統性地分析所有這些不公平競爭面向。我們清楚地指出民主國家為何對企業經營環境施加一些當然的限制，以及專制國家為什麼沒有這種限制。因為這些限制內建於民主制度裡，導致民主國家與專制國家之間的不公平競爭無可避免，而專制國家總是會利用這種情況取得優勢。

在前面的討論中，我們提到，民主制度內必然有許多相互制衡；民主國家的經濟活動受人權和個人自由之類的價值制約，而這通常會降低效率。專制國家不受那些價值制約，因此可能更有效率。撇開內在民主價值可能降低效率的問題，民主國家是否在某些方面佔有優勢呢？艾塞默魯與羅賓森認為答案是肯定的（Acemoglu and Robinson, 2012）。雖然這不是本書的重點，但我們認為值得在開頭非常扼要地說明一下。

艾塞默魯與羅賓森將經濟制度分為廣納型（inclusive）和榨取型（extractive）兩大類（Acemoglu and Robinson, 2012）。在廣納型制度中，產權明確，多數人可以分享經濟成長的成果，而且憲法的訂定就是為了確保這種利益共享的規則。相對之下，在榨取型制度中，少數統治精英拿走了大部分經濟成長成果，產權未能得到有效保護，而且制度的設計就是為了配合這種榨取。因為這種榨取型制度設計，人們參與經濟活動的動機不強，在精英專制控制下的經濟表現因此會比較差。廣納型制度的典型例子是穩定的西方民主國家，榨取型國家的典型例子是菲律賓、印尼和一九六〇年代的一些拉丁美洲國家，它們實行由少數統治菁英主導的權貴資本主義。

艾塞默魯與羅賓森指出，雖然中國過去三十年間經濟成長速度很快，但這應該是因為中國處於經濟發展的早期階段（Acemoglu and Robinson, 2012, Chapters 3 & 15）。艾斯等人的說法是：中國之前經濟成長快速，是因為該國處於要素驅動和效率驅動的經濟發展階段（Acs et al., 2000）。這些階段的經濟成長類似從生產可能性邊界（production possibility frontier, PPF）內部向PPF曲線移動，成長源於「移除原本不效率的因素」，成長速度有可能非常快。而一旦經濟已經接近或處於PPF曲線上，進一步的成長就必須靠創新驅動。艾塞默魯與羅賓森聲稱，中國經濟進入這種創新驅動階段之後，該國的榨取型制度將導致經濟放緩。

倘若一如艾塞默魯與羅賓森所稱，在創新驅動成長的時代，民主的廣納型制度優於專制的榨取型制度，這是否意味著我們不必擔心現階段的競爭不公平問題呢？我們是否可以忽略這些問題，並期待民主與專制體制之間終將有平穩的競爭呢？我們認為答案是否定的，論據有以下四點。

首先，當我們說系統A比系統B更有效率時，我們沒有考慮A與B之間的交互作用。但是，兩個系統真的在全球化貿易體系中互動時，情況就會變得比較複雜。例如，在具有報酬遞增或網絡經濟特質的高科技產業，現在的領先者很可能在未來保持領先或甚至擴大其優勢。正如我們將在第二章指出，這種報酬遞增特質使政府有額外的誘因去補貼本國高科技產業，以便在未來佔得優勢。因此，如果美國的高通公司因為中國巨大的政府補貼而在5G或6G競爭中輸給了華為，在報酬遞增的情況下，高通要在未來幾代的電訊競爭中扭轉敗局是極其困難的。這意味著今天產生的不公平可能長期存在。廣納型制度的上述創新優勢，可能完全沒有機會發揮其作用。

第二，有些受高度管制的產業是有「標準」的，而誰的產品最先上市，誰就可能成為市場標準。這一點也會吸引專制國家的政府提供補貼，而在標準確立之後，民主國家的公司就可能被迫終止營運，雖然它們的產品可能更好。

第三，當我們說系統A比系統B更有效率時，這是一種假設所有其他條件相同之下而做的比較。但政府的支持是一種額外的力量，擾亂了不同國家企業之間的競爭，「所有其他條件相同」的假設因此不再成立。如果我們容許所有政府補貼本國企業與外國企業競爭，那麼競爭就是在政府之間，而不是在企業之間，而整個國際貿易的背景也會改變。

第四，有些商品或服務可能直接關係到國家安全。例如，6G對精準的地理定位極為重要，而這對衛星、GPS和高科技戰爭至為關鍵。TikTok或任何應用程式若使用人工智慧作為其演算法設計工具，可能會蒐集極其有用的個人資料，以便在未來能夠精確地傳播資訊。兩者顯然都很可能出現危及國家安全的情況。如果涉及國家安全相關技術的公司是臉書或Google之類的私營企業，民主國家可能不會那麼擔心。但如果有中國共產黨控制的公司參與其中，則許多國家將會極其擔憂。因此，在攸關國家安全的行業，民主國家與專制國家之間的競爭是無可避免的。這是不大可能出現溫和競爭的一個領域。

## 我們為何聚焦於經濟衝突？

我們之前提到，中國與美國和其他民主國家的衝突，根植於民主與專制主義的根本價值差異。我們也指出，在許多國家，這些價值超越純粹的經濟效率考量。例如，中國嚴格管制網際網路的使用，這顯然違反表達自由、資訊自由流通、新聞自由之類的民主價值。那麼，為什麼我們會想研究這種對自由的壓迫造成的經濟影響，而不是自由本身呢？

事實上，我們的分析方式的確是顧及了國際政治的實際運作。在現實國際政治中，每當專制國家被指控侵犯人權（例如迫害某個群體或禁止某些活動），它們通常會這麼為自己辯護：「這是我國的內政問題。這些人和他們的活動使我們擔心國家安全受損，我們已經按照本國的法律處理問題。」以網際網路的監理為例，世界上每一個國家都會限制色情內容或影片的傳播，但各國的限制可能各有不同，有時也可能因地方宗教團體而異。因此，我們很難在控訴一個國家侵犯人權，與干涉該國內政之間，劃出清楚的界線。

但是，經濟衝突使我們能從另一個角度切入問題。在國際競爭十分普遍的全球化時代，競爭環境理應公平是世界上幾乎每一個國家都能接受的概念。雖然A國可能沒有正當的理由去過問B國的網路管制程度，但如果B國的網路管制政策系統性地造成市場准入問題，導致A國的電子商務平台面臨不公平的競爭環境，那麼A國就確實大有理由去挑戰這種不公平的貿易行為。因此，概念上而言，批評不合理的政策本身有時只是徒勞，但批評這種政策所造成的經濟影響卻很有作用。出於策略考量，本書的焦點確實是民主國家與專制國家的價值觀差異在經濟層面產生的影響。我們認為這種策略或許比較能夠避免被批評的國家搬出「這是內政問題」的藉口。

自一九九四年《馬拉喀什協定》頒布以來，世界已經有了一套關於貿易和經濟活動的共同規則。《關稅暨貿易總協定》、《服務貿易總協定》、《與貿易有關之智慧財產權協定》和《補貼及平衡措施協定》之類的協定，已經成為公認的準則，獲世上多數國家接受為經濟互動的基礎和規則。截至二〇二〇年底，採用上述貿易規則的世貿組織共有一百六十四個成員。此外，WTO還有一個爭端解決制度，可以在成員投訴其他成員違反貿易規則時作出有約束力的裁決。簡而言之，不同於各國可能有巨大分歧的自由或人權問題，許多經濟衝突在現行WTO制度下可以相對容易地做出裁決。

就私人企業而言，公平的商業競爭規則和公平的競爭環境也是個別企業的訴求。商界人士可能不大了解A國的封網措施如何侵犯人權，但如果這種措施導致A國民眾無法進入B國的電子商務平台，那麼這種不公平的經濟影響就很容易察覺。因此，如果我們聚焦於侵犯人權的經濟後果，我們往往可以比聚焦於人權問題本身得到更多關注和支持。如果我們得到的支持和關注足夠強大，我們就有可能藉由從經濟衝突切入，間接導正人權問題。

當然，並非所有的意識形態分歧都有經濟後果，我們從經濟衝突切入的做法因此有其侷限。事實上，我們並不認為我們能夠解決很大範圍的問題。我們的努力也許無法創造一個理想世界，但我們確實希望我們能夠幫助世界變得好一些。

## 本書的結構

本書其他章節的組織結構如下。第二章先分析二〇一八年引起美國、歐盟和日本強烈反應的「中國製造二〇二五」計畫。我們解釋了該計畫背後的主要爭議，以及民主國家不高興的原因。第三章審視專制國家控制網際網路造成的經濟後果，並解釋為什麼這為電子商務製造出不公平的新貿易壁壘。在第四章，我們討論網路時代不公平競爭的另一個面向：隱私與國家安全。這與最近人工智慧的發展有關。因為保護隱私是民主社會的一項基本價值，我們認為很難有妥協折衷的解決方案。

第五章討論上市公司的問責問題，並解釋中國與民主國家相關法律的根本差異。這些法律在這兩種體制之間製造出不公平的競爭環境。第六章涉及反托拉斯法，這是討論國際經濟衝突的文獻以前不曾觸及的一個領域。民主國家制定反托拉斯法，基本理念是希望建立一種制衡制度，而這在專制國家卻是個荒謬的概念。我們將說明這個概念差異如何衍生不公平的競爭。第七章討論國家安全問題。由於中國共產黨可以由上而下將各種國家目標強加於企業，這導致民主國家的國家安全體系必須開始審查來自中國的外商直接投資（foreign direct investment, FDI）。近年來，這些原本是遇到特殊情況的例外審查，漸漸變成是優先的審查事務。這當然會使民主國家的經濟活動變得比較沒效率。第八章討論司法救濟。在民主國家，司法系統是獨立的，所有國際企業如果在其他國家的競爭中面臨不公平的待遇，都可以尋求可靠的司法救濟。但在中國這種專制國家，根本沒有司法獨立這回事。因此，外國企業試圖在專制國家尋求司法救濟時，往往面臨不公平的待遇。最後，第九章彙整我們的發現，並提出一些結論。

上述的民主與專制國家的體制差異，往往體現在各種法律上。因此，我們分析國家之間的衝突時，往往得出這種推論：「如果民主或專制國家的法律往特定方向修訂，就可以避免衝突。」但是，我們也往往發現，以那種方式修訂法律會違反民主的基本價值，或違反專制國家的基本定義。這正是為什麼我們認為，那種衝突最終是無可避免的。因為我們在確立論證的過程中分析了各種法律，因此這本書也可視為一本分析法律和法制的書，主要的分析對象是現行WTO的規則。

總之，這本書並不是要幫助讀者認識中國的社會主義市場經濟運作；我們主要是關注中國與民主國家市場經濟體的互動。[14]我們也不把美中衝突歸咎於任何一個人（例如習近平或川普），而是致力指出中國體制與西方民主國家不一致之處。根本而言，真正重要的是體制，而不是制定和濫用體制的個人。我們認為，美中之間的貿易戰和其他經濟衝突只是表面現象，其下有深刻的體制差異，簡而言之，是民主與專制之間的差異。

有些人傾向將美中衝突稱為「修昔底德陷阱」，認為崛起的強國遇上現存霸主，難免陷入對抗。但我們不會以這種簡化方式看待美中衝突。如果單純只是兩個實體之間出現修昔底德陷阱，那就只是權力鬥爭，並不涉及價值觀。但是，在民主與專制之間，價值觀的差異至為關鍵。美國與中國的對抗，不像修昔底德陷阱那樣迫使雙方陷入其中，而是體現了雙方的價值差異，如此的差異迫使雙方相互對峙。我們的結論是：終極經濟衝突必將發生在意識形態截然不同的兩個陣營之間。

# 第二章　中國製造二〇二五

## 政府補貼的問題

## 背景：課徵未來的關稅？

二〇一八年，時任美國總統的川普開始針對中國實施關稅與其他貿易措施，以迫使中國作出改變並回應美國所提出中國「不公平貿易行為」的指控。二〇一八年七月十一日，美國向WTO總理事會提交了一份題為《中國貿易擾亂性的經濟模式》（China's Trade-Disruptive Economic Model）的通知，這份通知概括了美國在美中貿易戰中對中國的指控。在這份通知中，美國譴責中國採用黨國專制的擾亂性經濟模式，實行強制技術移轉，為智慧財產權的網路盜竊提供便利，強加過度的大規模網路安全措施，以及以不恰當的產業政策支持其產業，例如產業計畫「中國製造二〇二五」的政策。[1]美國還斷言，中國因其WTO會員身分而獲益，代價卻是其他WTO會員的利益受損。美國的結論是：「只要中國繼續走這條路，對WTO的影響絕對是負面的。」中國否認了所有指控。[2]

約莫與此同時，二〇一八年七月六日，美國三〇一條款調查的初步行動生效——對八百一十八項中國原產商品課徵二五%的額外從價關稅。[3]根據美國貿易代表署（USTR）的說法，該商品清單考慮到「受益於中國產業政策——包括『中國製造二〇二五』——的產品」。[4]傳統的關稅是針對當前的進口商品徵收的，而美國的措施卻瞄準目前尚未存在的商品。典型的例子包括「資訊科技（5G和6G）」和「新（奈米）材料」——它們是「中國製造二〇二五」的項目，但在二〇一八年尚未出現在市場上。在「新世代」產品面世之前就宣布對其課徵關稅，確實是史無前例。

在此我們可以提出幾個問題：為什麼美國要針對中國的未來產業？為什麼「中國製造二〇二五」如此受關注？為什麼美國斷言ＷＴＯ嘉惠了中國，卻無從發揮規範中國擾亂貿易秩序的行為？「過度的大規模網路安全措施」如何造成貿易不公平？

本章和下一章（第三章）希望做到兩件事。首先，我們想要說明，上述問題的答案全都與《馬拉喀什協定》一九九四年生效以來，二十七年間全球經濟和貿易格局的三大結構性變化有關。這三大結構性變化是：具報酬遞增特徵的知識經濟崛起，國有企業或準國有企業比例相當高的經濟體崛起，以及數位革命。因為當初《關稅暨貿易總協定》乃至ＷＴＯ的設計者無法預見這些趨勢，及這些趨勢對經濟運作模式的影響，因此ＷＴＯ規則應用到現代國際貿易環境中時難免會有一些漏洞。此外，由於ＷＴＯ談判停滯不前，也使得這種規範上的缺陷變得更嚴重。

另一方面，一些國家的專制黨國體制一直在充分利用這些漏洞，從中獲益。這種不平衡和不公平的競爭是美中貿易戰的根源。因此，長期解決方案在於修訂ＷＴＯ規則以因應現代國際貿易的需要。

我們將在本章詳細地討論現行ＷＴＯ規則中有關政府補貼的規定，並解釋為什麼這些規則無法處理像「中國製造二〇二五」這樣的案例。此一補貼相關議題，與前述三大變化的其中兩個有關。

本章餘下部分安排如下：首先，我們會簡要說明二〇一八年美國與中國的貿易戰，然後逐一闡述三個結構性變化的原因和影響，特別是第一和第二個，至於第三個網路革命的影響將在第三章進一步闡述。針對每一個變化，我們也檢視和評估現行WTO規則的適用性。我們最後總結指出，如果要維持一種公平和開放的全球國際貿易環境，進一步的WTO改革至少要能有效因應這三個變化。

## 大局：美中貿易戰

二〇一八年一月，美國貿易代表署向美國國會提交了關於中國履行WTO承諾情況的第十六份報告，這是川普總統二〇一七年一月上任以來的第一份此類報告。[5]不同於之前的十五份報告，二〇一八年的報告對美中貿易沒有絲毫正面的描述，而且提出一個直接了當的結論：「美國支持中國加入WTO顯然是錯誤的，因為事實證明，美國所答應中國加入WTO的條件並未能確保中國接受開放和市場導向的貿易體制。」美國貿易代表署接著說，「現在我們清楚看到，世貿組織的規則不足以約束中國扭曲市場的行為」，而且WTO的爭端解決機制「無法有效處理那種與WTO體系的根基明顯有所牴觸的貿易體制。」在這方面，美國矢言將「採取所有其他必要措施，以對美國貿易代表署根據修訂《一九七四年貿易法》第三〇一條對中國的技術移轉政策和做法所進行之調查，所顯示中國推行有害的、國家主導的重商主義政策和實務進行遏制，即便這些政策和實務並不完全屬於WTO的管轄範圍。」此外，美國貿易代表署在二〇一七年的報告中僅略微提到中國的「中國製造二〇二五」產業計畫，但在二〇一八年的報告中則把該計畫列為美國的頭號優先事項。

事後看來，這份報告清楚預告了隨後幾個月發生的事。二〇一八年三月，白宮宣布，根據美國的三〇一條款調查結果，對進口自中國、價值約五百億美元的商品加徵關稅。[6]雖然五月份舉行了幾次看似積極的雙邊會談，[7]美國還是在七月和八月，分兩次對進口自中國的逾兩千項商品加徵二五%的關稅。約莫與此同時，美國向WTO提交了幾份通知，譴責中國的黨國體制和扭曲貿易的政策，其中就包括在本章開頭提到的那份通知。二〇一八年九月十八日，美國對進口自中國的額外兩千億美元商品再加徵一〇%的關稅（依計畫將於二〇一九年一月一日提高至二五%）。[8]

根據美國對貿易戰的描述，我們可以從兩方面展開討論。其一是關於中國所採取的、由黨國主導的擾亂性措施。其二是WTO規則未能有效處理這些措施的問題。

但是，中國的黨國體制並不是新事物。中共政權實際上奉行列寧主義，而列寧式黨國體制在一九四七年關貿總協定面世時就已存在。那麼，為什麼現在中國政府介入產業發展有厚利可圖，而在冷戰時期關貿總協定的社會主義締約國卻沒有？這是因為中國與其他社會主義國家不同嗎？還是因為今天的環境與一九五〇年代大有不同？如果環境有變，是發生了什麼變化？此外，黨國體制與「中國製造二〇二五」計畫有什麼關係？

## 《馬拉喀什協定》生效以來的三個結構性變化

我們認為，自《馬拉喀什協定》一九九四年生效以來，世界發生了三大變化，導致ＷＴＯ現行規則變得不完整和未能滿足需求。首先是知識經濟崛起，知識作為一種生產投入變得極其重要，進而產生了報酬遞增這種特性。第二個變化與中國和俄羅斯加入ＷＴＯ有關。除了大量的國有企業，中國的政府與企業的密切關係對ＷＴＯ規則構成特殊挑戰。這兩個變化都與政府補貼有關，而這也是本章的重點。第三個變化是網際網路普及，較廣泛而言是數位革命造成的環境變化。

關於第一個變化，知識經濟產生的報酬遞增特性改變了企業的競爭策略（Romer, 1990）。它也使政府有強烈的誘因去利用補貼，幫助本國企業成為特定領域的領先者。為了充分利用報酬遞增特性，政府必須處於權力極大的狀態，尤其是在資源分配方面，而這正是黨國和它高度集權體制可以發揮關鍵作用之處。

至於第二個變化，人們普遍認為關貿總協定是市場經濟體的俱樂部，與當年蘇聯領導的經濟互助委員會（COMECON）大相逕庭。基於所有（或幾乎所有）參與國的政府皆與市場保持一定距離的假設，關貿總協定和WTO對於政府對經濟活動的直接控制，都沒有具體規範。關於原始設計的詳細討論可參考托史登森等人（Thorstensen et al., 2013），以及厄文等人（Irwin et al., 2008）的研究。

中國加入WTO後暴露了這個漏洞。「社會主義市場經濟」的政府可以在按WTO規則行事的同時，藉由政府直接參與（而不是管制）經濟運作，使國際競爭者處於不利地位。第二個變化也與第一個變化有關：在中國那種黨國體制下，國家持股四五%的公司是否獲得「政府補貼」，是很難判斷的。

第三個變化是數位革命，它創造出所謂的網路空間，與WTO和關貿總協定規則主要適用的實體空間完全不同。在數位世界裡，線上監理措施可以轉化為各式各樣的網路空間貿易障礙，使本國企業佔得有利地位。我們將在本章最後面簡要討論這問題，並在第三章中詳細闡述。

接下來我們逐一討論這三大變化。第四章則將再進一步討論網路普及對隱私的影響。

## 第一個變化：報酬遞增產業的普遍化

為了評估美國對中國的指控，我們先檢視「中國製造二〇二五」計畫的各項要素。[9]我們發現，這個巨大的產業政策計畫的主要特點，是它著眼的十個產業全都是高科技產業。眾所周知，在傳統產業如零售、製衣或農業，成為產業領先者幾乎沒有任何優勢。只要技術和資源可以自由流動，由於報酬遞減法則，後來者很可能終可追上領先者。在總體經濟學中，這被稱為「收斂假說」（the convergence hypothesis）。進一步的討論可參考杜勞夫（Durlauf, 1996）的研究及其參考文獻。

由於「中國製造二〇二五」旨在幫助中國企業在這十個高科技產業確立自身的領先地位，許多人顯然會想到這問題：補貼農業部門（許多國家都這麼做）與補貼高科技產業的關鍵差別是什麼？

這問題的答案很簡單：關鍵差別在於高科技產業往往具有報酬遞增的特性。在傳統製造業或農業，適用的通常是報酬遞減法則。在這些傳統產業，即使成為領先者或擁有較大的市占率，還是不大可能獲得顯著的好處，因為在報酬遞減之下，領先者得到的報酬很快就會降至與後來者或較小規模的競爭對手一樣的水準。另一方面，在具有報酬遞增特性的產業，領先者大有可能保持或甚至擴大其優勢。換句話說，今天的強者有較高的機會在未來變得更強，努力取得領先地位因此更有價值。

## ◆為什麼高科技產業具有報酬遞增的特性？

必須注意的是，高科技產業的報酬遞增優勢，並非只是因為常討論的技術面平均成本遞減特性。根據亞瑟的研究（Arthur, 1996），高科技產業的幾個特點解釋了為什麼它們傾向產生遞增的報酬。

首先，高科技製造或生產往往涉及巨大的前期研發成本。一旦廠商成為領先者並搶得很大的市占率，提供產品的平均成本就會變得很低，但後來的挑戰者還是必須克服前期研發成本巨大的困難。後來者因此很難與領先者競爭，這顯然有助目前的領導廠商維持其領先地位。簡而言之，這是成本方面的報酬遞增，也就是規模較大的領導廠商的平均成本低於規模較小的後來者。此外，由於邊做邊學之類的原因，領導廠商技術改進的邊際成本也可能比較低。

第二是網絡效應。例如，亞馬遜成功做到比它的競爭對手提供更多商品，因此為它的網站吸引到更多瀏覽者，這又進一步吸引了更多正在為產品尋找電商平台的新公司來跟它合作。於是，隨著更多新公司選擇亞馬遜作為銷售平台，亞馬遜自己的銷售規模和客戶群都變大了，又更進一步擴大相對於競爭對手的優勢。這種網絡效應是需求方面的報酬遞增，意味著成功的領先者對個別顧客或合作夥伴更有吸引力，其需求曲線因此向上移動。

第三，根據亞瑟的研究（Arthur, 1989），領導廠商也受惠於顧客鎖定效應。例如，消費者可能習慣了電子商務領先業者的演算法、支付系統和搜尋邏輯，因此不願意去了解和轉用競爭對手的服務。

另外值得一提的是，在高科技產業中，廠商不必真擁有高效率，也有可能成為領先者。正如亞瑟指出的，領先者大有可能效率不彰（Arthur 1989, p. 119）。有些公司領先同業只是因為運氣好，或碰巧較早進入市場。但顯而易見的是，即使並不真正效率高，領先業界也可以因為報酬遞增而佔得競爭優勢。此外，取得領先地位有助業者維持其市場優勢，這些特性無疑使政府有巨大的動力去幫助本國高科技業者力爭領先地位。

簡而言之，在高科技產業，政府補貼的目標不是幫助業者削減成本或降低價格，而是幫助業者取得領先地位。[10]

另一個在高科技競爭中取得領先優勢的典型手段是贏得「標準」。例如，未來電訊技術（６Ｇ）的標準尚未確定。誰贏得這場標準競爭，誰就能獲得巨大的產業利潤。又例如，在藥物方面，政府的管制和批准，例如美國食品藥物管理局（ＦＤＡ）或國際醫藥法規協和會（ＩＣＨ）的管制和批准，也已經成為「標準」，而未獲批准的實體無法參與藥品市場的競爭。在具有「標準」特徵的高科技產業，業者有更大的誘因成為領先者。

## ◆美國的人類基因組計畫又如何？

許多人可能會問的一個問題是：美國的科研計畫也是政府出資補貼研發，它們與「中國製造二〇二五」有什麼不同？首先我們應該注意到，美國的國家研究計畫多數是著眼於科學，而不是技術。例如人類基因組計畫包括基因定序、基因體學、蛋白體學等方面的研究，旨在探索科學知識，而這些知識與任何具體應用目標沒有直接關係。同樣地，美國的推進創新神經技術腦部研究計畫（BRAIN initiative），是希望促進我們對記憶和學習原理之認識。[11]與此同時，它也可能與治療自閉症、失憶症和巴金森氏症略有關係，但這項研究本身與任何具體的生醫產業價值或商業收入沒什麼關係。

相對之下，「中國製造二〇二五」計畫則有一些非常明確和具體的產業目標。它涵蓋電訊、機器人、航空航天設備、海洋工程、軌道交通設備、綠色能源、電動車、奈米材料，以及醫藥。這些都是具體的產業，而不是像美國的 BRAIN initiative 或人類基因組科學計畫那樣，僅涉及比較抽象的科研目標。「中國製造二〇二五」著眼的每一個產業，都可能出現對其發展至關重要的技術突破。促進這種技術突破是「中國製造二〇二五」的關鍵期待，其最終目標是為中國在這些產業取得世界領先地位。

## ◆德國的工業四・〇計畫又如何？

根據德國對其工業四・〇計畫的描述，這是個較為應用和工程導向的計畫，並非只是純科學研究。儘管如此，它還是僅僅停留在概念層次，例如資訊與通訊技術（ＩＣＴ）、基於ＩＣＴ的製造、智慧工廠、個性化產品規格、電腦化製造、物聯網、人聯網、自我診斷、自我配置（self-configuration）、自我優化之類。它比較像是提出德國科學家和工程師必須共同探索的未來技術／生產藍圖，而不是有直接收入流的具體產業補貼計畫。[12]

藉由指出對第四次工業革命至為重要的這些未來方向，德國政府像是為本國（和其他國家）指明了研發方向。事實上，一直有人強烈批評工業四・〇計畫過於分散，而且執行起來有些不切實際。相對之下，「中國製造二〇二五」則提出了一套由上而下切合實際的統一政策。

## ◆民主國家的政府可以補貼特定企業嗎？

即使美國和德國要宣布它們的國家優先產業計畫（而不是科學研究計畫或科技藍圖），它們也不會建議將政府資源分配給特定產業、部門或企業。事實上，這不符合任何民主國家政府的補貼機制。

美國主要的科研資助機構或機制是國家科學基金會（NSF）、國家衛生院（NIH）、能源部的各個國家實驗室，以及國防部的國防高等研究計劃署（DARPA）。這些資助機構可能有一些較為應用導向的計畫，但它們不是產業計畫，不能直接資助特定的大公司。

德國的情況略有不同：其公共資助既涉及由各大學和馬克斯・普朗克（Max Planck）等研究機構從事的科學研究，也涉及由弗勞恩霍夫應用研究機構（Fraunhofer Institute）等機關執行的應用專案。後者旨在橋接知識與應用，成功的話將產生新的業務和利潤，而這是弗勞恩霍夫機構的一個重要預算來源（七〇％）。這同樣不是直接補貼特定公司，因為哪些公司將會「成功」並不是在搭橋階段就能事先知道的。一般而言，培育潛在的新公司與補貼現有公司有明顯的區別，後者在民主體制中受到很大的限制，我們將在稍後「國有企業盛行造成的影響」一節討論之。

知識與應用的橋接機制通常是透過可行性分析、動物實驗、市場接受度測試，以及美國矽谷常見的各種其他形式的做法。德國弗勞恩霍夫機構或許在某些方面取代矽谷的市場角色，但德國也完全沒有對現有的大型產業或公司做補貼。

歐盟層次的計畫也遵循相同模式。例如，歐盟的「展望二〇二〇」（Horizon, 2020）資助「對全新未來技術之新構想，且尚處於很少研究人員致力研究的早期階段」的未來與新興技術（ＦＥＴ）。該計畫「支持尚未成熟到可以納入產業研究路線圖的領域，目的是組織和建立新的跨學科研究社群」。其未來與新興技術旗艦專案（FET Flagships）特別撥出十億歐元的預算，以聯合歐洲的研究力量致力於雄心勃勃的科學和技術難題，例如認識人類的大腦，或開發石墨烯之類的未來新材料。[13]

總之，美國、德國和歐盟的補貼或是純粹支持科學研究，或是致力橋接知識與應用。這種橋接工作在非常早期的階段分散了個別技術投資者的風險，使整個國家在大數法則（law of large numbers）之下，享受到高於預期的報酬。相對之下，「中國製造二〇二五」著眼於特定產業和公司，而根據當局的說法，其目的不是為了分散風險，而是為了在報酬遞增的產業佔得領先優勢。[14]

## ◆民主國家的少數例外情況

在民主國家，有少數情況容許政府補貼。例如在德國，聯邦教育與研究部有一個ＫＭＵ計畫，補貼中小型企業嘗試尖端研究。此外，聯邦經濟事務與能源部有一個ＺＩＭ計畫，致力鼓勵中小型企業嘗試市場導向的創新發展。

美國國家科學基金會屬下的美國種子基金有一個小型企業技術移轉（ＳＴＴＲ）計畫，

支持技術轉讓。國防部的國防高等研究計劃署則有一個小型企業創新研究（SBIR）計畫，幫助小企業致力創新。麻省理工學院與美國空軍合作，也有一個小型企業技術移轉計畫。

日本、台灣和許多其他民主國家也有類似的計畫，在此不贅述。這些計畫的一個共同特點，是它們著眼於小型或最多中型規模的公司。因為這種補貼的對象是中小企業，所以不涉及國際溢出效應，因此也不影響國際競爭的公平性。

值得注意的是，二〇二一年六月八日，美國參議院通過了《美國創新與競爭法》（USICA），將在未來五年提供超過兩千五百億美元，以促進美國在幾個關鍵領域的產業，包括半導體、5G通訊和人工智慧。在我們撰文時（二〇二一年十二月），該法案正要送交眾議院，預計將會通過。*

參議員查克・舒默（Chuck Schumer）表示，「作為多個世代以來對科學研究和技術創新的最大投資」，《美國創新與競爭法》希望將政府相關支出限制在科學研發和橋接知識與應用上。該法的核心部分，即《無盡前沿法案》（Endless Frontier Act），旨在撥款數百億美元給國家科學基金會，並在該基金會設立一個技術與創新局，以「指導基礎和應用研究、先

* 該法案經修訂後獲美國國會通過，於二〇二二年八月九日經拜登總統簽署正式生效，且更名為《晶片與科學法案》(Chips and Science Act)。

進技術開發，以及關鍵技術重點領域的商業化支援」。做法包括建立創新中心、提供獎學金和研發獎勵、促進學術技術移轉，以及建立測試平台。這裡提供的補貼同樣是集中在基礎研發上，與具體的產業利益相距甚遠。

《美國創新與競爭法》比較有爭議的一點，是它也將提供五百二十億美元支持美國二〇二一財政年度《國防授權法》（ＮＤＡＡ）規定的半導體製造計畫。《國防授權法》第九九〇二條規定的一個重要項目，計劃提供「財政援助予相關實體，以鼓勵它們在美國投資於半導體製造、裝配、測試、先進封裝或研發的設施和設備。」《美國創新與競爭法》還提供十五億美元給「公共無線供應鏈創新基金」，以促進行動寬頻技術。

雖然我們認為，民主體制中固有的制衡機制應該可以在很大程度上限制這種《美國創新與競爭法》補貼的市場扭曲效應（例如它永遠不可能直接指定將所有類別的國家資源分配給幾家企業），但我們還是在其中看到了隱憂。起草《美國創新與競爭法》有一個明確的目的，是幫助美國與中國競爭。因此，它可被視為全球經濟走入惡性循環的一個跡象：即自由民主國家訴諸國家資本主義以對抗國家資本主義，市場競爭變得更像是國家之間的競爭。我們在這裡看到了正統自由主義經濟理論隱隱浮現危機。

## ◆中國製造二〇二五計畫的排擠效應

雖然「中國製造二〇二五」著眼的十個產業有可能尚未存在，但當局已經勾勒出粗略的輪廓。根據官方文件（參見註九），中國政府的補貼措施包括財政支持、租稅減免、專業人才培育，以及實驗基地優惠之類。這些正是有助中國在二〇二五年前在十大目標產業確立領先地位的政府補貼。

如果一個高科技或知識型產業具有報酬遞增的特性，則市場在達到均衡狀態時通常只會剩下很少業者。例如在製藥業，只有經美國食品藥物管理局或國際醫藥法規協和會核准的公司才可以生產和銷售新藥及醫療器材。在半導體晶圓製造領域，全世界也只有英特爾、台積電和三星這幾家公司。在高科技業，可能有一些專注服務特定客戶的小公司，但利基非常有限，而且它們的市占率通常極小。報酬遞增導致強者越強，並逐漸淘汰弱小業者。總之，就高科技產業而言，最終的均衡狀態只會有少數幾間公司在競爭下生存下來。

根據亞瑟的研究（Arthur, 1989），哪些公司可以在高科技產業達到均衡狀態時生存下來，是一個隨機事件（probabilistic event），而不是確定性事件（deterministic event）。但是，投入努力可以增加成功的機會，而「中國製造二〇二五」計畫正是為了提高中國企業最終在高科技產業均衡狀態中出線的機率。而由於很少公司可以生存到產業達到均衡狀態，因此

「中國製造二〇二五」的成功必然意味著其他國家的競爭者落敗，而若非中國政府大力支持本國企業，這些落敗的競爭者原本可能成功。這場戰役瞄準的不是市場占有率，而是未來的領先地位。具有排擠效應的市場領先地位爭奪，無異於爭奪有限的席次。

醫藥方面，美國食品藥物管理局審核導致的排擠可能更嚴重。美國食品藥物管理局核准了第一款藥物之後，藥廠得到病人的回饋，就可以改善特定年齡的劑量、治療方法和避免副作用，而這將進一步縮小較晚通過審核的同類藥物的市場。至於通訊晶片，為了通訊的解讀一致性，業者也必須顧及「標準」。業界一旦採用某種晶片標準，所有其他晶片設計就幾乎毫無市場。這就是為什麼電訊領域的大公司全都致力想打贏「標準戰」。

## ◆WTO政府補貼規則之缺陷

我們接下來的問題是：如果中國政府真的藉由各種措施支持中國的十大產業，一如「中國製造二〇二五」計畫所述，中國有沒有違反WTO規則？為什麼其他國家不能經由WTO的多邊爭端解決制度提出申訴？

美國貿易代表署關於中國履行WTO承諾情況的報告指出，中國政府的某些有害行為似與該國身為WTO會員所應承擔的具體義務無關。WTO確實有關於政府補貼的規則，但它們是在幾十年前制定的，當時還無法預料到知識型經濟和高科技產業的報酬遞增特性。有關ＷＴＯ補貼規則的一般經濟分析可參考巴格威爾與施泰格的研究（Bagwell and Staiger, 2006）。在這裡，我們重點討論ＷＴＯ現行規則框架為何不適用於報酬遞增的高科技產業。

ＷＴＯ的《補貼及平衡措施協定》（ＳＣＭ協定）禁止一國政府以企業的擴張表現，或以企業使用本國產品而非進口商品（進口替代）為條件，提供企業財政支持（第三・一條）。

除了上述的禁止性補貼外，其他政府補貼如果被證實對另一ＷＴＯ會員造成不利影響，也應當修改或取消——這是所謂的「可控訴的補貼」（ＳＣＭ協定第五條）。補貼的「不利影響」包括：一、另一ＷＴＯ會員的國內產業，因為受補貼產品的進口而受到損害（即出口擴張）；二、受補貼的產品在補貼國或第三國的市場取代另一會員國的產品（即進口替代）；以及三、一九九四年關貿總協定下的商業利益被補貼抵銷或損害——一般而言是指關稅減讓所造成的市場進入程度，受到補貼的傷害（ＳＣＭ協定第六條）。

ＳＣＭ協定第七・八條規定，提供或維持可控訴補貼的ＷＴＯ會員應採取適當措施消除不利影響或撤銷補貼。如果是國內產業受傷害，進口會員可以課徵反補貼稅以抵銷補貼的影響。

總而言之，現行ＷＴＯ補貼規則管制的重點是：補貼降低了產品的生產和銷售成本，進而扭曲與其他國家類似產品的公平競爭。但是，在高科技產業，這種規則存在以下的邏輯問題。以「中國製造二〇二五」為例：無論是在中國或任何其他國家，奈米材料產業或下一代通訊產業顯然都尚未存在，因此還沒出現與中國的補貼有關的任何產品出口或本地銷售。此外，由於這些產業尚未存在，其他WTO會員可能很難證明自己因為中國的補貼而受到損害或不利影響。簡而言之，現行規則不容許WTO會員針對旨在爭奪未來高科技產業勝出地位的政府補貼提出申訴。

我們認為這個缺陷應該根除。如前所述，只有極少數公司有可能生存到高科技產業競爭的最終均衡狀態。利用政府補貼使其他WTO會員的公司無法在這種最終均衡狀態中占有一席之地，無疑應該等同於一種可預見的「不利影響」。[15]

## ◆總結和《補貼及平衡措施協定》修訂方向

綜上所述，我們認為美國對「中國製造二〇二五」計畫中的一些未來產品課徵關稅的理論依據可能如下：一、一WTO會員補貼其高科技企業，以增加它們在產業最終均衡狀態取得有利地位的機會。二、因為高科技產業的報酬遞增特性，現在佔得優勢地位的企業很可能將保持這種地位。三、這種優勢地位可能在未來持續帶給該WTO會員利潤或經濟租

（economic rents）。四、由於產業均衡狀態的席位有限，該會員能夠取得這種經濟租，意味著有其他會員因為遭排擠而失去經濟租。五、從機率上講，如果不是那個會員政府提供補貼，參與競爭的其他會員的利益可能有所不同。簡而言之，這是一種不利影響。美國可能認為，要確定多年前的補貼與後來的產業成功有因果關係是很困難的，甚至是不可能的，因此現在就必須提出這個問題。

熟悉WTO規則的人可能對上述機率論感到不安。《關稅暨貿易總協定》、《服務貿易總協定》和其他WTO規則全都是處理確定性的、已發生的損害或侵權行為。這種規則設計方式在過去是沒問題的，但在今天的知識經濟時代可能就不再足夠。

諾貝爾經濟學獎得主約翰・希克斯一九三九年警告說，承認報酬遞增將導致「大部分經濟理論崩潰」（Hicks 1939, p. 39）。希克斯在這裡所指的經濟理論是報酬遞減法則，它適用於描述傳統的生產或製造流程。這種生產流程涉及重複生產、略微提高品質，以及降低成本。

從一九七〇年代開始，一種新的生產流程出現了，它現在被稱為「知識型」（knowledge-based）流程。這種新的知識流程如今與舊的生產流程平行運作，而不是取代了舊流程。新流程的關鍵特徵是創新和智慧財產權，它們是所謂「高科技」產業的要素。報酬遞減的傳統觀念並不適用於高科技企業。在新的知識型經濟中，主導因素是高研發成本、網絡效應，以及有利於當前優勢企業的鎖定效應。因為新流程的整體邏輯不同，WTO的舊規則不足以維持知識型經濟部門的公平競爭，也就不令人意外。

正如本章已經指出，高科技產業的一種關鍵競爭策略是盡快建立領先地位。這使政府有巨大的動力去投入資源促成這件事。但是，由於那些未來產業尚不存在，政府的支持目前不會對其他國家產生任何可直接觀察到的不利影響，因此根據WTO現行規則，其他國家根本不可能訴諸爭端解決機制處理這問題。

圖二·一是說明WTO規則修訂方向的簡單示意圖。A點是生產發生之處。傳統的WTO規則規範A點或A點之後的政府干預，因此禁止政府提供補貼以降低生產成本或提高出口競爭力，以免這種補貼傷害其會員國的企業。但是，就高科技產業而言，我們應該考慮到生產發生之前的事，把時序往前推到實驗室，那裡是技術概念誕生的地方，當時那種技術在現實世界中還不可行。因為高科技產業報酬遞增的特性，在A點或之後才規範補貼是為時已晚。為了維持公平的競爭環境，應該儘早禁止政府補貼，比如說在B點之後——B點代表育成（incubation），位於實驗室與生產點A之間某處。

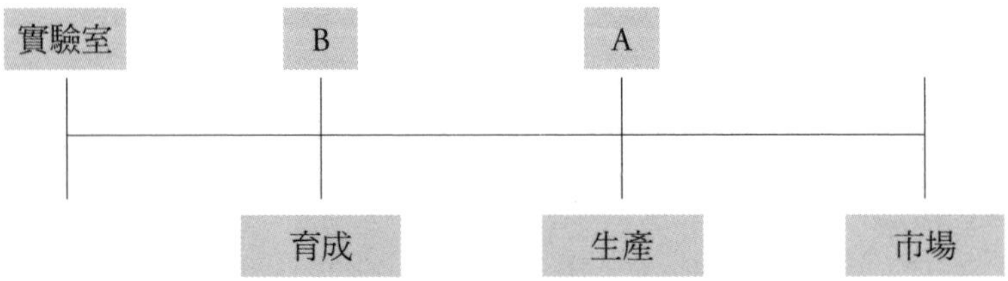


**圖 2.1　從實驗室到工廠和市場的時間線**

例如在製藥業，應該只容許截至育成或萌芽（germination）階段的政府補貼。在其他高科技工程或電子產業，可容許截至新產品原型設計的補貼。細節可能需要WTO成員詳細討論。對那些沒有國際觸角的小企業，監理可以比較寬鬆。

## 第二個變化：國有企業盛行所造成的影響

《馬拉喀什協定》簽訂後二十七年間的第二個重大變化，是國有（或黨有）企業大行其道。雖然國有企業的問題在經濟自由主義時代早就存在，但要到二十一世紀，國有企業與國際貿易體系的緊張關係才成為矚目的焦點。有關國有企業的討論最初是在鋼鐵業全球產能過剩的問題中被提出的，因為二〇〇〇年之後大部分的鋼鐵業產能擴張都是中國的國有鋼鐵企業造成的。[16]此後這種批評持續擴大，前述美國在其WTO通知中亦有表達。

如前所述，美國認為現行WTO規則無法有效處理國有企業的問題。在學術界，用比較溫和的方式來說，多數評論者都同意國有企業大規模存在，與WTO規則之間，存在著緊張關係。[17]WTO會員之間已經有人提出了改革倡議。例如，在二〇一八年五月公開的聯合聲明中，美國、日本和歐盟就同意討論「對國有企業和公共機構（public body）的額外義務和規則」。[18]

我們同意，國有企業對現行國際貿易體系構成了挑戰，WTO的規則有必要加以強化。但我們也要提出，問題的根源可能還藏在更深、更廣的檯面之下。特別是，在國家控制的企業或「表面上」私營企業大行其道的情況下，政府真正做出的補貼並不透明，關於補貼的WTO規則因此無法有效實施。以下我們會提供一些歷史背景，然後開始解釋這個問題。

## ◆中國經濟改革——國有企業盛行的起源

中國的經濟改革始於一九七九年，起初並不順利，要到一九九二年鄧小平發表他的「南巡講話」之後，反對經濟改革的聲音才逐漸消退，改革的基調得以確定。歐洲方面，柏林圍牆在一九八九年倒下，緊接著是一九九〇至九一年蘇聯解體和前成員國經歷經濟改革。中國在二〇〇一年加入WTO，俄羅斯則是二〇一二年加入。因此，民主國家是直到不久之前，才在經濟和貿易上與這兩個前共產國家面對面。沒錯，一些前蘇聯成員國現在是歐盟的成員國，但這些國家沒有大到足以改變歐盟的市場經濟結構。那麼，中國加入WTO究竟產生了什麼衝擊呢？

就本章的討論而言，中國的不同在於，表面上企業大規模私有化，但實際上經濟體系還是控制在國家／共產黨手上。在經濟改革之前，中國的企業多數是（中央或地方）政府所有，或黨有，或共同擁有。改革之後，或說原來的中央控制體制解體之後，原本的公有實體被大量地「私有化」。

但這種私有化過程多數並不公平和透明，結果是許多「私有化」企業落入與政府關係密切的人手上。詳細的說明可參考伯恩斯坦的研究（Bernstein, 2017）。黨或政府仍持有這些公司最大比例的股份和控制權，但這些公司在法律上是私有的，這正是這裡的「私有化」加了引號的原因。這些公司之私有，只是虛有其表。伍人英（Wu, 2016）就以「中國股份有限公司」（China Inc.）描述中國公共與私營部門之間的複雜網絡。不過，我們應該補充一點：這種事在人類歷史上並非前所未有。大型公共機構解散時，經濟租總是落入與當局關係密切的人手上。事實上，「權貴資本主義」（crony capitalism）一詞正是描述殖民地獨立之後，原本由殖民政權擁有的企業多數變成由新領袖的朋友和親戚擁有。

這種披著「私有」面紗的公有企業是過往ＷＴＯ不曾面對的議題。在某種意義上，這屬於廣義的「透明性」的議題：這種經濟體由於資訊不透明，乃致無法完全說服其他ＷＴＯ會員，使它們在面對國家控制的企業時，相信自己是在與私營企業打交道。ＷＴＯ的會員指責中國奉行非市場經濟時，實際上是指責中國資訊揭露不足，導致外人不容易看清幕後是否涉及國家干預或補貼（或國家干預／補貼的程度）。

另一種透明性問題，是許多「實質公有」（public-in-essence）的企業是在某些避稅天堂註冊的，其最終受益人被掩蓋起來。例如，根據傑克·伯恩斯坦的研究（Bernstein, 2017），專制國家許多表面上私有的公司，實際上是由獨裁者的親信或專制國家的腐敗官員所擁有。在這種情況下，要說沒有國家干預是很難的。

## ◆監理上的缺失

實質公有但表面私有的企業大行其道時，許多WTO規則就會淪為空談。例如，WTO會員可以命令本國內的一家「私營」企業以不合理的低價賣原料給一家國內出口製造公司，藉此補貼後者。在這個例子中，其他國家要證明該國政府出手補貼可能不容易。同樣地，黨國控制下的中國政府可以命令許多「私營」企業中的黨委書記做某些事，藉此輕鬆干預企業的決策，但外界很難證實這是由政府發出的命令。舉一個極端例子，假設某WTO會員被認定為奉行非市場經濟，也就是其政府被視為嚴重干預市場的運作。但該會員的政府可以在維京群島重新註冊該國所有由國家或黨控制的實體，從而掩蓋它們真正的最終受益人，藉此輕鬆駁倒非市場經濟的指控，然後繼續肆意干預市場運作。

我們還可以從另一個角度思考，以便說明清楚有關透明度的問題。有人提出，WTO的「公權力標準」（authority approach）會使得國有企業難以被歸類為公共機構（public body），對此周圍歡等人在一篇有關中國國有企業改革的論文中提出反駁。周圍歡等人認為，上訴機構已經留給調查機關充分的機會去提出證據，以證明政府確實對國有企業行使控制權，從而證明國有企業是在行使公權力（Zhou et al., 2018）。這個論點非常誤導，根本忽視了大局和實際情況。

在我們看來，只有在政府和國有企業的運作完全透明的情況下，周圍歡等人的論點才有可能是正確的。在目前情況下，我們認為任何個別調查機關或申訴企業都不容易提出中國政府控制其國有企業的具體和全面證據。就我們這裡討論的實質公有企業而言，能夠提出這種證據的可能性更低。其結果，就是民主國家的企業面臨來自實質公有但表面私有的中國企業的不公平競爭，因為前者未能得到政府補貼，後者則享有政府的各種隱性補貼。事實上，「社會主義市場經濟」的一大問題，就是市場與國家混在一起。針對中國這樣的國家，ＷＴＯ的規則注定無法規範政府對實質公有、表面私有的企業之補貼。

## ◆區域協定中的規則參考

其他國際條約是否有處理這種隱性國企問題的例子？由十一個環太平洋國家簽定的《跨太平洋夥伴全面進步協定》（ＣＰＴＰＰ）關於國有企業的第十七章，應該是迄今為止在複邊關係（plurilateral）層面上處理這問題的最大努力。[19] CPTPP規定了一些關於國有企業營運的實質義務，要求締約國確保其國有企業奉行非歧視性原則和商業考量（第十七章第四條）。CPTPP締約國也必須確保政府對國有企業（或國有企業對另一國有企業）的非商業援助，不會對另一締約國造成不利影響或損害另一締約國的產業（第十七章第六條）。此外，第十七章第十條引入了一個資訊揭露機制：每一個締約國都必須提供一份其國有企業的名單，而且每年更新；締約國必須應要求提供關於特定國有企業的資料，包括政府的所有權和出任國企主管或董事會成員的政府官員，以及有關所有非商業援助政策的資料。

事實上，相對於傳統做法，CPTPP關於國有企業的規則比較全面。例如，CPTPP關於非商業援助的規則涵蓋服務和投資，而這已經超出WTO《補貼及平衡措施協定》協定的範圍。此外，相關規則也涵蓋國有企業之間的非商業援助，其規範範圍因此大於《補貼及平衡措施協定》中「公共機構」的適用範圍。

但是，雖然規則的適用範圍有所擴大，CPTPP對國有企業的定義卻非常狹窄：國有企業一詞僅指締約國擁有逾五〇%股本；經由所有權權益控制逾五〇%投票權；或有權任命董事會多數成員的商業企業（第十七章第一條）。根據這個定義，正如川瀨剛志與安橋正人的研究（Kawase and Ambashi, 2018）指出，CPTPP的規則無法涵蓋前述的中國實質公有企業。

必須注意的是，雖然「五〇%的所有權或投票權」是界定國有企業的常用門檻，但它不是一個普遍的標準。正如川瀨剛志與安橋正人的研究強調（Kawase and Ambashi, 2018），美國與新加坡的自由貿易協定在辨識政府企業時，使用了「有效影響」（effective influence）的觀念。它包括政府擁有不超過五〇%投票權，但有能力實質影響其人事任命或其他重要管理決策的企業。如果政府擁有超過二〇%的投票權，而且這份投票權在各方之中是最大的一份，則可推定政府可以有效影響該企業，雖然這個推定可以舉證推翻。[20]

## ◆對WTO改革的建議

我們希望找到方法修改WTO的規則，以使這種大行其道的實質公有企業無論以什麼形式存在，都能受到抑制。提高透明度可能是最有用的第一步。WTO應該建立一種通報和審查機制，要求會員通報其國有企業資料。除了法律上的國有企業和相關的法律法規，該機制也應該涵蓋事實上的國有企業，例如那些「實質公有」的企業，以及所有相關的不成文規範、慣例或操作。考慮到這可能造成沉重的行政負擔，或許可容許關於事實部分的資料僅在其他會員提出要求時通報。

為了更有效地揭露國有企業的事實部分，WTO會員們應該考慮引入「反通報」機制。

如果有會員沒有應要求通報其國有企業資料，提出要求的會員可以自行向ＷＴＯ提出反通報。最初被要求提供資料的會員可以在合理的時間內澄清反通報中的資料。個別會員根據反通報和澄清資料採取的國內措施，應認定為符合ＷＴＯ規則，例如在反補貼調查中對「公共機構」的界定，或在反傾銷調查中對非市場經濟或特定市場情況的界定，概念類似。

ＷＴＯ會員可以考慮以更全面、更嚴格的措施監督政府的直接經濟干預，以及以更積極的方式抵銷其負面影響。上述反通報機制累積的資料和經驗，可作為起點，帶來更深遠的討論。

## 第三個變化：來自網際網路的挑戰

麻省理工媒體實驗室的尼古拉斯．尼葛洛龐帝（Nicholas Negroponte）一九九四年將數位革命描述為由兩大轉換構成：原子／位元轉換（atom/bits transformation）和靜態／移動轉換（static/mobile switch）。就前者而言，原子是實體產品的基本單位，位元則是數位內容的基本單位。相對於位元之傳輸，原子的運輸非常欠缺效率，因此在數位時代，所有可以轉化為位元的實物商品都將以位元的形式傳輸。關於靜態／移動轉換的討論則留待第四章。

## ◆數位革命與不公平貿易

電子商務並不是WTO的新議題；自從一九九八年五月的第二屆部長級會議以來，WTO就一直在討論這個議題，而在那屆會議中也通過了《全球電子商務宣言》，要求就電子商務議題制定工作計畫。[21] WTO討論的電子商務相關問題非常多樣。大致而言，主要焦點是放在如何形成一個監理框架，以促進和保護線上交易，包括保護隱私和公共道德、防止詐欺、保護和執行智慧財產權、電子簽名和電子支付的規則，以及數據本地化（data localisation）等等。有關開發中國家參與電子商務市場的問題，也在一些論壇中特別探討。[22] 事實上，這些議題對塑造現代監理制度全都至關重要。但是，在電子商務興起的過程中，網際網路為國際貿易帶來的最根本的改變——「原子／位元轉換」卻被忽略了。數位傳輸在現代交易中正發揮越來越重要的作用。

必須強調的是，這裡的電子商務並非僅指完成一筆線上交易的週期，也就是並非僅指貨物或服務的訂購和交付過程。電子商務還包括實際訂購和交付之前的階段。例如，潛在賣家與買家之撮合涉及許多活動，包括在相互競爭的網站上搜尋和比較商品、查看商品規格、瀏覽公開的評論和評價，以及研究相關政府法規。此外，完成交易還涉及電子支付、追蹤已出貨商品、處理客戶投訴，以及其他物流或檢查活動。因此，電子商務實際上涉及了上述所有交易階段的網際網路通訊。如果出現通訊障礙，電子商務的交易機會就會受損。這正是網路空間貿易障礙（ＣＴＢ）發揮作用之處，也正是美國的 WT/GC/W/745 通知特別指出電子商務貿易障礙造成擾亂的原因。[23]

在傳統的貨物貿易上，諸如進口稅、配額，以及對貿易的監理或技術限制等貿易障礙，多數是在海關邊境實施的，這是現行ＷＴＯ規則的重點。網路空間貿易障礙則可能發生在線上交易的任何階段或所有階段。傳統貿易障礙阻礙原子（實物商品）的流通，網路空間貿易障礙則干擾位元（電子訊號）的傳輸。

一如傳統的貿易障礙，網路空間貿易障礙也造成國際貿易的不公平。例如，Ａ國維持開放的網際網路，Ａ國的買家因此可以找到網路上的所有賣家並向他們購買商品，包括那些把伺服器設在Ｂ國的賣家。但是，Ｂ國禁止其人民上外國網站。Ａ國的賣家因此無法平等地享有接觸Ｂ國潛在買家的機會，線上的供需撮合也不可能發生。這種不對稱的網路管制造成一面倒的貿易失衡，對於封鎖網路的Ｂ國更有利。

同樣的問題也發生在服務貿易上。必須注意的是，網路空間貿易障礙不但可能阻礙以電子方式跨境提供服務（即《服務貿易總協定》模式一），還可能阻礙賣方親自提供的服務。例如，在Ａ國飯店的訂房網站被Ｂ國政府封鎖的情況下，Ｂ國的旅行者無法在網路上預訂Ａ國飯店的房間，因此也就不會使用這些飯店在Ａ國提供的服務。旅行者有時甚至會完全取消旅行計畫。在此情況下，A國的飯店服務（《服務貿易總協定》模式二：國外消費）被B國封殺了。

## ◆網站封鎖和其他商業干擾

在美國二〇一六年的《國家貿易評估報告》中，美國首次將中國的「防火長城」列為貿易障礙。[24]在其二〇一八年報告中，美國貿易代表處繼續將中國列為網路審查最嚴厲的國家，指出全球流量最大的三十個網站被中國封鎖了十三個。[25]此外，根據自由之家的報告，監測中國網路管制狀況的非營利組織GreatFire指出，一些全球流行的新聞和社群媒體網站，包括YouTube、Google、臉書、Flickr、SoundCloud和WordPress，在中國全都被封鎖了。[26]只要外國企業或平台使用這些網站作為連結窗口，它們就無法接觸到多達十四億的中國潛在用戶，因此也就永遠無法促成相關交易。

可能會有人質疑不對稱的網路管制的實際影響，因為封鎖外國網站除了導致本國買家無法接觸外國賣家，也會導致本國賣家無法接觸外國買家。但必須注意的是，一般而言，鋼鐵或飛機之類的笨重大件商品不會經由網路進行交易。另一方面，就電子商務通常涉及的零售商品而言，總是消費者在尋找供應商，而不是賣家尋找數以億計的潛在買家。因此，如前所述，不對稱的網路管制確實對封鎖外國網站的國家更有利。關於電子商務中的網路革命，第三章將進一步討論。

## 結論

我們在本章指出，發生在全球貿易經濟中的三個預料不到的結構性變化，導致現行WTO規則變得過時，並且至少在某個程度上助長了美中貿易戰。

第一個變化是知識型產業報酬遞增的情況日益普遍。在現今的商業環境中，新興產業中的領先者很可能因為報酬遞增而佔據競爭優勢，一些專制國家的政府因此有很大的動力去補貼本國企業，幫助它們取得領先優勢。相對之下，民主國家因為受法律約束，無法提供這種補貼。而由於這種補貼是針對尚未存在的產業，WTO現行補貼規則也無法有效規範它們。

第二個變化是大型的前共產主義經濟體加入了世界貿易體系，而在這些經濟體中，公有與私營部門的界線相當模糊。國有企業大行其道，動搖了WTO的自由市場基礎。此外，由於透明度不足，這些經濟體中表面上私有的公司可能仍與政府關係密切，這導致政府補貼的定義完全失效。一些公司利用避稅天堂掩蓋最終受益人，藉此為政府干預蒙上一層面紗，使問題變得更嚴重。

第三個變化是網際網路普及，導致國際電子商務快速成長。由於ＷＴＯ在這個領域缺乏適當和相關的規則，有能力且有意圖嚴厲管制網路的國家可以將國際競爭者封鎖在其線上市場之外，同時幫助本國企業經由網路接觸外國客戶。下一章將進一步討論這問題。

ＷＴＯ的網站指出：「世貿組織有時被描述為一個自由貿易機構，但這並不完全正確……正確地說，ＷＴＯ是一個致力於開放、公平和不扭曲競爭的規則體系。」[27] 我們因此認為，ＷＴＯ絕不應該容許自己成為一個支持不公平貿易和扭曲競爭的體系，對於那些市場競爭被網路管制、政府對特定高科技產業的大力支持或隱性的國有企業不公平地扭曲的產品之貿易，ＷＴＯ絕不應該提供便利。相反地，ＷＴＯ面對因產品、貿易和市場受干預而導致不公平競爭的具體問題，必須積極處理，特別是在近幾十年間經歷了重大變化的領域。

# 第三章　電子商務重商主義

## 封鎖網路的問題

## 背景：中國的網路封鎖和防火長城

網際網路創造了一個全新的市場，但也為國際貿易帶來了一系列全新的重商主義挑戰。網際網路迅速普及和可以預期的電子商務榮景，大有可能誘發和助長政府的重商主義心態。如此一來，政府可能會有很強烈的誘因去保護本國電子商務業者，使它們免於外國同業的競爭，同時容許本國企業盡情利用其他國家更為自由的電子商務市場准入。與傳統的貿易障礙通常直接針對交易物件（即商品或服務）不同，現今數位時代的保護主義措施往往是以政府干預跨境資料流通的形式出現，例如實施網路審查或限制跨境資料傳輸。中國正是這種「數位重商主義」最突出的代表。正如《經濟學人》雜誌（二〇一六年八月六日）觀察到：

> 「中國是一種科技上的加拉巴哥群島，其本地企業在一種獨特、隔離的環境中蓬勃發展。中國企業受政府法規和防火長城保護，免於外來競爭。這種保護意味著它們不需要創新，可以藉由抄襲西方開發出來的商業模式茁壯成長。」

近年來，中國一直是有關網路封鎖的研究之中，最佳的個案研究對象（Wu, 2006; Aaronson, 2019）。

本章不打算概述中國全部的數位重商主義政策，而是聚焦於一項對阻礙電子商務准入具有巨大影響力的因素：網路封鎖和連網速度。就本章討論的目的而言，網站被封鎖是指等待連網的時間無限長。

毫無疑問，漫長的網頁載入等待時間會趕走使用者。例如，Google 一項調查顯示，如果行動網站的載入等待時間超過三秒，有高達五三％的訪問會被放棄（Google, 2016）。另有資料顯示，如果網頁載入時間從一秒增至十秒，行動網站的使用者「跳出」（進入網站後離開）的機率會增加一二三％（An, 2017）。

我們的實證資料顯示，中國消費者連上外國網站（如果網站沒有被中國政府直接封鎖的話）需要等待的時間，遠超過外國消費者在外國連上中國網站需要等待的時間，而且這是普遍現象。這些雙向不對稱的網路速度是中國審查跨境資料流通造成的，也被稱為「防火長城」（the Great Firewall）。關於這問題的文獻，極少從貿易的角度討論中國民眾連上外國網站速度緩慢的問題。在我們看來，這是中國奉行數位重商主義的又一有力證據。

介紹這段背景之後，接著我們會提出當前和預測的市場數據，這些數據說明了中國在電子商務領域已經取得的巨大優勢。下一節簡要講述中國的數位重商主義政策如何運作。接著是關於中國境內不對稱的連網速度的實證資料，這些資料告訴我們，外國電子商務平台即使沒有被中國封鎖，也面臨非常不公平的市場准入（相對於中國的同業而言），因此很難在中國市場競爭。最後，我們會解釋為什麼現行ＷＴＯ規則無法有效處理這些不公平的措施。我們也對進行中的ＷＴＯ複邊電子商務談判提出我們的看法，並建議在最終協定中加入保證資料自由流通的條款。

在進一步討論之前，要先澄清本章使用的一些術語，如此可能會有所幫助。首先，我們交替使用「電子商務」和「數位貿易」這兩個詞，在此它們皆作最廣義理解，是指「任何線上發生的交易」，範圍包括商品、服務和數位內容的交易。「資料」（information）和「數據」（data）這兩個詞也是同樣交替使用。雖然有些學者傾向認為它們各指不同的概念（Aaronson, 2019, pp. 2–3），但我們在此不作這種區分。此外，在本章中，「資料流通」和「資料傳輸」都是指「經由網際網路傳送電子訊號」。但本章討論的內涵包括任何線上通訊和交易或個人資料的傳輸，雖然ＷＴＯ仍在爭論資料傳輸應該包括什麼和不該包括什麼。[1]

## 中國的電子商務優勢

我們先提供一些市場數據，以助描繪當今電子商務的全球格局。這裡的電子商務零售數據是Statista蒐集和整理的，這家總部設在漢堡（Hamburg）的公司，提供各國的電子商務銷售金額和成長率預估。國內生產毛額（ＧＤＰ）和成長率資料來自國際貨幣基金組織

（IMF）的開放資料庫。家庭最終消費支出（HFCE）資料來自世界銀行。因為各項數據更新的時間不同，電子商務和GDP數據是二〇一八年的資料，家庭最終消費支出則是二〇一七年的資料。

## ◆中國電子商務不成比例的繁榮

一如表三．一顯示，在電子商務企業對消費者（B2C）零售領域，中國是迄今為止電子商務蓬勃發展的最大受益者。二〇一八年，中國占前十大電子商務營運國總收入的四〇．五七％，比例顯著高於排名第二的美國，美國占三二．一八％。與此同時，預期中國的電子商務收入成長率（七〇．七％）將遠高於所有其他電子商務大國，到二〇二三年時估計中國將占前十大最活躍電子商務營運國總收入的四五．三八％。

中國在電子商務方面的優勢，似乎與它在全球經濟中的比重不成比例。如表三．一顯示，中國僅占上述十國總GDP的二四．四四％，遠低於其電子商務收入占十國總額的比例。如果我們比較電子商務與家庭最終消費支出（即消費市場的規模）的數字，不成比例的情況就更明顯：中國僅占十國總家庭最終消費支出的一六．一七％。這可能是因為中國消費者較常在網路上購物，但這種非常不成比例的情況看來，遠非消費者行為的簡單差異所能解

**表 3.1　各國的電子商務、GDP 和家庭最終消費支出（HFCE）數據**

| | 電子商務零售收入 (10 億美元 )(a) | | | GDP (10 億美元 )(b) | | HFCE (10億美元) (c) |
|---|---|---|---|---|---|---|
| | 2018 年 ( 占十國百分比 ) | 2023 年 ( 占十國百分比 ) | 成長率 (%) | 2018 年 ( 占十國百分比 ) | 成長率 (%) | 2017 年 ( 占十國百分比 ) |
| 中國 | 636.1 (40.57) | 1,086.1 (45.38) | 70.7 | 13,407.4 (24.44) | 6.6 | 4,704.44 (16.17) |
| 美國 | 504.6 (32.18) | 735.4 (30.73) | 45.7 | 20,494.1 (37.36) | 2.9 | 13,321.41 (45.80) |
| 日本 | 81.7 (5.21) | 103.6 (4.38) | 26.8 | 4,971.9 (9.06) | 0.8 | 2,696.81 (9.27) |
| 德國 | 70.3 (4.48) | 95.3 (3.98) | 35.6 | 4,000.4 (7.29) | 1.5 | 1,951.97 (6.71) |
| 英國 | 86.5 (5.52) | 113.6 (4.75) | 31.3 | 2,828.6 (5.16) | 1.4 | 1,733.55 (5.96) |
| 法國 | 49.4 (3.15) | 71.9 (3.00) | 45.6 | 2,775.3 (5.06) | 1.5 | 1,396.80 (4.80) |
| 加拿大 | 39.9 (2.54) | 55.4 (2.31) | 38.8 | 1,711.4 (3.12) | 1.8 | 958.55 (3.30) |
| 俄羅斯 | 17.2 (1.10) | 24.8 (1.04) | 44.2 | 1,630.7 (2.97) | 2.3 | 831.57 (2.86) |
| 韓國 | 63.7 (4.06) | 80.2 (3.35) | 25.9 | 1,619.4 (2.95) | 2.7 | 736.21 (2.53) |
| 澳洲 | 18.6 (1.19) | 26.9 (1.12) | 44.6 | 1,418.3 (2.59) | 2.8 | 755.11 (2.60) |

註：(a) Statista，如 Orendorff, 2019 引用，見 www.shopify.com/enterprise/global-ecommerce-statistics#2；(b) IMF DataMapper，世界經濟展望，國內生產毛額，見 www.imf.org/external/datamapper/datasets/WEO/1；(c) 世界銀行，*Households and NPISHs Final Consumption Expenditure*，見 https://data.worldbank.org/indicator/NE.CON.PRVT.CD。

釋。

事實上，GDP和家庭最終消費支出都涵蓋貨物與服務。一般而言，相對於開發中經濟體如中國，已開發經濟體（如美國和日本）的服務部門比重大一些。因此，有些人可能會懷疑，拿GDP和家庭最終消費支出與電子商務零售銷售收入比較是否合理。但必須注意的是，電子商務零售銷售收入並非只是銷售貨物的收入，還包括零售的其他相關服務（例如物流和支付）的收入。因此，至少在B2C的層面，電子商務零售銷售收入應該是估計一個經濟體內整體電子商務活動的有意義指標，可以拿來與GDP和家庭最終消費支出比較。

針對企業對企業（B2B）的電子商務，例如綠色能源部門的系統工程服務，以及國際金融和銀行業務，網路封鎖本身作為一種貿易障礙，可能不如用在B2C電子商務上那麼有效。原因是B2B外國企業有時可以在目標國設立分支機構，並以《服務貿易總協定》模式三運作（經由國外關係企業提供服務）。本章稍後將簡要討論亞馬遜的例子。但是，模式三並非總是可行。例如，中國就從未容許「社群媒體」和「搜尋引擎」這兩類服務的供應商在該國自由和公平地競爭。下一節將進一步討論這問題。

許多人可能會想問的是：中國的GDP在那十個國家的GDP總和中，僅略高於二四%，但卻在電子商務方面取得如此顯著優勢，難道不很令人好奇嗎？是不是因為在數位世界裡，中國企業的競爭力比其他國家的同業強得多？

## ◆不公平的電子商務：跨境資料流通受限制的連帶傷害

我們認為，中國在B2C電子商務領域取得領先地位，主要是因為中國大規模地嚴格管制跨境網路資料流通，也就是拜中國的防火長城所賜。這種管制起初是出於政治目的，是為了阻止中國人民製作、傳播以至搜尋、查閱「有害信息」，例如關於六四屠殺、西藏暴動、維吾爾族「再教育營」的資訊，藉此壓制民主的聲音，防止類似「阿拉伯之春」的事件（*The Economist*, 2013）。網路封鎖無可避免的一個經濟後果，就是令中國人民無法（或至少是很難）連上外國的商業網站。

為了幫助讀者了解中國的「有害信息」定義有多寬廣，我們來看相關法規。中國公安部三十三號令《電腦資訊網路國際聯網安全保護管理辦法》第五條規定：

> 任何單位和個人不得利用國際聯網製作、複製、查閱和傳播下列資訊：（一）煽動抗拒、破壞憲法和法律、行政法規實施的；（二）煽動顛覆國家政權，推翻社會主義制度的；（三）煽動分裂國家、破壞國家統一的；（四）煽動民族仇恨、民族歧視，破壞民族團結的；（五）捏造或者歪曲事實，散佈謠言，擾亂社會秩序的；（六）宣揚封建迷信、淫穢、色情、賭博、暴力、兇殺、恐怖，教唆犯罪的；（七）公然侮辱他人或者捏造事

實誹謗他人的；（八）損害國家機關信譽的；（九）其他違反憲法和法律、行政法規的。[2]

因為禁止的目標是「資訊」，不言而喻的是，任何可能印有或附帶此類資訊的東西都禁止藉銷售而傳播。因此，任何印有天安門廣場「坦克人」照片的T恤都禁止在中國出售，相關的書籍、影片和新聞報導就更不用說了。此外，禁令的第八項過於含糊，範圍大得離譜，當局要審查的網路內容因此極其廣泛。就邏輯上而言，禁止複製和傳播或許是有道理的，但禁止「搜尋」就很沒道理，因為不搜尋怎麼可能知道網站是否含有「有害信息」？簡而言之，為了保證所有這些禁令確實執行，網路檢查必須嚴厲到令人髮指的程度。

但與此同時，外國人可以自由地連上中國的網站。這自然會導致不對稱的市場准入：因為中國的網路管制，中國消費者不大可能或甚至完全不可能利用其他國家的電子商務平台購物，但其他國家的民眾卻可以很方便地利用中國的平台購物。因此，競爭環境顯然不公平地有利於中國電子商務營運商，而這在數位時代製造出一種全新的重商主義。

## ◆數位重商主義如何運作？

概念上而言，傳統的國際貨物貿易可分為一連串的不同階段，如圖三・一所示。第一階段是潛在買家確認某商品在某平台確有銷售；第二是潛在買家比較目標商品和替代選項；第三是下訂單；第四是商品付運；第五是海關檢查和課稅；第六是國內（或在地）物流或行銷；最後是買家拿到商品。

就傳統貨物貿易而言，貿易障礙最常針對第四至第六階段，常見形式為高關稅、非關稅障礙或其他騷擾。數位貿易障礙則不同，它們多數針對第一至第三階段，常見形式為與跨境資料流通有關的管制措施。

例如，中國政府直接或在網路服務業者（ISP）協助下干預網路資料流通，以過濾

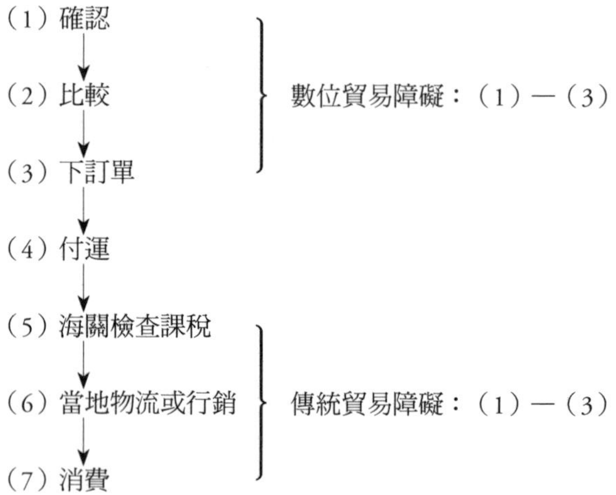


**圖 3.1　貿易階段示意圖**

資料發送和阻止民眾上外國的電子商務平台。雖然中國國內企業也可能面臨同樣的審查要求，但這種干預通常是導致外國電子商務業者的行銷、交易和行政成本增加。這是因為外國網站比聽話的中國網站更有可能銷售含有「有害信息」的產品，連上外國網站因此面臨更多審查和安全限制。在極端情況下，中國政府可能徹底封鎖外國電子商務平台，使它們無法接觸中國消費者。

中國的電子商務企業在多數外國市場則沒有面臨類似障礙。因此，這些公司可以持續受惠於全球電子商務的擴張，而且因為中國的電子商務企業在本國市場受到保護，所以總是可以在競爭中佔優勢。

## ◆中國的網路封鎖有多廣泛？

我們不是第一個提出這種論點的人。中國嚴厲管制網際網路是眾所周知的事實。二〇二〇年，中國連續第六年被美國非政府組織自由之家評為網路自由最差的國家。[3]自由之家二〇一八年的報告引用監測網站 GreatFire.org 的資料指出，一些全球流行的新聞和社群媒體網站，例如 Google、臉書、WhatsApp、YouTube、Flickr、Tumblr、Dropbox、Instagram、SoundCloud、WordPress 和 Pinterest 都被中國政府封鎖了。[4]事實上，許多中小企業（有時）

利用這些平台作為其國際銷售的連結窗口。[5]因此，這些平台被封鎖實際上導致這些企業無法接觸整個中國十四億的潛在消費者。美國貿易代表署（USTR）二〇二〇年提交國會的報告指出，中國封鎖了全球超過一萬個網站，[6]導致身處中國的人無法連上這些網站。

商業廣告是整個過程中的另一重要因素。中國封鎖臉書無疑會使中國消費者無法接觸到臉書上的廣告。此外，由於中國封鎖臉書之類的外國平台，尋求拓展中國市場的外國企業別無選擇，只能到類似臉書的中國平台（如微博）上買廣告。中國企業則不一定要在臉書上買廣告以向外國消費者推銷它們的商品，因為外國消費者可以自由造訪中國的平台。因此，中國的網路封鎖使該國的平台業者在與外國同業的商業廣告競爭中佔得額外的優勢（例如在廣告方面）。

中國的貿易夥伴當然也擔心這些問題。二〇一六年，美國首度將中國的防火長城列為貿易障礙（USTR, 2016）。在美國公開的貿易評估報告中，美國強調中國網路管制制度的重商主義面向，指責中國企業之所以能夠主導其國內市場「主要是拜中國政府限制外國企業所賜」（USTR, 2019）。

## 網路封鎖對電子商務的影響

為了驗證數位重商主義論，我們實地做了一個跨地區的實驗，蒐集數據以反映消費者從中國連上外國電子商務平台網站的一般體驗，以及消費者從其他國家連上中國電子商務平台的體驗。我們並非只是查看特定網站是否遭封鎖，而是測量連上網站（如果能連上的話）的平均等待時間。我們還檢查兩國之間的雙向連網情況，以確認連網延誤不是一般的基礎設施缺陷造成的。簡而言之，我們發現中國消費者連上外國網站必須等待的時間，通常遠超過外國消費者連上中國網站必須等待的時間，兩者的差距非常大。

表三・二和三・三呈現了我們實地進行的實驗結果。這兩個表中的等待時間，都是以標準方法算出來的。我們要求我們的研究人員使用標準的個人電腦，並連上當地的Wi-Fi。「每次點擊等待時間」是從按下輸入鍵算到電腦載入完整的網頁。我們做多次試驗，結果有差異時取簡單平均值。我們還指定研究人員使用的個人電腦效能範圍，以確保等待時間不受電腦效能差異影響。測試於二〇一九年四月十五至二十一日進行，每天於當地時間晚間八點至十點進行。本章最後面列出了這次實驗使用的網址（URL）。

## 表 3.2 每次點擊等待時間：主要零售平台

| 目標平台每次點擊等待時間（秒） | | 從以下城市連上網站 | | | |
|---|---|---|---|---|---|
| | | 上海 | 深圳 | 北京 | 紐約 |
| 澳洲 | Big W | 113.72 | 111.18 | – | – |
| 巴西 | Americanas | >120.00 | >120.00 | – | – |
| 加拿大 | Walmart | 14.11 | 30.35 | – | – |
| 法國 | Cdiscount | 18.40 | 17.53 | 61.87 | 0.96 |
| 德國 | Otto | 15.22 | 42.08 | 21.39 | 1.52 |
| 印度 | Flipkart | 37.45 | 11.45 | >120.00 | – |
| 印尼 | Tokopedia | 20.80 | 61.42 | >120.00 | – |
| 日本 | 樂天市場 | >120.00 | >120.00 | 31.39 | 2.57 |
| 韓國 | G market | 5.33 | 6.47 | 0.24 | 0.68 |
| 馬來西亞 | Mudah | 4.54 | 51.65 | 9.07 | 4.12 |
| 墨西哥 | Mercado Libre | 109.55 | >120.00 | – | – |
| 新加坡 | Qoo10 | 5.22 | 7.66 | 6.65 | 1.43 |
| 瑞士 | Richardo | 54.52 | 43.94 | – | – |
| 台灣 | PChome | >120.00 | >120.00 | >120.00 | 0.88 |
| 土耳其 | Akakce | 63.97 | 51.75 | – | |
| 英國 | ASOS | 7.61 | 11.92 | 14.90 | 0.75 |
| 美國 | eBay | >120.00 | >120.00 | 11.74 | 0.62 |
| 美國 | 亞馬遜 | 15.06 | – | 14.57 | 5.34 |

註：等待時間是從按下輸入鍵算到電腦載入完整的網頁。「–」表示沒做測試。「>120.00」表示等待時間超過 120 秒。選擇的銷售平台是每個國家最高流量的平台。

**表 3.3　每次點擊等待時間：主要零售平台，雙向測試**

| 每次點擊等待時間（秒） | | 從其他國家到淘寶 | 從中國到其他國家（表 3.2 的簡單平均值） |
|---|---|---|---|
| 澳洲 | 雪梨 | 7.51 | 112.45 |
| 巴西 | 聖保羅 | 10.14 | >120.00 |
| 加拿大 | 渥太華 | 2.17 | 22.18 |
| 法國 | 巴黎 | 1.54 | 32.60 |
| 德國 | 柏林 | 5.26 | 26.23 |
| 印度 | 新德里 | 13.21 | 24.45 |
| 印尼 | 雅加達 | 8.35 | 41.11 |
| 日本 | 東京 | 1.97 | >120.00 |
| 韓國 | 釜山 | 2.56 | 4.01 |
| 馬來西亞 | 吉隆坡 | 4.22 | 21.73 |
| 墨西哥 | 墨西哥城 | 8.55 | 114.78 |
| 新加坡 | 新加坡 | 2.15 | 6.51 |
| 瑞士 | 日內瓦 | 3.34 | 49.23 |
| 台灣 | 台北 | 4.95 | >120.00 |
| 土耳其 | 安卡拉 | 3.87 | 57.86 |
| 英國 | 倫敦 | 7.32 | 11.48 |
| 美國 | 紐約 | 0.87 | 14.57 |

## ◆每次點擊等待時間統計——跨國測試

表三．二呈現中國三個主要城市（上海、深圳、北京）的實地測試結果，我們在當地嘗試連上其他國家的主要零售平台網站，包括五個歐洲國家（法國、德國、瑞士、土耳其、英國）、四個美洲國家（巴西、加拿大、墨西哥、美國），以及八個亞太區國家（澳洲、日本、韓國、印度、印尼、馬來西亞、新加坡、台灣）。我們還在GreatFire.org、WebSitePulse.com和WebPageTest.org網站上做遠端測試，測量從中國或其他地方連上特定網址的速度。遠端測試與現場測試結果一致，因此接下來我們僅報告現場測試結果。

表三．二比較了從中國的城市連上其他國家一些最大型電子商務零售平台的每次點擊等待時間。很明顯，中國消費者造訪這些外國網站通常必須等待令人難以忍受的漫長時間。例如，從北京連上法國的Cdiscount，每次點擊需要等待六十二秒。如果完成一次交易需要十次點擊（從首頁到結帳和付款），每次點擊等待六十二秒意味著完成交易需要等待超過十分鐘。這超出了幾乎所有用戶通常可以忍受的程度。

我們可以從表三．二得出以下結論。雖然確切等待時間因城市而異，也因目的地網站而異，但等待時間漫長的形態是一致的：在中國三大城市，中國消費者要從世界各國的電子商務網站購買商品，幾乎全都必須耗費常人無法忍受的漫長時間。唯一的例外是從北京連上韓國的 G Market，每次點擊只需要等待〇・二四秒，原因不明。此外，如果我們拿這些等待時間與紐約市的情況（如表三・二第四欄所示）比較，我們可以清楚看到，美國消費者從外國電子商務網站購買商品，要比中國消費者方便得多，即使地理上美國距離一些國家（例如馬來西亞）比中國更遠。

## ◆每次點擊等待時間統計——反向測試

可能會有人懷疑，相對於從紐約連上網站，從中國連上法國 Cdiscount 網站的速度極慢，是因為連接中國與法國的光纖容量不足。

為了驗證這種猜想，我們做了「反向測試」，結果如表三・三所示。在這裡，我們測量從其他國家連上中國淘寶網站的每次點擊等待時間（淘寶是阿里巴巴旗下最大的零售網站）。網路通訊有如雙向的高速公路，因此如果沒有特殊障礙，從一國連上另一國網站的速度，不可能總是與反向連網速度有很大的差別。表三・三清楚顯示，從中國連上其他國家的網站，等待時間總是比反向而行還要來得久。此一證據顯示，中國連上其他國家網站的漫長等待時間，是中國的防火長城造成的。

### ◆少數大型企業可以選擇模式三

幾乎沒有任何其他國家的公司可以避免受中國的防火長城騷擾，除非它們有能力提供中國人專用的「特殊服務」。亞馬遜就提供一個中國版網站，中國民眾不必經防火長城審查就可以上該網站，主要是因為其內容已經被審查過了。

人們無法看清中國版亞馬遜網站與全球版亞馬遜網站整體來說有何不同，仔細比較又有何差異。但我們的測試顯示，至少在中國亞馬遜網站上找不到含有「天安門廣場」關鍵詞的書籍和T恤，而在 Amazon.co.uk 則可以找到數百項此類商品。因此，在這種模式下，中國政府對商品的限制仍導致准入不對稱。此外，多數公司和中小企業沒有能力像亞馬遜一樣，以這種方式接觸中國消費者。

### ◆每次點擊等待時間統計——中小企業測試

表三・二和三・三概括了瀏覽大型電子商務平台的結果。表三・四則顯示瀏覽各國典型中小企業網站實地的實驗結果。我們參考了 Google 和各國的旅遊網站，選出一國最典型的一種食物，並選擇該國最著名或最受推薦的食品商店網站。我們理解從網站上跨境訂購食物

並不常見，但食物似乎是每一個國家的特色產品，因此拿來比較會容易一些。我們也要強調，我們的重點完全是測試比較網路能夠連線與否和等待時間，而不是訂購食物。食物顯然很難包含「有害信息」；如果選擇另一種普通商品來比較，結果很可能會反映更嚴重的准入不對稱。

事實上，要在不同的國家找到以類似的商業模式銷售相同產品的中小企業，本身就很困難（這種公司很可能不會是中小企業）。我們明白，在全球層面嚴格比較不同的中小企業可能很困難，甚至是不可能的。我們無意做中小企業之間的比較。我們主要是證明了這件事：因為中國的網路管制，在中國連上外國網站的速度非常慢，也因此外國網站被排除在中國線上市場之外。

我們可以從表三・四看到，除了少數例外，從中國連上外國中小企業的網站，甚至比連上外國大型電子商務平台還要困難，而全國的等待時間情形與表三・二和三・三所呈現的一致。綜合資料得出的訊息很清楚：如果從中國連上外國電子商務平台很困難，那麼從中國連上外國中小企業網站也一樣。

表三・五呈現中小企業網站的「反向測試」結果，也就是從不同國家連上紹興女兒紅釀酒有限公司（中國一家著名的釀酒中小企業）所需要的時間。結果顯示，從各國連上這家中國公司網站所需要的時間，同樣比從中國連上各國中小企業網站所需要的時間短得多。因

**表 3.4 每次點擊等待時間：典型的中小企業網站**

| 每次點擊等待時間（秒） | | 從這裡連上網站 | |
|---|---|---|---|
| 目的地網站 | | 上海 | 深圳 |
| 澳洲 | Vegemite | 32.97 | >120.00 |
| 巴西 | B.Lem Bakery | 35.00 | 45.21 |
| 加拿大 | Dare Foods | >120.00 | >120.00 |
| 法國 | La Mère Poulard | 25.83 | 29.63 |
| 德國 | Café Schäfer Triberg | >120.00 | 6.12 |
| 印度 | Haldiram | 54.41 | 50.02 |
| 印尼 | Lapislapis Kue Lapis | 9.70 | 21.30 |
| 日本 | Nagomi-Yoneya | 117.59 | 39.87 |
| 韓國 | Ottogi Ramen | 14.95 | 16.3 |
| 馬來西亞 | 舊街場白咖啡 | 116.10 | 30.41 |
| 墨西哥 | La Churreria El Moro | 111.38 | 68.91 |
| 新加坡 | 美珍香 | >120.00 | 14.67 |
| 瑞士 | Tristan Chocolatier | 70.46 | 36.01 |
| 台灣 | 玉珍齋 | 26.20 | 43.78 |
| 土耳其 | Haci Bekir | 7.21 | 12.73 |
| 英國 | The Astronomer | >120.00 | 25.43 |
| 美國 | Federal Donuts | 70.51 | >120.00 |

**表 3.5 每次點擊等待時間：中小企業網站，雙向測試**

| 每次點擊等待時間（秒） | | 從其他國家前往紹興女兒紅釀酒有限公司網站 |
|---|---|---|
| 澳洲 | 雪梨 | 9.13 |
| 巴西 | 聖保羅 | 8.17 |
| 加拿大 | 渥太華 | 4.05 |
| 法國 | 巴黎 | 1.73 |
| 德國 | 柏林 | 6.22 |
| 印度 | 新德里 | 23.03 |
| 印尼 | 雅加達 | 7.87 |
| 日本 | 東京 | 2.81 |
| 韓國 | 釜山 | 2.71 |
| 馬來西亞 | 吉隆坡 | 2.54 |
| 墨西哥 | 墨西哥城 | 7.12 |
| 新加坡 | 新加坡 | 3.09 |
| 瑞士 | 日內瓦 | 2.54 |
| 台灣 | 台北 | 6.52 |
| 土耳其 | 安卡拉 | 11.03 |
| 英國 | 倫敦 | 4.15 |
| 美國 | 紐約 | 1.29 |

此，中小企業網站存在同樣的准入不對稱問題。

在此必須指出的是，我們並不是要說，因為這種連網速度的巨大差異，中國的紹興女兒紅釀酒公司在中國或國際市場，可以比外國中小企業（例如美國的 Federal Donuts）做更多線上生意（或有這種能力）。我們想說的是，這種連網速度的巨大差異阻礙中國消費者利用外國線上市場，無論國別、企業規模（亞馬遜或 Federal Donuts）或產品類型（各種雜貨或單一食品）。就 WTO 規則而言，這是「市場准入」而非「國民待遇」的問題。其他國家並沒有針對中國企業及其產品設置同樣的線上市場准入障礙。因此，我們在這裡得到的初步證據，是這種體制完全偏袒中國的利益。

總而言之，中國的防火長城導致該國消費者很難連上外國的電子商務平台。阻止國民向外國供應商購買商品，或許不是中國的直接意圖，但這導致不對稱的市場准入，可說是中國的電子商務重商主義。簡單的事實就是中國的潛在買家接觸外國供應商，要比外國買家接觸中國供應商難得多。中國因此在向其他國家銷售商品方面，佔得不公平的優勢。這很可能解釋了為什麼相對於其他國家，中國的電子商務生意規模大得不成比例（表三・一），儘管中國的 GDP 或家庭最終消費支出的份額相對較小。

## WTO能處理數位重商主義嗎？

我們接下來的問題是：如果數位重商主義導致全球電子商務方面的市場准入不公平，WTO的規則，尤其是《服務貿易總協定》（GATS），能處理這問題嗎？

### ◆《服務貿易總協定》的薄弱承諾

因為《服務貿易總協定》沒有區分線上提供與線下提供的服務，其規則確實適用於與電子商務有關的政府措施。WTO成員和一些WTO爭端案件已經確認了所謂的「技術中立」原則。[7]例如，WTO關於美國賭博法規的爭端解決小組就認定美國開放「其他娛樂服務」的承諾涵蓋線上賭博服務，美國對線上賭博服務的禁令因此違反它在《服務貿易總協定》下的義務。該小組這麼說：

「成員在其模式一附表的市場准入欄寫上『無』，即代表它承諾在它承諾開放的部門或子部門，不會維持禁止使用模式一的一種、數種或所有交付手段的措施。在跨境供應基本上（或完全）是利用網際網路完成的部門和子部門尤其如此。」[8]

在《中國出版物和音像製品》一案中，爭端解決小組也裁定，中國在《服務貿易總協定》附表中關於「錄音製品發行服務」的承諾，涵蓋利用網路等技術以非實物形式發行的錄音製品。[9]

但是，在個別爭端之外，《服務貿易總協定》的結構使得它能夠為數位重商主義問題提供系統解決方案的能力受限。在《服務貿易總協定》中，與實質義務有關的條款，例如第十六條（市場准入）、第十七條（國民待遇）和第六條（國內法規），僅適用於WTO成員作出了具體承諾的那些服務部門和模式。例如，如果某WTO成員的附表內容不包括對支付和貨幣交易服務的承諾，那麼上述的《服務貿易總協定》義務就不適用該成員。該成員遂可以對電子支付服務任意施加限制，不必擔心日後可能出現爭端。

現有的《服務貿易總協定》承諾大多是一九八六至九三年間烏拉圭回合談判的結果。針對那些在一九九五年之後加入WTO的國家，《服務貿易總協定》承諾是在個別入會談判時確定下來的。WTO至今未能完成新一輪的大規模服務貿易談判。在這方面，相對於現今的電子商務覆蓋範圍，《服務貿易總協定》下的自由化程度非常有限，而中國在電子商務方面的承諾很少。

此外，服務分類問題進一步限制了《服務貿易總協定》對電子商務的適用性（Ahmed, 2019）。實務上，幾乎所有WTO成員作出的《服務貿易總協定》承諾，都是基於聯合國統計局一九九一年發布的中央產品分類（CPC）臨時版本。[10]雖然聯合國統計局持續更新中央產品分類[11]，WTO成員並未相應修訂其承諾附表。因此，即使是現在一些常見的網路服務，例如搜尋引擎服務，也需要特別努力才可以勉強納入WTO成員的承諾附表，新興商業模式就更不用說了（Wu, 2006）。

中國網路速度不對稱在此引出另一個問題：《服務貿易總協定》第十六條定義的六種市場准入障礙，能否涵蓋所有的數位保護主義措施？

## ◆《服務貿易總協定》和《關稅暨貿易總協定》條款適用嗎？

事實上，全面封鎖外國網站可視為實施「零配額」政策，因此構成《服務貿易總協定》第十六條第二（a）款所規定的「限制服務供給者之數量」。但是，執行管制措施以致連上外國網站的速度非常慢，是否屬於第十六條第二（c）款所規定的「以配額數量或經濟需求檢測之要求等形式，藉指定之數量單位，限制……服務之總生產數量」，則是有疑問的。

在《服務貿易總協定》之外，沒什麼人討論《關稅暨貿易總協定》（僅適用於貨物貿易）對數位重商主義的涵義。在網路管制措施導致外國電子商務營運商難以接觸到國內消費者，因此無法供應貨物的情況下，《關稅暨貿易總協定》第十一條或許可以發揮作用，因為該條款禁止法律上或事實上的任何貿易限制。

《關稅暨貿易總協定》第十一條如果能作廣義解讀，上述論點或許比較可行。不過，若要實際執行，可以預見的挑戰是申訴者必須回答一些困難的假設性問題。例如，倘若沒有網路管制措施，是否有可能（經由實體管道）進行貿易？如果沒有那些措施，貿易量會是多少？邏輯上而言，為了比較有和沒有網路封鎖這兩種情況下的貿易量，回答這種假設性問題是必要的。申訴者必須做這種比較，才可以證明網路封鎖措施構成一九九四年《關稅暨貿易總協定》第十一條所規定的對產品進口的「禁止或限制」情形，如此爭端案件才有可能成案。然而，與上述假設性問題有關的舉證門檻極高，很可能高到WTO成員幾乎不可能克服。

## ◆其他國家可以反擊嗎？

面對中國的電子商務重商主義，鑒於WTO的規則沒有明確禁止其做法，一個合理的問題是：民主國家有能力反擊嗎？注意，最嚴重的網路空間貿易障礙（CTB），例如網路封鎖和控制，只有專制政權才有可能做到。政府藉由限制資訊流通干預市場運作，本質上與自由民主價值觀背道而馳。技術上而言，要有效監管無國界的網路空間，政府需要一個巨大的政策工具箱，以及極大或甚至無限大的權力。

事實上，控制網路需要所有類型的服務供應者廣泛合作。例如，為了成功封鎖一些網站，伺服器必須由願意服從政府命令的營運商控制。為了阻止民眾搜尋敏感詞，搜尋引擎必須採用規定的搜尋演算法設計，而為了杜絕大眾挑戰政府的可能，社群媒體營運商必須持續監控網站，必要時按照政府的指示關閉網路。只有在專制政權下，才有可能達到這種規模的秩序和服從。

實際上，強制命令可能不如誘之以利有效。為了鼓勵網路營運商與監理機關合作，專制政權通常會授予遵從命令的營運商與網路有關的壟斷地位。這種特許由政府定期審查和展期，以確保營運商持續服從。在民主國家，此類企業通常不是政府特許的。此外，即使在民主國家有些業務需要政府特許，民主國家的特許審查制度也很難被官員一手操縱。

值得注意的是，我們在這裡討論的是在網路營運商合作下執行的政府行為。這不同於網路營運商的自主行為，例如搜尋引擎公司主動從搜尋結果中刪除關於競爭對手的內容。後一種情況適用競爭法而不是國際貿易法。

## 與中國的網路控制有關的其他問題

專制政權加上網路控制，如今更有可能導致一種比簡單的網路空間貿易障礙和不對稱的市場准入更糟糕的結果：數據濫用。我們在第二章中提到，數位革命的一個特點是靜態／移動轉換（Negroponte, 1994）。在一九九〇年代，資訊設備多數是靜態的，資料主要靠無線電波傳輸，現在則是行動裝置隨時隨地可以蒐集許多不同類型的資料，並可利用靜態的光纖高效地傳輸。因為這種靜態／移動轉換，現在多數數據是由在地分支或在地公司產生和蒐集的。如果政府可以從國際終端取得數據（例如經由搜尋引擎或線上購物平台），[12]如果這些數據被進一步剖析並應用於未來的商業篩選，不公平問題將嚴重惡化。

例如，據報導，中國已經蒐集了各種個人資料，並為每一個人「打分數」。撇開我們將在第四章討論的隱私問題，就在電子商務蓬勃發展之際，這種長期未解決的不公平情況使一些審查網路的國家處於有利地位。這種以電子化手段蒐集的資料涵蓋所有國籍的買家，而中國政府可以進一步剖析這些資料以進行精準行銷。當到訪中國的外國人（或使用中國搜尋引擎，或在中國阿里巴巴網站上購物的外國人）的個人資料被蒐集、剖析並用於商業目的時，民主國家的政府可能完全不知情或無法就此做任何事。這是中國從不正當優勢獲取的另一種「效率」。

上述監理缺陷，某種程度上解釋了為什麼從來沒有人把網路空間貿易障礙或資料入侵問題提交ＷＴＯ爭端解決機制處理，因為ＷＴＯ根本無法處理。結果是：中國等國家的電子商務營運商可以濫用網路自由發大財，同時在國內市場因為受到保護而不必面對國際競爭。

因此，未來的WTO改革必須妥善處理此一情勢：一種革命性的國際貿易新方式確實正在影響全球貿易格局和世界經濟勢力動態。關於網路空間貿易障礙問題，WTO會員應認識到網路空間貿易障礙措施的不良影響，並承諾確保和保障資訊的自由跨境傳輸。新規則也應該描述WTO會員採用網路空間貿易障礙措施可能追求的正當政策目標，同時明確指出容許採用網路空間貿易障礙措施屬例外情況。此外，WTO會員還應該評估數據濫用對國際貿易的影響。

## 結論：無望的WTO電子商務改革

在我們看來，為了防止數位重商主義，應該在國際層面建立一種普遍規範，禁止對跨境線上資料流通採取任何限制性措施。近年來，一些巨型自由貿易協定，例如《跨太平洋夥伴全面進步協定》（CPTPP）和《美國墨西哥加拿大協定》（USMCA），已經納入了這種規則。

《跨太平洋夥伴全面進步協定》第十四．一一條規定：

（一）全體締約方咸認，各締約方得各自制定以電子方式傳送資訊之法規要求。（二）

如以電子方式跨境傳送資訊係為了進行涵蓋之人之業務，各締約方應允許以電子方式跨境傳送資訊，包括個人資訊。（三）本條並未禁止締約一方採行或維持不符合第二項之措施，以達到正當公共政策目標，惟該措施：

（a）適用之方法不構成專斷或無理之歧視或變相貿易限制；及

（b）對資訊傳送所造成之限制，不超過達成政策目標所需者。[13]

《美國墨西哥加拿大協定》第一九．一一條規定：

（一）如以電子方式跨境傳送資訊係（USMCA第十九．一條中所）涵蓋之人士，為了執行業務所需，各締約方不得禁止或限制以電子方式跨境傳送資訊，包括個人資訊。（二）本條並未禁止締約一方採行或維持不符合第一項之措施，以達到正當公共政策目標，惟該措施：

（a）適用之方法不構成專斷或無理之歧視或變相貿易限制；及

（b）對資訊傳送所造成之限制，不超過達成政策目標所需者。〔省略腳註〕[14]

但另一方面，WTO未能在它一九九八年啟動的電子商務工作計畫下，取得任何有意義的結果。[15]目前焦點已經轉移到由包括美國和中國的七十六個WTO成員發起的談判過程上，這些成員在二〇一九年一月制定了一項「聯合聲明倡議」（JSI），但印度和南非沒有參與。[16]

迄今為止，WTO已有許多提案，而各方的談判也正在加緊進行。根據已公開的資料，美國的提案大致是複製《美國墨西哥加拿大協定》的條款，主張嚴格管制數位重商主義措施。其中一項條款要求締約方不得「禁止或限制以電子方式跨境傳送資訊」，除非相關措施能通過該條款規定的「正當目標測試」和「必要性測試」。此外，若是特地區分境內資訊傳送與跨境資訊傳送，將被視為一種毫無道理的做法，應受嚴懲（Manak, 2019）。另一方面，中國的談判重點則是「促進網際網路的跨境貨物貿易」。[17]

根據媒體報導，中國在它最新的提案文本中，建議「聯合聲明倡議」參與者致力「強化貿易便捷化」，以促進「跨境電子商務，即藉由各種措施，包括執行《貿易便捷化協定》，促進產品於線上銷售，然後以實體方式交付給境內消費者或買家的電子商務。」[18]中國還呼籲就「貿易便捷化和支援服務」——例如清關、物流和支付之類——進行談判（Third World Network, 2019）。中國繼續聲稱資訊流通問題複雜和敏感，因此任何資訊流通都應「以安全為前提，這關係到所有會員的核心利益」，而且資訊流通應當「符合會員各自的法律法規。」[19]

很明顯，在現正進行的「聯合聲明倡議」談判中，美國強調的是「數據／資訊」流通的自由，目的是確保競爭環境公平，而中國強調的是「實物商品」流通的自由，目的是維持該國原本以不公平的手段獲得的電子商務優勢。正如我們在上文和圖三・一中解釋，數位貿易障礙通常是一些阻礙資料流通的措施。因此，我們認為美國的做法是處理電子商務重商主義問題的正確方法，也是最有效的方法。根據美國提議的關於資訊跨境傳送的規定，中國的防火長城造成的連網速度不對稱，本身就構成對跨境資料流通的禁止性限制。此外，由於中國歧視性對待跨境資料流通，各方要達成共識可能並不容易。

相對之下，中國把重點放在網上交易貨物的加快處理（例如小額交易的包裹運送），而這是重複並疊床架屋的規範。WTO在這方面已經作出的努力，例如《貿易便捷化協定》就是在處理這方面的問題。很明顯，中國的做法旨在強化它自身在電子商務零售領域的優勢，同時拒絕在資料流通問題上作出任何妥協。在這種情況下，中國的防火長城和准入不對稱問題預料將繼續存在。因為JSI談判結果有賴所有參與者達成共識，我們很難指望這種複邊談判產生能夠有效遏制數位重商主義的法律文件。

## 附錄：調查實驗使用的網址

| 國家 | 網站 | 網址 |
|---|---|---|
| 澳洲 | Big W | www.bigw.com.au/ |
| 澳洲 | Vegemite | https://vegemite.com.au/ |
| 巴西 | Americanas | www.americanas.com.br/ |
| 巴西 | B.Lem Bakery | www.blembakery.com/ |
| 加拿大 | Walmart | www.walmart.ca/en |
| 加拿大 | Dare Foods | www.darefoods.com/ca_en |
| 中國 | 淘寶 | www.taobao.com/ |
| 中國 | 紹興女兒紅釀酒 | www.nuerhong.com.cn/blank1.html |
| 法國 | Cdiscount | www.cdiscount.com/ |
| 法國 | La Mère Poulard | https://lamerepoulard.com/en/home2/ |
| 德國 | Otto | www.otto.de/ |
| 德國 | Café Schäfer Triberg | www.cafe-schaefer-triberg.de/ |
| 印度 | Flipkart | www.flipkart.com/ |
| 印度 | Haldiram | www.haldirams.com/ |
| 印尼 | Tokopedia | www.tokopedia.com/ |
| 印尼 | Lapislapis Kue Lapis | http://lapislapis.co.id/story/ |
| 日本 | 樂天市場 | www.rakuten.com/ |
| 日本 | Nagomi-Yoneya | www.nagomi-yoneya.co.jp/en/products/index.html |
| 韓國 | G market | http://gmarket.co.kr/ |
| 韓國 | Ottogi Ramen | www.ottogi.co.kr/eng/main/main.asp |
| 馬來西亞 | Mudah | www.mudah.my/ |
| 馬來西亞 | 舊街場白咖啡 | www.oldtown.com.my/ |
| 墨西哥 | Mercado Libre | www.mercadolibre.com.mx/ |
| 墨西哥 | La Churreria El Moro | elmoro.mx/ |
| 新加坡 | Qoo10 | www.qoo10.com/ |
| 新加坡 | 美珍香 | www.beechenghiang.com.sg/ |

| | | |
|---|---|---|
| 瑞士 | Richardo | Richardo.ch |
| 瑞士 | Tristan Chocolatier | www.chocolatier-tristan.ch/ |
| 台灣 | PChome | shopping.pchome.com.tw/ |
| 台灣 | 玉珍齋 | www.1877.com.tw/ |
| 土耳其 | Akakce | www.akakce.com/ |
| 土耳其 | Haci Bekir | www.hacibekir.com/ |
| 英國 | ASOS | www.asos.com/ |
| 英國 | The Astronomer | www.theastronomerpub.co.uk/food |
| 美國 | eBay | www.ebay.com/ |
| 美國 | 亞馬遜 | www.amazon.com |
| 美國 | Federal Donuts | https://www.federaldonuts.com/ |

# 第四章　禁止 TikTok 和微信
## 隱私保護與國家安全問題

## 前言

很明顯，第三章提到的電子商務不公平競爭，影響的不只是市占率，更影響到各方可以獲取、蒐集和處理的數據。中國科技業億萬富翁馬雲曾經表示，數據資源是下一代的石油和水。[1]因此，儘可能獲取更多數據，已經成為一件具有戰略重要性的事。中國科技公司利用它們不公平的競爭優勢，每天能夠從民主國家取得數兆位元的數據，並且可以利用這些數據進一步強化其演算法，在監控資本主義時代重塑經濟秩序（Zuboff, 2019）。這不但可能對中國境內外的個人隱私造成嚴重威脅，也可能危及其他國家的國家安全。有些國家在意識到這種令人擔憂的情況後，已經開始採取應對措施。TikTok 和微信在美國引起的爭議，就是最新例子之一。我們先來簡要回顧一下 TikTok 的背景和爭議。

二〇一七年，一家在中國從事內容傳播的人工智慧科技公司字節跳動（ByteDance）收購了 Musical.ly，稍後更名為 TikTok，這是一款短影片應用程式，後來風行全球，但不包括中國。在中國，短影片應用程式市場由抖音主導，抖音是 TikTok 的中國版本，也由字節跳動公司擁有。由於 TikTok 在中國無法使用，TikTok 平台上的大部分影片是來自西方和印度用戶，至少在印度二〇二〇年六月禁止 TikTok 和其他中國手機應用程式之前是這樣。

二〇一九年二月，美國政府對 TikTok 罰款五百七十萬美元，因為它非法蒐集兒童的資料，包括他們的姓名、電子郵件地址、照片和位置，違反了美國的《兒童線上隱私保護法》。此外，據報導，用戶無法在TikTok上搜尋批評中國的影片，例如與香港抗議活動有關的影片，原因不明。由於TikTok可能與中國政府有直接或間接的關係，相關爭議遂從一開始擔憂美國人的隱私受侵犯，而滾雪球般地迅速擴大，成為一場針對國家安全與美中不公平競爭的全面調查。為了充分認識這個TikTok事件的影響，以及這起事件將如何影響美中之間的鬥爭，我們必須把法律、經濟和國家安全方面的幾條線索交織起來。

在分析TikTok事件及其造成的影響之前，本章將先介紹美國和歐盟的隱私法。如此一來，我們或許就能明白為什麼事情從關注美國TikTok用戶的隱私安全，逐漸升級為關注美國國家安全和經濟發展面臨的威脅。這並不是說中國沒有隱私法。但是，相對於美國和歐盟，中國法律的實際操作與法律的字面內容之間的差距更大。更重要的是，中國的政府／共產黨、與中國的私營部門之間的界線，在許多情況下形同虛設，甚至根本就不存在。我們必須先認知這一點，才能理解：為什麼一個看似無害的社群媒體應用程式所進行的資料搜集行為，正在變成世界兩大強國之間的國家安全問題。

當然，對於隱私與國家安全的擔憂，並不是全新的議題。但是拜全球化和網際網路革命所賜，這個舊問題現在已經急劇惡化。具體而言，全球化意味著生產線之間會相互依賴、區域之間會有勞動分工、市場會大規模擴展，網路空間中的相互聯繫也持續地增加。在過去，國家安全問題通常只會發生在軍事競爭或恐怖主義之下。如今，任何看似無害的經濟部門都可能發生國安問題。駭客侵入高科技公司電腦可能只要幾下點擊就完成，我們甚至完全沒意識到數據洩漏已經發生。

此外，網路革命還涉及尼葛洛龐帝提到的靜態／移動轉換（Negroponte, 1994）。終端設備（如智慧型手機或平板電腦）都變得可移動了，和舊式不可移動的笨重電視這種終端設備截然不同。因為行動裝置隨時、隨地蒐集每一個人的各種各樣的資料，侵犯隱私的可能性便增加了。再加上，從各種來源蒐集而來的個人資料，可以利用人工智慧技術作精確的側寫（profiling），從中可以辨識出行為模式和趨勢。如果這種行為模式與軍人派駐、衛星軌道、官員集聚、疫苗生產、武器運輸、投票干擾、選舉期間的假新聞、銀行帳戶之類有關，那麼就不難想像國家安全可能遭受威脅。

簡而言之，資訊科技和全球化的發展，已經徹底而且回不去地改變了我們對國家安全及隱私受到威脅的認知。因此，以下關於隱私和國家安全問題的討論，都應該放在經濟全球化和科技發展的脈絡下理解。[2]

## 美國的隱私保護

在美國，隱私的權利並不是一項在憲法中被明確保障的權利。儘管如此，隱私權基本上是受到保障的，涵蓋的範圍也不斷擴大，大致能跟上資訊科技的發展。確實，隱私概念的演變一直與技術革新密切相關，而且在大多數的時候，隱私權的概念與技術革新常常是處於緊張拉鋸的狀態。

隱私權的概念可追溯至十九世紀末：一八九〇年，山繆・華倫（Samuel Warren）與路易斯・布蘭代斯（Louis Brandeis）發表了開創性的論文〈隱私權〉（The right to Privacy）。由於當時柯達相機面世，促進了小報的發展，隱私權的重要性浮現，並成為一個日益迫切的問題。自此之後，每當有新技術威脅到隱私保護時，隱私權的概念就會擴充並且發展得更加細緻。例如，威廉・普羅瑟（William Prosser）區分出四種對隱私的侵犯，包括侵入他人的私密領域、公開揭露私人事實、錯誤暴露他人隱私，以及盜用他人姓名或特徵以獲利（Prosser, 1960）。

## ◆歷史發展

隱私權的概念絕非只是學術議題。一九六五年，美國最高法院在「格里斯沃爾德訴康乃狄克州案」（*Griswold v. Connecticut*）的判決中，正式確立了隱私的權利，立下了劃時代的里程碑。此案的多數意見書由法官威廉・道格拉斯（William O. Douglas）撰寫，道格拉斯法官從「暈影理論」（penumbras theory）[*]推導出他的結論，他認為「〔判例〕顯示，《權利法案》中的特定保障存在暈影，由《權利法案》衍伸出來的事物，賦予尚未明確規範的權利生命與實質內容。也就是說，各種《權利法案》中的保障，形成關於隱私的範圍。」值得注意的是，格里斯沃爾德案中的隱私權涉及已婚夫婦不受政府限制購買和使用避孕藥具的隱私。道格拉斯法官提到的最重要的保障是美國憲法第四修正案，它規定：「人人具有保障人身、住所、文件及財物的安全，不受無理之搜索和扣押的權利；此項權利，不得侵犯；除非有正當理由，加上宣誓或誓願保證，並具體指明必須搜索的地點，必須拘捕的人，或必須扣押的物品，否則一概不得簽發搜捕狀。」也就是說，該修正案保護美國人民免受不合理的搜索和扣押，但什麼是「搜索和扣押」？

過去，美國最高法院對「搜索」採狹義解釋：當事人必須有財產遭實際侵入，才算是搜索。這種解釋導致許多案件中的竊聽、監視或錄音行為不構成搜索。[3]由於這樣的推論，

第四增補條文在許多情況下無法被用來保護個人隱私。這通常被稱為與第四增補條文有關的「財產原則」（property doctrine）或「侵入原則」（trespass doctrine）。

隨著科技的發展，財產原則受到強烈批評，因為這個標準過度僵化，無法保護人民的基本權利。在「卡茲訴合眾國案」（*Katz v. United States*）中，最高法院終於改變立場，擴大原先的狹義解釋，認為第四修正案保護「合理的隱私期望」，即便當事人的財產沒有被實際搜索或侵入。[4]該案的多數意見認為，只要當事人期望隱私受保護，而且社會認為這種期望是合理的，政府違反隱私期望的行為就構成「搜索」。因此，根據此一標準，雖然聯邦調查局特工沒有實際進入電話亭，不過竊聽卡茲在公共電話亭的談話已然構成搜索。相反地，卡茲進入電話亭這件事不受保護，因為這對附近的人來說公然可見——這是所謂的「公眾觀察原則」（public observation doctrine）。

然而，公眾觀察原則還是將許多現代調查技術排除在第四修正案的適用範圍之外。例如，汽車行駛於街道上是其他人公然可見的。此外，卡茲訴合眾國案也為「第三方原則」（third-party doctrine）埋下了種子，因為它說：「總而言之，電話用戶通常知道自己必然會

* 暈影理論主張，有些權利在《權利法案》雖然並沒有被明文列舉，但是從《權利法案》保障的基本權利可以推導延伸出這些權利。

向電話公司傳送號碼，也知道電話公司有設備記錄這些號碼資料，並且用於各種正當的商業用途。若是認為電話用戶會期望自己撥打的號碼可以保密，是不合理的。」[5]因此，一旦當事人同意將自己的資料交給第三方，無論第三方是自然人還是電訊公司，當事人就不能合理地期望隱私受保護。

前述第三方原則加上公眾觀察原則，使得隱私權很容易受到現代監控技術的侵害，因為現代監控技術已經不必實際侵入個人的財產，就能追蹤其一舉一動。在當代世界，一個人要過正常的生活，幾乎不可能不透露一些個人資料給第三方，無論對方是銀行、電子商務公司還是社群媒體。從這個角度看，科技的發展顯然已經把隱私法的發展遠遠甩在後頭。

## ◆一九八〇年代後的變化

然而「合眾國訴瓊斯案」（*United States v. Jones*）使情況有所改變：該案的一致意見認為，在沒有搜索令的情況下，在一個人的車上安裝 GPS 追蹤裝置，構成第四修正案之下的非法搜索。[6]本案值得注意的是阿利托（Alito）和索托馬約爾（Sotomayor）兩位大法官在其協同意見書中提到的「馬賽克理論」（mosaic theory）。該理論認為，「不同的資料片段，雖然單獨而言對其擁有者無用或用處有限，但結合其他資料片段就可能產生額外的意義」

（Pozen, 2005; Kerr, 2012; Schlabach, 2015）。其關鍵見解是：「每一塊個別的情報資料就像一塊拼圖，可以幫助拼湊出其他資訊，即使它們單獨而言，本身沒有明顯的重要性。」[7]

就資訊隱私而言，馬賽克理論認為，即使一些表面看來不敏感的資訊，例如我們喜歡什麼餐廳或棒球隊，並沒有透露太多東西，但蒐集大量此類資料就可能拼湊出當事人的完整輪廓，構成對隱私的侵犯。這是一個與人工智慧密切相關的見解。美國最高法院是否將在這個領域進一步應用馬賽克理論，仍有待觀察。

特別值得注意的是，在二〇一四年五月發表的一份報告中，美國總統的顧問委員會提到「數據融合」（data fusion）——「來自不同來源的數據被放在一起，由此產生出了新事實」（President's Council of Advisors on Science and Technology, 2014）。數據分析師——以及雇用他們的科技公司——可以藉由創建個人側寫檔案和發現行為模式來識別個人。於是，數據融合技術能輕易帶來更全面的側寫，政府也能藉此特寫識別任何個人。這種可能性立即引發了許多關切，不同身分的人會有各自不同的擔憂：首先，身分被識別出來的人，他的隱私遭到了侵犯；其次，商業機密有可能遭到刺探，導致巨額損失；最後，被識別出來的人如果是高級官員，那就有可能威脅到國家安全。

## ◆九一一事件後的大規模監控

九一一事件之後，美國政府根據《外國情報監視法》授權，開始大規模監視一大群人，這個反恐措施引起後續一系列的案件。[8]美國政府不僅在國內展開大規模監視，還試圖取得美國科技公司在其他國家所儲存的資料。當這些科技公司拒絕合作時，政府與私營企業之間便發生了爭端。

例如在二〇一三年，聯邦調查局要求微軟提供一名嫌疑犯的電子郵件，資料儲存在微軟的愛爾蘭伺服器，微軟拒絕了這個要求。在二〇一六年的「微軟公司訴合眾國案」（*Microsoft Corp. v. United States*）中，美國上訴法院作出有利於微軟的裁決，認為美國政府不能強迫微軟提交它儲存在愛爾蘭的資料，因為一九八六年的《儲存通訊法》不適用於美國領土以外。最值得注意的是，愛爾蘭政府認為美國政府的行為違反歐盟的資料保護指令和愛爾蘭自己的資料隱私法。在最高法院受理此案後，美國政府頒布了全名為《釐清境外合法利用資料法》的《雲端法》（CLOUD Act，即 Clarifying Lawful Overseas Use of Data Act），該成文法為政府在某些情況下取得儲存在外國司法管轄區的資料提供了法律依據。根據該法提交搜索令後，美國最高法院認為此案不再有審判的必要，而撤銷了下級法院的裁判。

在現代科技快速發展的同時，第三方原則也有所改進。在「卡本特訴合眾國案」

（*Carpenter v. United States*）中，最高法院認為：

「資料由第三方持有，此一事實本身並不能推翻用戶尋求第四增補條文保護的權利。鑑於〔手機位置紀錄（CSLI）〕有很強烈的揭露性，其深度、廣度和全面性，以及其蒐集之無可避免和自動性質，這種資料由第三方蒐集的事實不會使它變得比較不值得受到第四增補條文的保護。」[9]

也就是說，即使當事人將某些資料交給第三方，例如交給電訊公司，他們在某些情況下還是可以合理地期望隱私獲得保護。值得注意的是，美國最高法院強調，基本上第三方原則還是有效的法律準則，手機位置紀錄算是例外。

## ◆大數據和人工智慧時代的挑戰

從以上討論就可以清楚看出，傳統論點已經無法應對新的侵權模式，無法讓隱私在監控時代獲得令人放心的保護。在數位時代，隱私——尤其是資訊隱私——不再意味著與世隔絕，或簡單的「別煩我」。相反地，開始出現另一種基於信任，而不是以權利為中心的隱私觀念（Waldman, 2018）。學者因此提出了各種新理論，致力解決隱私問題。例如，尼森鮑（Nissenbaum）主張，隱私是否受侵犯，取決於特定資料的揭露是否合適，以及那些資料的傳播（distribution）情況（Nissenbaum, 2004）。此外，沙勒夫（Solove）區分出四組可能影響隱私的活動，為我們提供了一種新的分類法來理解隱私（Solove, 2006）。

此外，監視我們的「老大哥」也不一定是國家。事實上，全球科技巨頭，例如 Google、臉書和亞馬遜，所掌握的資料可能比任何一個國家的政府更多。雖然這些科技巨頭有時會試圖阻止政府侵犯我們的隱私，如同上面提到的微軟案，但也因為這些科技巨頭掌握大量資料，他們已經成為另一個對我們隱私的主要威脅。換句話說，這些科技公司往往成為問題之一，而不是解決方案。更麻煩的是，它們擁有、儲存和散播的資料通常是我們自己提交的。這可能使它們有更強的正當性去取得、使用和處理我們的資料。

為了處理這個新問題，學者提出了「數位瑞士」的概念，它包括兩個想法：一、大型科技公司與國家處於同等地位；二、這些公司是中立的，因為它們在收入、市場、用戶等方面是國際化的（Eichensehr, 2019）。這意味著這些大型科技公司所屬的國家不會獲得特殊待遇。基於這兩個想法，政府、科技公司和用戶之間的互動，可以明確分為三種模式（Eichensehr, 2019）。例如，科技公司可能與用戶結盟，抵制政府以刑事調查或國家安全的名義侵入公司掌握的個人資料。又例如，用戶可能敦促政府制定法律，進一步規範科技公司，因為一般人沒有足夠大的議價能力。最後，科技公司可能與政府合作，壓制某些言論或提供資料協助刑事調查——專制國家尤其如此，這問題稍後將進一步討論。

## 歐盟的隱私保護

從以上討論可以清楚看到，在全球化時代，資訊隱私不再只是國內問題，原因有幾方面。首先，政府可能出於純粹的國內需要，要求取得外國公司儲存在外國司法管轄區的資料。第二，許多（或甚至是多數）現代大公司的業務是跨越國界的。也就是說這些大公司掌握的資料，理論上很容易跨國存取、分享或處理。

在美國以外的司法管轄區，歐盟的《一般資料保護規章》（GDPR）很可能是這方面影響力最大的法律。以下僅簡要介紹GDPR與本章密切相關的一些關鍵條款。GDPR現在是歐洲具有主導地位的法律，旨在保護隱私權和促進資料在整個歐盟的流通。GDPR二〇一六年頒布，二〇一八年五月二十五日生效，地位高於歐盟成員國的其他法律。在此之前，GDPR的基本框架已經出現在一九九五年起生效的資料保護指令（95/46/EC）中。

GDPR的核心目的之一，是強化自然人對處理個人資料的同意權和限制處理個資的權利，包括被遺忘的權利。具體而言，GDPR第七條明確保護同意的條件，而根據第四條第十一款，同意應該是「自願給予的、具體的、知情的，以及不含糊的。」此外，第四條第四款規定「側寫」（profiling），也就是指「任何形式的個人資料自動處理，包括利用個人資料評估與自然人有關的某些面向。」當資料主體反對，資料控制者應停止側寫。更重要的是，即使資料主體已經同意，他們仍擁有刪除資料的權利。在這方面，第十七條明確授予資料主體在資料不再需要、資料被非法處理，以及資料主體撤回同意等情況下，刪除其個人資料的權利。

值得注意的是，根據GDPR第三條，雖然GDPR是一部歐洲法律，但它的適用地域並非止於歐洲邊界。事實上，在某些情況下，它適用於歐盟以外的個人資料處理。例如，非歐盟組織提供涉及歐盟居民個人資料的服務，將受GDPR約束（至少理論上是這樣）。因此，根據GDPR序言第二十三點，[10]如果一家僅設在日本的飯店在歐盟登廣告，在其網站上使用歐洲語言，接受歐元，並接待歐盟居民，就可能受GDPR約束。不過，據我們所知，沒有任何一家並未在任何歐盟成員國註冊的跨國公司因為這項規定而被罰款，部分原因是這些跨國公司在GDPR頒布後相應調整了各自的隱私政策。此外，藉由供應鏈的力量，GDPR的要求迫使那些想在歐盟做生意的組織遵守GDPR（IT Governance Privacy Team, 2016）。

因此，根據GDPR第四十五和四十六條，只有在以下情況下才能將個人資料傳送到國際組織或非歐盟／歐洲經濟區國家：資料目的地保證提供歐盟執委會認可的適當資料保護，或資料傳送有適當的措施保護個人資料。違反者可被處以最高兩千萬歐元的罰款，或上一會計年度全球總營業額的四％。

鑒於GDPR的全球管轄範圍和嚴厲的懲罰，頒布後立即引發大西洋另一邊——即美國——的強烈反應也就不足為奇，這是因為GDPR在保護個人資料隱私方面比美國的資訊隱私法更為嚴格，而美國沒有全國性的資料保護法，因此被歐盟認定為不符合充分保護資料的標準（IT Governance Privacy Team, 2016）。最起碼，這將迫使美國科技公司大幅修改或根本改變它們的隱私政策。因此，上述對資料傳送的要求，構成了可能阻礙歐盟與美國貿易關係的重大問題。

事實上，美國與歐盟在資料保存和存取方面長期存在分歧。因應這個問題，美歐雙方制定了《美國歐盟安全港架構》（US-EU Safe Harbor Framework），許多美國公司根據該規定向美國商務部註冊，以獲得免被起訴的保障。但是，歐盟最高法院二〇一五年十月宣布該架構無效，理由是它沒有充分遵循當時的歐盟資料保護法。當局因此以《歐盟美國隱私盾協定》（EU-US Privacy Shield Framework）取代安全港架構。二〇一六年七月十二日，美國商務部長潘妮・普利茲克（Penny Pritzker）與歐盟專員喬洛瓦（Věra Jourová）一起宣布，隱私盾協定已確定成為將個人資料從歐盟傳送到美國的有效法律機制。如今，GDPR在歐洲以外已經成為事實上的隱私標準。

GDPR生效後，科技巨頭尤其關注其適用範圍和效力。自GDPR頒布以來，歐盟以反壟斷和違反隱私保護法規的名義，已經對Google、亞馬遜和臉書罰款數十億美元。近年來，歐盟與這些科技公司間的緊張關係似乎更加升級。最值得注意的是，世界上多數科技巨頭，包括GAFA（Google、蘋果、臉書、亞馬遜）和微軟，都是美國公司。除了大西洋兩岸的法規有所差異之外，美國與歐盟在基本權利概念方面，包括隱私權和言論自由，有時也有明顯的不同。兩者都解釋了這些科技公司與歐盟在這方面的分歧。

雖然歐盟與這些科技公司有衝突，但我們不應該誇大美國與歐盟的矛盾。事實上，因為經濟競爭和文化差異，這種摩擦在民主陣營中相當常見。位於大西洋兩岸的實體之間的爭執，主要涉及科技公司的營運效率和策略，並不是不同意識形態陣營之間的權力鬥爭。無論歐盟對這些美國科技巨頭如何警惕，雙方的衝突都不大可能升級為美國與歐盟之間全面的國家安全問題。這主要是因為美國科技公司既不是與美國政府關係密切，也不受美國政府控制。事實上，就連美國政府也在調查這些科技巨頭。隨著更多司法判決出爐，這些美國公司遲早會知道紅線在哪裡。畢竟，它們的目標很單純，就是將經濟利潤最大化。

美國在面對中國公司時，其主要擔憂國家安全，這個情況與美歐之間的矛盾，是截然不同的情況。在美中衝突中，中國政府控制的科技公司造成的問題除了涉及市場競爭，更嚴重的是可能危及國家安全。因為多數或甚至全部的中國科技巨頭，都是由中國共產黨直接或間接控制，它們除了自己商業上的安排和計畫，還經常肩負黨國的政治任務。美國政府與中國科技公司的衝突，更像是兩個主權國家之間的衝突，而不是一國政府努力維持國內市場秩序的問題。

## TikTok 與微信爭議

TikTok 是一個社群媒體平台，用戶可以在這個平台上與任何人分享自己的影片。直到中國的字節跳動公司收購 TikTok，並將它與 Musical.ly 合併之後，TikTok 才成為一個全球風行的應用程式。自二〇一七年以來，TikTok 被指控大範圍審查政治、社會和宗教話題，包括 LGBTQ 議題、法輪功、天安門廣場和西藏獨立等。具體而言，TikTok 明確禁止了一些主題標籤，還有一些標籤被「暗中禁止」（shadow banned），使用者如果加上敏感標籤，在他自己的頁面上看不出異樣，但無法被其他用戶在 TikTok 上搜尋或找到。因此，審查很難被察覺，遑論阻止。

更糟糕的是，TikTok 不但壓制批評中國政府的影片，還推廣那些支持中國政府的影片。以新疆「再教育營」為例，中國以教育、文化同化和維護社會穩定的名義，監禁了數百萬維吾爾人。有些人甚至因為他們的宗教信仰而受到懲罰。雖然習近平已經正式承認（並支持）執行這種政策，但你很可能在 TikTok 上找到許多否認新疆有再教育營的影片。[11]

## ◆禁止 TikTok

二〇一九年十月，美國參議員馬可・盧比奧（Marco Rubio）要求美國外國投資委員會（Committee on Foreign Investment in the United States, CFIUS）審查字節跳動收購 Musical.ly 的交易，質疑為什麼在香港反對逃犯條例（俗稱「反送中」）修訂運動期間，香港抗議活動的影片在其他社群媒體上廣為傳播，但在 TikTok 上卻寥寥無幾。二〇一九年十一月，基於國家安全考量，外國投資委員會開始審查收購 Musical.ly 的交易。TikTok 回應質疑，聲稱中國對其平台上的內容沒有管轄權，因為 TikTok 不在中國營運，也不受任何外國政府影響，包括中國政府。不過，美國政府還是越來越關注 TikTok 如何處理個人資料，尤其是涉及軍事或情報人員的資料。二〇一九年十二月，美國海軍和陸軍禁止在政府配發的手機上使用 TikTok，因為 TikTok 已被視為具有網路安全之威脅，並被標記為「可能存在安全風險」。

這些事件很快就像滾雪球一樣，促成了針對 TikTok 的全面調查。二〇二〇年八月六日，時任美國總統的川普動用他的緊急經濟權力，簽署了一項行政命令，要求字節跳動四十五天內出售 TikTok，否則將對 TikTok 實施全面性的制裁（Executive Office of the President, Executive Order 13942, 2020）。川普認為，TikTok 有可能容許中國追蹤美國聯邦雇員和承包商的位置，建立個人資料檔案以進行敲詐勒索，以及從事商業間諜活動。此外，根據上述行政命令，「TikTok 據稱也審查中共認為政治敏感的內容，例如關於香港抗爭、中國如何對待維吾爾族和其他穆斯林少數民族的內容。」八月十四日，川普發出新的行政命令，將原本四十五天的期限延長到九十天，並聲稱有可靠的證據顯示，字節跳動可能會有危及美國國家安全的行動（Executive Office of the President, Order of August 14, 2020）。

雖然 TikTok 一直堅稱該公司從未向中國當局交出任何資料，但其母公司字節跳動已經讓步，同意完全剝離 TikTok 的美國業務，而且已經有幾個潛在買家——起初傳言微軟是有意收購的買家之一，但後來證實不是。一些美國科技公司，例如推特和甲骨文（Oracle），表示有興趣收購 TikTok 部分業務。與此同時，TikTok 控告美國政府，指控川普政府剝奪了它的正當程序權利和表意自由。

二〇二〇年九月初，TikTok 選擇甲骨文作為它在美國的技術合作夥伴。這項交易將使甲骨文成為「可信賴的技術合作夥伴」，而不是 TikTok 的所有者。字節跳動至少將保留多數所有權。儘管擬議的交易條款將使甲骨文取得 TikTok 完整的原始碼和更新的權限，以確保程式沒有後門，但只要中國母公司掌握對 TikTok 的財務控制權，美國的國家安全疑慮就不會消除。與此同時，中國政府也可能不會批准這宗交易。中國半官方報紙《環球時報》聲稱：「中國準備不惜一切代價阻止 TikTok 及其先進技術落入美國之手。」看來雙方似乎難以達成任何協議。值得注意的是，二〇二〇年八月，中國調整了出口限制，其出口限制項目如今包括演算法。[12]

雖然美國總統在國家安全事務方面能夠行使的緊急經濟權力範圍很大，但是在二〇二〇年九月二十七日，一名聯邦法官阻止了川普的 TikTok 禁令，理由是這可能超出了他的總統權限。此外，TikTok與甲骨文和沃爾瑪的上述交易，正接受外國投資委員會的國家安全審查。與此同時，美國政府將要求字節跳動出售 TikTok 的最後期限延後至十一月二十七日。此外，TikTok 指望美國上訴法院審查川普的撤資令和上述的國家安全審查。十月二十九日，盧比奧進一步提出《防範敵對平台法》（Adversarial Platform Prevention Act），希望「引入高風險外國軟體必須滿足的資料保護和審查的標準與限制。」該法案將「高風險外國軟體」定義為「根據中國、俄羅斯、委內瑞拉、古巴或被認定為支持恐怖主義的國家之法律所組織的、總部設在這些國家的、或主要業務在這些國家的實體擁有的任何軟體，或在這些國家當中的任何一個儲存美國消費者資料的任何軟體。」[13]

二〇二〇年十一月二十六日，美國政府再次延後最後期限，從十一月二十七日延至十二月四日，預期屆時 TikTok 一方與甲骨文和沃爾瑪的交易應該已經達成。但在期限過後，談判仍進行中。十二月十四日，華府的上訴法院舉行聽證會，三位法官有兩位似乎不同意禁止TikTok的行政命令。

因為這些司法裁決，美國對TikTok的禁令從未真正生效。拜登當選總統後，美國政府在二〇二一年六月九日撤銷了對TikTok的禁令。[14]不過，拜登總統也發出一項行政命令，要求政府「藉由嚴謹的、基於證據的分析」評估中國造成的威脅，並「根據國家安全、外交政策和經濟的總體目標，包括維護和展現美國的核心價值觀和基本自由，解決任何不可接受或不應有的風險。」[15]該行政命令要求商務部長連同相關部門提交兩份報告。第一份報告應在一百二十天內提交，必須說明不受限制地出售、傳送或存取美國人的敏感資料所造成的危害。第二份報告應在一百八十天內提交，應建議採取哪些行政和立法行動，以應對由外國敵人擁有或控制、或受其管轄或指揮的人所設計、開發、製造或提供的聯網軟體應用程式的相關風險。

## ◆禁止微信

約莫與此同時，美國政府於二〇二〇年八月六日禁止了微信，理由是「資訊和通訊技術及服務供應鏈方面的國家緊急情況。」在其行政命令中，川普堅稱：「一如TikTok，微信自動從用戶那裡取得大量資料。這種資料蒐集可能使中國共產黨取得美國人的個人資料和專屬資料」（Executive Office of the President, Executive Order 13943, 2020）。

微信由中國另一科技巨頭騰訊擁有，是一款超級多用途的手機應用程式，結合通訊、社群媒體和支付之類的多種服務，是多數中國人日常生活中不可或缺的一個應用程式。微信在全球擁有超過十億用戶，包括在美國的一千九百萬名每日活躍用戶。相對於 TikTok，微信在美國沒那麼流行，但有許多美國華人或在中國做生意的美國人都會使用微信。不出所料，上述禁令立即引起幾宗訴訟。二〇二〇年九月，一名聯邦法官針對禁止微信的行政命令發出禁令，理由是該行政命令引起第一修正案方面的嚴重疑慮。十月，第九巡迴上訴法院駁回了司法部提出的容許政府禁止微信的請求，理由是政府沒有證明「立即且無法彌補之損害」。

一如對 TikTok 的禁令，對微信的禁令也在前述的二〇二一年六月九日的行政命令中遭撤銷。不過，不能說美國就此退縮了。雖然新的行政命令沒有明確提到任何國家或科技公司，但它實際上「有可能比它取代的川普政府命令更大範圍地打擊中國擁有的應用程式，因為它要求審視可能與中國等國家有關的所有軟體應用程式。」[16]新行政命令的實際效用，主要取決於商務部長在隨後幾個月內提交的兩份報告中提出的建議。

## ◆為什麼 TikTok ／微信構成國家安全問題？

雖然美國已經撤銷對 TikTok 和微信的禁令，但拜登的行政命令明確認定這些資訊和通訊技術及服務造成危險。為了理解 TikTok 和微信為何重要，還是必須認識人工智慧的一些基本概念。傳統上，我們為電腦編寫程式，電腦則以各種資料回饋我們。人工智慧則相反：我們餵給電腦大量資料，然後電腦以程式回饋我們。[17] 在過去，程式設計師的作用很重要，因為電腦只提供運算上的幫助。在人工智慧時代，電腦在深度學習方面大有進展，程式設計師的作用明顯減弱。例如，如果我們輸入大量的圍棋對弈實例，人工智慧就會為我們生成一個名為 AlphaGo 的下棋程式，而它可以打敗幾乎所有人類職業棋手。程式設計師必須告訴電腦的關鍵參數是：我們如何定義圍棋遊戲中的「贏」？確定了贏棋的明確目標之後，人工智慧就會發揮關鍵作用，處理好其他問題。因此，人工智慧設計的關鍵是我們輸入電腦的目標函數（objective function）。

以 TikTok 而言，人工智慧決定要「發送什麼影片給每一名用戶」。它藉由「為您推薦」（For You）這功能隱藏或推廣特定影片，為用戶提供他們甚至沒有訂閱但 TikTok 演算法推薦的影片。具體而言，後台的人工智慧會分析 TikTok 個別用戶的行為模式，對每個用戶過去觀看推薦影片的模式進行側寫，研究每個用戶上傳影片的模式，然後以一種「最佳客製化方式」（optimal way）向用戶發送未來的影片，特別是以能夠讓某個目標函數最大化的方式來投放。如果 TikTok 和微信之類的應用程式能夠蒐集美國公民的大量資料，準確完成數據側寫的工作，然後執行中共授意的任務，那麼不難想像美國官員可能會面臨的國家安全問題。

選舉受外國干預就是一個好例子。許多美國人對二〇一六年總統選舉期間來自俄羅斯的假新聞攻擊記憶猶新。在未來，人工智慧借助基於個人資料的大數據，將能從事準確的個人側寫，而這可能導致國內選舉結果更容易被外國操縱。另一個例子是士兵因為上傳影片而洩露軍事資訊。美國海軍和陸軍禁止 TikTok，正是因為曾有士兵上傳在軍事設施內拍攝的影片，有些影片可以看到他們身上的軍服和可識別特徵。事實上，「最活躍的其中一個〔用戶子社群〕就是由年輕的軍人組成。」而在用戶上傳影片時，TikTok 除了蒐集瀏覽紀錄和搜尋紀錄，也蒐集用戶的位置資料，[18]而這意味著軍火庫、軍營以至軍艦的位置可能意外洩露。此外，美國士兵和平民的搜尋紀錄可能洩露敏感資料。

在二〇二〇年七月七日的公開演講中，聯邦調查局局長克里斯多福．瑞伊（Christopher Wray）明確表示，中國以各種方式竊取美國人的資料，情況嚴重到已經危及美國的經濟和國家安全。他提到的中國秘密行動之一，是利用社群媒體平台蒐集情報。雖然他沒有點名，但美國政府顯然已經注意到這種平台的潛在危險。美國的官方文件也不時提出類似論點。例如，二〇二〇年十一月，美國國務院在其報告中，便將這個問題描述為來自中國的挑戰之一（Office of the Secretary of State, 2020）。[19]

事實上，擔心這種問題的國家並非只有美國。在美國以外，截至二〇二〇年，印度、巴基斯坦、亞美尼亞、印尼和孟加拉等亞洲國家，也基於類似的原因而完全禁止或曾經封鎖TikTok。例如，印度禁止了TikTok和微信，理由是它們「損害印度的主權和完整、印度的國防、國家安全和公共秩序。」[20]雖然在我們撰寫本章時，此事仍在發展中，但確實有一個問題浮現：印度的說法是否誇大了這兩個應用程式的危險？為什麼其他國家的科技公司沒有面臨類似的質疑？尤其這兩個平台蒐集資料和分享內容的方式，在業界算是標準做法，這些問題就更加令人費解。多數社群媒體和電子商務網站，例如臉書和亞馬遜，都會利用類似的演算法向用戶推薦貼文或商品。那麼，這兩個中國應用程式有什麼問題呢？

對這個問題的答案，還是在於那些科技公司的目標函數。因為中國政府可以取得相關資料，而且中共有效控制中國的大型科技公司，中共有權決定演算法如何運作。TikTok在其服務條款中表示，它可以與母公司字節跳動分享資料，因此也就是可以與中國政府分享資料。隨著人工智慧演算法的發展，在其協助下，中國政府可以利用它掌握的大數據壓制言論自由，操縱政治風向，以及威脅任何國家的國家安全。簡而言之，人們可能不會覺得追求利潤最大化的人工智慧公司——例如如臉書和Google——會對國家安全造成很大的威脅，但人們確實會覺得在幕後操縱其他人工智慧公司的專制國家對他們構成威脅。

## 中國公司與中共之間的關係

雖然 TikTok 已被美國國防部禁止，但它對國家安全的威脅並未消除。這種威脅只是變得更難察覺，因為 TikTok 並非只是流行於美國軍人之間，還很受一般民眾歡迎。事實上，它的下載量已經超過了臉書旗下的 Instagram[21] 和 Google 旗下的 YouTube。因為每天有數以百萬計的影片上傳，TikTok 已經控制了美國人日常生活很大一部分。TikTok 管理層一直堅稱，TikTok 的資料儲存在美國而不是中國，TikTok 沒有將這些資料交給中國政府。但是這種說法並不可信，因為中國共產黨在內部和外部都有效控制中國所有的科技巨頭。

### ◆企業的內部和外部控制

正如我們在第一章提到，中共在中國多數或甚至是全部大公司（包括科技公司）內部設有黨組織，而黨組織並非只是負責舉報問題，還擔當政策制定者。無論是外資企業還是本國公司，這些大公司裡面的中共黨組織都會確保這些公司忠實地執行中共的意志，履行公司的政治義務，有時甚至會為此犧牲商業利益。事實上，過去十年裡，中國共產黨對私營企業（包括字節跳動和騰訊）的掌控急劇擴張。據報導，「約一百八十六萬家私營公司當中，近七〇%設有黨組織。」[22]

就外部控制而言，所有中國公司都必須遵守國家安全法以及其他反間諜或情報法。中國憲法並沒有明確保護隱私權，雖然有些條款保護人民的相關權利，例如憲法第三十九條保護人民免被非法搜索和扣押或非法侵入住宅，第四十條保護人民秘密通訊的權利。但是，中國憲法被視為「以效力而言，可能是整個中國法律體系中最不重要的文件……憲法的文字事實上是沒有意義的」（Clarke, 2003）。

中國的問題不僅是憲法的保護形同虛設，還在於政府頒布了許多可用來迫使科技巨頭就範的法律，最臭名昭著的例子是二〇一五年頒布的《國家安全法》。該法第七十七條充滿模糊地帶，規定公民和組織應向當局報告危害國家安全活動之線索、證據和資料，以及向國家安全機關、公安機關和有關軍事機關提供必要的支持和協助。第七十九條進一步規定，企業應當根據國家安全工作的要求，配合有關部門採取相關安全措施。這兩條規定都可能被中共用來脅迫科技公司提交資料。也就是說，在中國，政府是居於私營部門之上的，居於指揮地位，而不是像民主國家那樣，政府只扮演依法監督的角色。

此外，中國於二〇一六年頒布《網絡安全法》，二〇一七年六月起生效。該法第一條指出，制定該法的目的包括維護網絡空間主權和國家安全。就適用範圍而言，該法第五條規定，政府應採取措施，監測、防禦、處置源於中國境內外的網絡安全風險和威脅。第四十七條進一步規定，網絡營運者有義務停止傳輸法律或行政法規禁止發布或傳輸的資訊，以及在發現此類資訊時向政府報告。這條規定實際上使中國共產黨得以控制資訊的傳播，以及蒐集它認為不妥或危險的一切資訊。第四十九條甚至要求網絡營運者與政府合作進行監控和調查。

二〇二〇年，中國起草了兩部重要的法律，讓政府更容易存取中國公司或設在中國的外國公司儲存的資料。這兩部法律就是《個人信息保護法》和《數據安全法》。[23] 在公開徵求意見後，《個人信息保護法》已於二〇二一年十一月生效，《數據安全法》則於二〇二一年九月生效。不出所料，必要時這兩部法律都有域外管轄權。

## ◆中國把控制之手伸到國外

中國《數據安全法》第二條規定，即使數據處理活動發生在境外，政府也將調查和懲處損害中國國家安全、公共利益或公民與組織合法權益的數據處理活動。換句話說，中國可能將其數據治理制度延伸至境外，任何人從事危及中國國家安全的數據處理活動，都可能受中國查處。而根據《數據安全法》第二十四條，「國家建立數據安全審查制度，對影響或者可能影響國家安全的數據處理活動進行國家安全審查。」更令人擔心的是，第三十五條規定，中國當局調查犯罪或維護國家安全時，數據控制者應交出數據和予以配合。

目前尚不清楚中國政府將如何解釋和引用這些條款，但一種合理的可能性是：它們將賦予「中國當局監管數據控制者的能力，無論他們是在中國境內還是境外，該法律因此具有域外效力。」[24]因此，在中國有業務的科技公司將受該法律束縛，如果這些科技公司掌握的資料被懷疑引起國家安全問題時，最終都會被迫將資料交給中共。

同樣地，中國《個人信息保護法》第三條第二款規定，為保護中國境內資料主體之利益，該法適用於中國境外。具體而言，它在三種情況下適用：該組織向中國境內自然人提供產品或服務；該組織分析、評估中國境內自然人的行為；以及中國法律、行政法規規定的其他情形。事實上，其適用範圍比歐盟的《一般資料保護規章》更廣，[25]因為外國實體可能受其他中國法律和法規約束。特別值得注意的是，《個人信息保護法》規範個人資料的跨境移轉。資料處理者在將資料傳送到中國以外的國家之前，必須達到該法律規定的標準，或事先得到有關部門批准。

微信無疑受到這些法律的約束。但 TikTok 則可能不受這些法律的監管，因為這些法律規範的是在中國開展業務的（外國）科技公司，而 TikTok 在中國無法使用。但是，TikTok 的母公司字節跳動是一家在中國經營的中國科技公司，當然受上述法律管轄。事實上，字節跳動創始人張一鳴已經承認，他的公司願意配合中國共產黨的宣傳，監控任何越過中共紅線的內容。雖然 TikTok 在形式上與中國的抖音分開，但其演算法仍是字節跳動的中國工程師團隊開發的（Australian Strategic Policy Institute, 2020）。因此，TikTok 與抖音在這方面沒什麼不同。雖然 TikTok 雇用了許多來自美國的工程師，但他們必須向中國的高層匯報，而這些中國高層可以取得美國用戶的資料，包括姓名、生日、地址、電子郵件和密碼，以及許多其他資料（Australian Strategic Policy Institute, 2020）。事實上，TikTok 已在加州被指控將用戶資料傳送到中國。[26]

總而言之，中共從內部和外部都可以有效控制這些科技巨頭。因為有這些內部和外部的控制，聲稱中國無法取得微信或 TikTok 掌握的資料當然是不可信的。

## ◆專制國家與民主國家的根本差異

事實上，中國人對自己的隱私被這些中國科技巨頭侵犯越來越不滿。為了安撫民情，中國政府實際上已經展開一些工作，某程度上保護中國網民免受商業資料蒐集活動的傷害。如前所述，中國二〇二〇年頒布了《個人信息保護法》，二〇二一年生效。但中共的監控活動近十年來只增不減，指望中共在未來因為這部法律而停止監控是不切實際的。

在此，我們必須區分商業監控與政府監控。中國隱私法的一個重要特點，是它「在蓬勃發展的數位經濟中建立消費者的信任，但並不削弱政府維持控制的能力。」[27]實際上，當政府不需要資料時，商業監控就會受到限制，以促進經濟發展和建立中共的聲譽。但是，當政府需要資料時，隱私保護就會讓路給政府監控。整體而言，中國科技公司對隱私的侵犯，有時應歸咎於中國政府，但這並不是說那些科技公司完全沒有責任，而是在這方面，中國私營科技公司與中國政府／共產黨之間的界線是模糊和漏洞百出的。民主國家的許多界線，例如政府與執政黨之間的界線，或政府與私營部門之間的界線，在中國充其量是模糊的。

事實上，有些人甚至進一步聲稱，「所有中國科技公司都與中國國家安全機關有很深的關係」（Australian Strategic Policy Institute, 2019）。考慮到中國在人工智慧和其他尖端技術方面力爭超越美國的雄心壯志，這是可以理解的，因為這些科技公司即使不是國有的，也是由中國政府挑選和補貼以帶頭發展高科技。這些公司則以幫助政府達成其政治和軍事目的作為回報。事實證明，這種共生模式對政府和這些公司是互利的。

因為大量資料可能是在國際上蒐集的，我們現在來討論一下前面提到的「數位瑞士」概念。根據克里斯汀・艾森賽爾（Kristen E. Eichensehr）的說法，科技巨頭的全球影響力賦予它們獨立性和與國家同等的地位。在資訊隱私方面，這意味著它們或許有能力保護用戶資料不被政府侵入，即使索取資料的是這些科技巨頭所屬國家的政府。美國的科技巨頭，例如微軟、臉書和蘋果，或許是這樣，因為它們曾抵制政府的要求，拒絕提供它們掌握的資料以協助刑事調查。

但是，「數位瑞士」在中國是絕對不可能的。艾森賽爾在美國觀察到的政府、企業與人民之間的三角關係，在專制國家並不存在。指望騰訊、華為和百度之類的中國科技公司站在中國人民那一邊，抵制中國政府索取資料的要求，幾乎是天方夜譚。中國的公司無論是否為國有企業，全都無法真的拒絕政府的要求，因為中國共產黨本身可以參與企業的決策過程。

從外部來說，中國那些嚴厲的法律，例如《國家安全法》，將確保商業大亨必要時配合政府的要求。有了這些藉口，中國當局很容易接管拒絕與政府合作的私營公司，而實際上這種例子非常多。在這種陰影下，科技公司別無選擇，只能妥協和配合政府。結果就是中共掌握巨大的裁量權，可以隨心所欲地以社會穩定和國家安全的名義要求私營科技公司提供資料，因為中共在中國居絕對主導地位。中國的科技巨頭不會與人民結盟，而是總是選擇中共作為盟友——如果它們談得上可以選擇的話。簡而言之，在中國，如果政府決定介入，政府與私營部門之間就幾乎沒有界線可言：私營部門不過是政府伸出來的手。

## 大數據真的危險嗎？

誠然，中國遲早可以取得所有中國科技公司控制的資料是一回事，這些資料是否真的對美國（或其他民主國家）的國家安全構成嚴重威脅是另一回事，雖然中共可以取得美國人民的資料這件事本身已經夠可怕了。就此而言，有些人認為上傳到TikTok的資料對中國真的毫無用處，而中國可能已經從二〇一五年的美國聯邦人事管理局（OPM）資料洩露事件中得到它想要的東西——在該事件中，數百萬美國公務員極其敏感的個人資料遭竊取。[28]上傳到TikTok的影片多數是關於用戶的日常生活、他們的家人、寵物之類。有些人因此認為，擔心TikTok利用這些資料損害美國的國家安全是沒有道理的。

但是，這種說法沒有說服力，原因有幾方面。首先，最顯而易見的是，美國聯邦人事管理局資料洩密事件是大範圍、大規模的駭侵事件，並不構成低估TikTok潛在危險的理由。相反地，考慮到人事管理局資料洩露事件的教訓，我們最好謹慎為上。

第二，因為TikTok在美國很受歡迎，即使美國高層官員自己不用TikTok，與這些高官關係密切的人，例如他們的配偶、兒女或祖父母，也有可能使用TikTok。這可能在兩方面造成危險，即使影片內容本身不敏感。首先，美國高層官員的活動和位置可能因為親友上傳影片到TikTok而暴露，因為TikTok除了影片內容，也蒐集用戶的位置資料。更糟的是，那些用戶可能使用高官的平板電腦或手機上傳影片，這可能導致儲存在這些裝置上的真正敏感資料有外洩的危險。

第三，根據前述的馬賽克理論，我們不應低估看似無害的資料可能造成的危險，因為「每一塊個別的情報資料就像一塊拼圖，可以幫助拼湊出其他資訊，即使它們單獨而言，本身沒有明顯的重要性。」[29]就TikTok而言，個別影片無論內容多無聊，都可能被蒐集和分析，最終產生根本沒有出現在影片中的重要資訊。

第四，即使TikTok和微信控制的資料不會立即危及美國的國家安全，它們現在蒐集的資料也可能在未來造成威脅。原因很簡單：技術發展的速度超乎想像。美國聯邦人事管理局資料洩露事件就是一個好例子。迄今沒有證據顯示聯邦人事管理局洩露的資料遭到濫用和造成實質損害，但這絕對不代表這些資料沒有用處。一旦演算法隨著人工智慧的發展而變得更成熟，已洩露的資料就可能被濫用，成為美國真正的噩夢。

此外，TikTok可能將它的資料轉化為促進中共政治宣傳的資訊。它可能把中國描繪成美國的朋友而不是敵人，把中國的軍事擴張說成是「和平崛起」，把中國的經濟間諜活動說成是擁護自由市場。也就是說，TikTok可能藉由操縱輿論和精英階層對中共的觀感，間接影響美國的國家安全。

微信的情況也大致如此。只要「北京認為有必要進行特殊監控」，騰訊就「可能審查外國用戶，也確實會這麼做」（Australian Strategic Policy Institute, 2020）。

最後，這些應用程式可能損害美國的經濟利益，因為中國評估這些程式用戶的社會信用時，可能考慮他們的影片。中共依靠科技強化專制主義，社會信用系統是其中重要的一環，而社會信用系統仰賴資料蒐集，藉此更有效地加強社會控制。二〇一九年，字節跳動表示，直播影片的內容會被評級，而結果將納入社會信用系統（Australian Strategic Policy Institute, 2020）。雖然社會信用系統的應用僅限於中國，但在中國市場營運的外國公司也可能會受到這個制度的影響。

事實上，已經有人指出中國社會信用系統的外溢效應，例如外國航空公司就已經受到某種信用系統的管束（Chen, Lin and Liu, 2018）。信用系統已經被用在這些航空公司的法定代表人、主要負責人、和負有直接責任的其他工作人員身上。除了外國航空公司，在中國註冊的國際非政府組織也受到這個系統的控制往中國境外延伸的影響。任何被視為分裂主義或反中國的活動都會留下不利於信用的紀錄，上述這些國際非政府組織的工作人員也確實受到約束（Chen, Lin and Liu, 2018）。從這個角度來看，一個人在社群媒體平台上上傳的影片內容，被用來消除這名上傳者的社會信用（discredit），並非不可能的事。

一言以蔽之，中國不遺餘力地輸出其數位監控和科技專制主義（techno-authoritarianism），而那些中國科技巨頭正是中國政府伸出去的手。因此，美國提出乾淨網路（Clean Network）計畫，也就合情合理。根據美國前國務卿龐培歐（Mike Pompeo）的說法，該計畫旨在保護「美國的資產，包括公民的隱私和企業最敏感的資料，避免惡徒的侵犯，例如中國共產黨。」[30]目前尚不清楚美國經濟與中國經濟脫鉤的構想在國內和國際層面是否可行，但該提議已引起中國的一些抵制。前中國外交部長王毅在任內就曾提議制定「各方普遍接受的全球數據安全規則」[31]，他主張的規則將要求企業尊重當地法律，要求每個參與的國家尊重其他國家的主權、司法管轄權和數據管理權。

## 結論

持平而論，至今可能沒有確實的證據（smoking gun）顯示TikTok或微信從事破壞活動或間諜行為，對美國的國家安全構成明顯且迫切的危險。但是，這並不代表對TikTok和微信的懷疑是沒有根據的。*考慮到TikTok和微信資料庫的廣度和深度，忽視它們的影響力會是致命的錯誤。在這兩個平台上，確實存在言論審查和內容控制，而且非常猖獗。雖然這兩個平台蒐集和分享資料的做法在業內並不罕見，但因為美中兩國的競爭極其激烈，這兩個平台與中共的關係難免令人擔憂。隨著深度學習和其他人工智慧技術不斷進步，社群媒體平台可能成為科技競爭中的特洛伊木馬。

或許，在保護隱私與保護國家安全之間，存在有一個根本概念上的差異。保護隱私，需要確定犯行確實發生了，或是預期會有特定的威脅。而保護國家安全，則是要防範一槍斃命的可能；敵人蒐集的大數據，很可能只用一次，而且也只要用一次。在戰爭中，它可能就是致命的一擊；在選舉中，它可能就是投票日前夕瘋傳的假新聞；而就銀行體系而言，一次當機的後果就可能影響深遠。經常，等到事件的因果關係可以確定時，結果往往已經無法扭轉。就國家安全而言，在真正的關鍵時刻發生之前，是不會有確鑿的證據的。

我們討論 TikTok 和微信時，不應該見樹不見林。它們不過是冰山一角。這正是拜登政府在行政命令中啟動大範圍審查的原因。搜尋引擎、電子商務公司、航空公司聯盟、電子支付系統、使用中國衛星的 GPS、國際銀行業者、使用電訊設施的 5G 或 6G 技術，蒐集的資料甚至比 TikTok 和微信更廣泛。即使在應用程式中，許多其他應用程式，例如行動支付應用程式，可能更危險，因為它們蒐集的資料更敏感。此外，相對於最受年輕世代歡迎

---

* 在二〇二三年，美國對於 TikTok 仍然高度警戒，雖然還不到全面禁止的程度，但管制似乎日趨嚴格。在二月底，美國要求所有政府機構在三十天內解除安裝在政府裝置和系統上的 TikTok；在三月，拜登政府要求 TikTok 母公司字節跳動出售 TikTok 資產，否則考慮禁止其在美國的營運，在五月，蒙大拿州成為美國第一個禁止APP商店提供下載 TikTok 的州。

的 TikTok，其他應用程式接觸到的客戶群可能更多元。這一方面解釋了為什麼川普政府在二〇二一年一月五日發出另一項行政命令，禁止與八個中國應用程式進行交易，包括 QQ 錢包、微信支付，以及一個每天有十億人使用的應用程式——最重要的支付寶。另一方面，這說明對隱私和國家安全的威脅無所不在，而我們甚至還沒提到中國公司製造的高科技裝置，例如可能裝了後門或其他間諜軟體的小米產品。

近年來，中國「國進民退」的趨勢越演越烈，甚至連馬雲等中國科技大亨也被迫退休。這是因為「習近平認為，黨國必須維持對政治和社會經濟領域每一方面的嚴格控制，以確保經濟繁榮以及政治和社會穩定」（Yu, 2019）。在這種壓力和政治環境下，私營企業幾乎完全不可能抗拒中共的任何命令，國有企業就更不用說了。就此而言，中國人控制的每一家公司在相當程度上都可以視為中共的化身。這並不是要妖魔化中國人擁有或控制的公司（它們在某種意義上是專制政權的受害者），而是要指出中國企業與民主國家企業的關鍵差異。

《經濟學人》最近表示，川普政府的成就之一，就是正確認識到來自中國的挑戰和威脅。[32] 牛津大學全球經濟治理計畫研究員傑佛瑞．格茨（Geoffrey Gertz）表示，網際網路實際上已經成為「地緣政治競爭的另一個新場域」。雖然拜登總統的國家安全團隊主要是由前總統歐巴馬的團隊成員組成，處理中國問題的方式也與川普政府不同，但中國的威脅卻使得美國兩大黨形成了共識。[33]

# 第五章　制定《外國公司問責法》

## 上市公司問責問題

## 背景：什麼是「公眾」公司？[1]

美國《外國公司問責法》的事件目前尚未落幕，這段歷史還在進行中，尚未寫定。以下我們將簡單敘述發生在二〇二〇年的事。二〇二〇年五月十一日，美國勞工部長尤金・史卡利亞（Eugene Scalia）寫信給聯邦退休儲蓄投資委員會（Federal Retirement Thrift Investment Board, FRTIB）主席——這個委員會負責管理美國聯邦雇員的退休基金。史卡利亞寫這封信，是因為委員會打算投資「MSCI全球除美國可投資市場指數」（MSCI All Country World ex USA Investable Market Index）中的公司，[2]包括對中國的股票投資約四十五億美元。

史卡利亞部長附上白宮國家安全顧問羅伯・歐布萊恩（Robert O'Brien）和經濟事務顧問拉里・庫德洛（Larry Kudlow）的聯名信，並引用美國證券交易委員會（Securities and Exchange Commission, SEC）和公開發行公司會計監督委員會（Public Company Accounting Oversight Board, PCAOB）主席的聯合聲明，對聯邦退休儲蓄投資委員會的四十五億美元中國股票投資計畫表示擔憂，因為中國法律不能確保上市公司充分揭露資訊，因而不能有效保護投資人。史卡利亞進一步指出，聯邦退休儲蓄投資委員會打算投資的這些中國公司，從事侵犯人權、違反美國國家安全和制裁法的活動，未來有可能會受到制裁或懲罰，屆時其業務將受損，將進而影響到聯邦退休儲蓄投資委員會的投資報酬。史卡利亞部長希望聯邦退休儲蓄投資委員會「停止與此類投資有關的所有步驟」，表示這是解除美國各級政府所有疑慮的「唯一辦法」。[3]二〇二〇年五月十三日，聯邦退休儲蓄投資委員會宣布延後其中國投資計畫。[4]

## ◆投資中國上市公司的風險

一週之後，美國參議院在二〇二〇年五月二十日一致通過了《外國公司問責法》（Holding Foreign Companies Accountable Act, HFCAA）。[5]這個法案，旨在修訂二〇〇二年的《沙賓法》（Sarbanes-Oxley Act），要求所有不符合規定的公司從美國的證券交易所除牌，而不符合規定是指負責公司審計的會計師事務所連續三年未能接受「公開發行公司會計監督委員會」（以下簡稱「會計監督委員會」）的檢查。《外國公司問責法》還要求不符合規定的公司聲明它們不是「由政府實體擁有或控制」。一如我們後面將在——「公開發行公司會計監督委員會」問題：審計的權力與主權——這一節中說明，會計監督委員會的職責是稽核那些在美國交易所上市櫃的公司所雇用的審計師，包括美國和外國的審計師。但是，中國政府長期以來都禁止中國的審計公司向會計監督委員會提交審計工作的工作底稿（working sheets）——即審計師編製財務報表時，所稽核的所有背景資料文件。雖然《外國公司問責法》沒有點名任何國家，但外界普遍認為，美國這項立法，正是瞄準兩百多家在美國公開發行的中國公司。

約莫與此同時，美國政府也試圖解決會計監督委員會的審計問題。二〇二〇年七月二十四日，美國總統金融市場工作組（President's Working Group, PWG）發表了一份報告，建議增加一個附加條件，要求如果一家公司要在美國上市和持續掛牌，必須要讓會計監督委員會能夠取得公司主要審計師的審計工作資料底稿。[6]這份報告明確指出中國是主要的關注對象。

《外國公司問責法》於二〇二〇年十二月二日獲眾議院通過，[7]同年十二月二十日由總統簽署完成立法。[8]美國證券交易委員會回覆，會思考把《外國公司問責法》與美國總統金融市場工作組報告的要求合併執行。[9]

此時更重大的發展，是「共產黨中國軍方企業」（CCMCs, Communist Chinese Military Companies）的股票從美國的交易所除牌。二〇二〇年十一月十二日，時任總統川普發出一道「應對證券投資為中共軍方企業提供資金所造成威脅之行政命令」。這道行政命令自二〇二一年一月十一日起生效，禁止美國人投資任何被美國國防部認定為中共軍方企業的公開交易證券。[10]因為這項命令，三家中國電訊公司——中國移動、中國聯通（香港）、中國電信——於二〇二一年一月十一日從紐約證券交易所除牌。[11]

從歷史的角度來看，以上所說的這些發展，應該會被視為美國吹響對中國「金融戰」的號角。美國發動這場金融戰役，顯然是為了阻止美國資本流入中國公司，尤其是那些在公開市場掛牌的公司。這場金融戰發生的時機，是在美中關係因為多重問題而高度緊張之際（包括貿易戰、新型冠狀病毒疫情究責，以及香港人和維吾爾族人權問題），整體而言，這是美國為了進一步對抗中國而採取的直接戰略手段。[12] 然而，投資中國公司真正的、系統性的風險，目前討論得還很少。投資中國公司真正的系統性風險，來自中國非常特殊的政治生態結構（eco-political structure），以及黨國對公司治理的普遍干預。

在這一章中，我們將審視，存在於中國與自由民主世界之間的這種系統性的分歧。無論是在全球、還是在地方，資本市場都是立基在一系列公司治理的方法之上，這些方法的設計是為了解決現代公司結構所產生的「代理成本」（agenct costs）問題（Armour et al., 2017）。簡單地說，由於所有權與管理權是分離的，一家公司通常是由一部分「內部人」（即大股東、董事會成員，或是一些高級行政人員）來管理，而不是由全部的公司股票所有者來管理。內部人因此有可能會犧牲「外部」公司所有者的利益而自肥。對股票上市公司而言，這種代理成本特別高，因為利害關係人有可能是數以百萬計的一般股票持有人。為了規管內部人的行為，同時又要能賦予內部人足夠的自主權去維持公司日常運作，因此會有相關法律規定之制訂。

## ◆中國公司的代理成本

例如，公司法將商業決策權授予董事會或公司雇用的經理人，同時授予股東任命和解聘董事的權力，以確保董事會積極維護股東的利益。公司管理層出於市場競爭的目的，可以指定將某些公司資料列為機密，但法規也要求公司必須對利害關係人揭露某些特定的資料，對於公開發行公司則是要求必須向公眾公開這些資料，以便股東、債券持有人和潛在投資人在做出與公司事務有關的決定時，能夠充分了解情況。

我們認為，即使在近幾十年所發展出的中國法規中，可以看到這些公司治理方法的影子，但在現今中國特殊的政治經濟結構下，這些公司治理方法已經受到嚴重的侵蝕。我們在本章後面幾節將介紹，由於中國政府和中國共產黨正在建立一種制度，使得多數中國公司（無論是否國有）實際上的最終「內部人」就是中國共產黨與國家，在這情況下所有的公司治理規範都有失去其應有功能的風險。簡而言之，外人很難知道誰應該對公司的業績負責，或公司對誰負責。民主資本主義下的傳統委託代理問題，是公司管理層與公共利害關係人之間雙邊關係的問題。但是在中國，這種雙邊關係是中國共產黨與公司管理層之間的關係，而中國共產黨位居於公司的管理層之上。

這一章的結構如下：前言之後，我們將在第二節簡要介紹中國自一九八〇年代以來的公司治理改革。我們可以看到，中國以一種漸進的方式引進西方的公司治理模式，作為其市場改革的一部分。與此同時，由於各種原因，很多中國公司尋求在外國股票市場上市，尤其是在美國。第三節概述美中兩國在會計監督委員會審計問題上的爭執。這個長期存在的問題，應該要視為美中兩種體制最終可能分道揚鑣的一個癥兆。

第四節講述二〇一〇年以來中國國有企業的公司治理狀況。中國的國有資產監督管理委員會（國資委，英文簡寫為SASAC），雖是模仿新加坡淡馬錫控股公司的模式，但卻是一個比淡馬錫控股公司更為強勢和霸道的機構。第五節探討中國的私營公司，而我們將看到政府的干預雖然隱微，但十分普遍。中國共產黨在公司治理結構中的角色作用越強，此事就會更加令人擔憂。在最後一節，作為本章的結論，我們聚焦於討論中共黨國體制擴大掌控經濟活動，對資本市場造成的風險。

## 中國的公司治理改革，一九七八至二〇一〇年

中國的公司治理制度，可說是在廢墟上建立起來的。中國共產黨一九四九年執政後，致力建立一種中央計劃經濟，所有資產因此都變成國有或黨有資產，所有經濟活動都由黨國控制。在隨後三十年裡，中國只有「企業」而沒有「公司」，而所有的「企業」都是國有企業，

全都遵循政治規則而不是市場規則。這種情況一直持續到一九七八年，那一年鄧小平啟動經濟改革，使中國的企業體制得以改變。正如郭亮等人指出，中國採取了漸進和試驗性的經濟改革措施，而不是東歐那種「大爆炸」或「休克療法」手段（Guo et al., p. 258）。

一九七八至九二年間的早期改革措施，包括將國有企業與政府分開，建立契約責任制，賦予國有企業管理層更多經營自主權，以及容許企業保留一定的盈餘（OECD, 2011, pp. 14–15）。一些企業的所有權被分割為可轉讓的股份。上海飛樂音響是中國第一家股份制公司。該公司一九八四年以每股五十元人民幣的價格發行了一萬股股票，其股票一九八六年開始在場外市場交易。紐約證券交易所主席約翰・范爾霖（John Phelan）訪問中國時，鄧小平將一張上海飛樂音響的股票當作禮物送給他。[13]

## ◆建立監理規則和機構

更重大的實質改革發生一九九〇年代，特別是一九九四年七月中國第一部《公司法》頒布之後。中國的《公司法》第三條界定了「有限責任公司」和「股份有限公司」這兩種公司類型。兩者都符合商業公司的五個基本法律特徵，包括法人資格、有限責任、可轉讓的股份、董事會結構下的委託管理，以及投資人所有權（Armour et al., 2017），股份有限公司的資本

「分割為平等的股份」，以便更容易轉讓所有權。

至於股份有限公司的治理結構，一九九三年的《公司法》遵循德國模式。股東大會是公司的最高決策機關（第一〇三條），日常管理權力則授予董事會（第十一條）。董事會主席享有一些獨特的權力，包括作為公司對外活動的唯一法定代表人，以及召開董事會議的專屬權力。公司也設立監事會以制衡董事。但是，由於遠離公司的實質業務，監事會的功能受到限制。

一九九三年的《公司法》也有一些過渡性特徵。例如，該法第五條規定：「公司在國家宏觀調控下，按照市場需求自主組織生產經營，以提高經濟效益、勞動生產率和實現資產保值增值為目的。」此外，「有限責任公司」一章還有一節專門闡述「國有獨資公司」。

隨著法律框架的確立，接下來中國小心翼翼地啟動了「國有企業公司化」政策。一百家大型中央國有企業被選為公司化試點專案的重點企業，隨後有數千家中型企業經歷了合併或重組。截至一九九六年，約五千八百家或五%的工業國有企業已經公司化（World Bank, 1997, p. 24）。國有企業公司化的主要目的是籌集更多資本，因此必須同時建立證券交易制度。中國證券監督管理委員會（China Securities Regulatory Commission, CSRC）一九九二年十月成立，第一部證券法則於一九九八年通過。

由於公司需要更多資本，也促成了中國公司的第一波海外上市。例如，青島啤酒一九九三年七月成為第一家在香港上市的國有企業，上海石化同年在紐約證券交易所上市。

在二十一世紀的第一個十年，中國證監會制定一系列的法規和政策，引領中國的公司治理改革。例如，中國證監會以ＯＥＣＤ組織的公司治理準則為基礎，二〇〇二年發布了《上市公司治理準則》（OECD, 2011），提出一些公司治理基本原則、保護投資人的措施，以及公司內部人的基本行為準則和職業道德。[14]

二〇〇五年，中國政府發布了《國務院關於鼓勵支持和引導個體私營等非公有制經濟發展的若干意見》，[15]鼓勵更多私營企業參與經濟發展。政府也針對公司法律制度發出指導意見，以配合此一政策。一九九三年的《公司法》和一九九八年的《證券法》在二〇〇五年經歷了重大修訂，被視為中國公司治理制度現代化和西化的重要一步（Fu, 2016, p. 150）。《公司法》的修訂借鑑英美法系，重新平衡了公司各機關的權力，強化了公司內部人的法律義務（尤其是忠誠義務和謹慎盡責的義務），要求上市公司任命獨立董事，並為個別利害關係人設計了司法救濟。

《證券法》的修訂改善了資本市場的機構和管理。此外，《證券法》還強化了對上市公司的監理，提高發行審查的透明度，增加公司內部人的法律責任和誠信義務規則，以及確立賠償投資人損失的民事責任制度。修法之後，相關機構也相應調整了相關法規和準則文件。

## ◆鼓勵公開上市

在二〇〇〇年代，還有另一件象徵改革已取得了重要進展的正面事件，就是在二〇〇三年成立了國有資產監督管理委員會（即前述的國資委，SASAC）。國資委直屬於國務院，其任務是管理國有資產（也就是對國有企業進行資本投資），以及促進國有企業公司化。根據傅建榮的研究，國資委為此做了兩件事（Fu, 2016, p. 154）。首先是規範國有企業的董事會，包括設定國有企業董事會的理想規模和組成，要求在董事會之下設立小組委員會，以及重新平衡董事長與其他職位之間的權力。其次是推動國有企業在國內或國際股票市場上市，希望借助外部監督的壓力改善國有企業的治理。鼓勵公開上市的政策，目的除了改善公司治理，還有籌集資本，提高國有資產的流動性，以及為快速崛起的中國公司建立國際聲譽。

這些監理和政策面發展促成了另一波中國公司海外上市潮。除了大型國有企業，新崛起的中國私營公司（尤其是網路領域的企業）亟需資本，而中國資本市場未能滿足這種需求，因為中國資本市場仍處於起步階段，而且受到政府嚴格的規管。例如，上海證交所二〇〇一年和二〇〇四年就曾實施「首次公開募股暫停令」，完全禁止新股上市以穩定市場，以及防止資金大量撤出既有股票以追捧新股（Alan and Li, 2018, p. 24）。因此，新興的中國公司因此只能到海外尋求籌資。與此同時，國際投資人也熱切希望將新興的中國經濟納入他們的投資組合。

總體而言，二〇〇〇至二〇一〇這十年間，在美國上市的中國公司數量以及中國公司所佔的經濟份額急遽增加。新浪、搜狐和網易都在二〇〇〇年代初成為美國納斯達克的上市公司。這波上市潮在二〇〇七年達到高峰，這一年有三十一家中國公司完成了它們的美國首次公開募股。二〇〇八年的金融危機沒有在中國造成大規模經濟衰退，甚至正是由於中國在這場國際經濟海嘯中受到的衝擊不大，而使得中國公司的股票在二〇〇八年危機之後成為備受青睞的投資標的。

總而言之，在二十一世紀第一個十年的尾聲，中國的公司治理轉型看來相當健康。法律框架已經建立起來，而且適合當時中國經濟成長的情況。國有企業改革雖然有些落後，但也繼續穩步前進。國內資本市場雖不成熟，但不妨礙雄心勃勃的中國企業家到國際市場上籌集資本。除了募集到資金，海外上市也帶給中國公司國際聲譽和新的管理技能。

但是，進入二十一世紀第二個十年後，中國企業大量在海外上市引發了一些問題，公司治理改革也出現倒退。民主資本市場經濟的公司治理與中共黨國體制的衝突，很快便暴露出來了。

## 「公開公司會計監督委員會」問題：審計的權力與國家主權

美國在二〇〇二年通過了《沙賓法》，以應對安隆（Enron）事件等資本市場的醜聞。《沙賓法》設立了「公開公司會計監督委員會」這個非政府機構作為監察者的監察者。負責為美國上市公司進行審計工作的會計師事務所必須向會計監督委員會註冊，它們的審計工作底稿也必須接受會計監督委員會的檢查。無論是美國境內、或是境外的會計師事務所，只要它們的審計客戶是在美國公開發行的公司，都適用這個法規。

毫無疑問，凡是在美國公開發行的中國公司，其審計者都必須受到《沙賓法》的約束。為這些中國公司進行審計工作的，大多是「四大」會計師事務所的中國分支。[16]於是這些事務所很快發現自己陷入了國際政治的困境：美國要求它們交出審計工作底稿，中國卻禁止它們這麼做。

### ◆會計師事務所陷入政治困境

打從《沙賓法》生效之初，中國政府就阻止該國的會計師事務所向會計監督委員會交出審計工作底稿，也不容許會計監督委員會在中國境內進行現場稽查。[17]這個禁止政策是為了

「考量國家機密」（national secrecy concerns），至少中國法規術語是這麼說的。

為了保護國家機密而禁止交出審計資料底稿的法律依據，可追溯至一九九六年的《中華人民共和國檔案法》。該法除了規管政府檔案，還適用於「企業事業單位和其他組織以及個人從事經濟、政治、文化、社會、生態文明、軍事、外事、科技等方面活動」形成的「不同形式的歷史記錄」（第二條）。隨著海外上市的中國公司數量在二〇〇七至一〇年間大幅增加，中國政府逐步收緊了對審計工作底稿的控制（Mark, 2014）。二〇〇九年，中國的證監會、國家保密局和國家檔案局聯合發布了一項規定，禁止任何中國公司和會計師事務所向外國監理機關提供任何「國家秘密」。[18]

二〇一〇年代，在美國上市的中國公司數量持續增加，規模也越來越大。阿里巴巴和京東（一家B2C購物公司）都在二〇一四年成功上市，中國電子商務產業的崛起因此受到更多投資人注意，而這又促使更多中國網路新創企業尋求在美國上市。二〇一七年，中國公司在美國上市的數量達到四十七家，創出歷史新高。這種上升趨勢使會計監督委員會的稽查問題變得更緊張。二〇一〇至二〇年間，美中兩國相關部門為此舉行了多次的雙邊會談。雖然雙方曾達成某些臨時解決方案（例如會計監督委員會可以經由中國外交部取得特定的審計文件）[19]，但總體而言，會計監督委員會還是無法展開常規例行的稽查。

中國不是唯一反對美國的會計監督委員會在域外執法的國家，但中國卻是其中最重要的利害關係方、和最堅定的反對者。根據會計監督委員會，「在截至二〇二〇年六月三十日為止的十八個月裡，十七家在中國大陸和香港、且向會計監督委員會註冊有案的事務所，合計為二百零二家上市公司簽發了審計報告，這些公司的全球總市值（美國和非美國交易所）約為一・八兆美元。這些公司當中最大的十家公司的總市值約為一・三兆美元。」[20]更新的資料顯示，截至二〇二〇年十月一日，全球有二百四十七家公司是會計監督委員會無法進行稽查的，其中二百二十二家公司在中國和香港。[21]其他的「不合作司法管轄區」包括法國和比利時，不過會計監督委員會已宣布，與這兩個歐洲國家的政府在稽查工作方面上達成了某些協議。[22]

正如本章開頭提到美國勞工部長史卡利亞的信件、《外國公司問責法》立法、美國總統金融市場工作組報告所反映的情況，美國監理機關特別對投資中國公司一事表示關切，主要正是因為會計監督委員會未能展開稽查。二〇二〇年四月瑞幸咖啡的會計醜聞，可說是證實了美國監理機關的擔憂是有道理的。[23]

從爭論的本質來說，相對於人權或國家安全問題，會計監督委員會問題的內容比較限縮，而且具體，有著更實質的依據支持美國採取懲罰行動，例如將那些上市公司除牌。事實上，美國與中國當局在這個問題上的溝通還沒有結束。美國頒布《外國公司問責法》，並不能真正阻止中國公司繼續前往美國資本市場籌資，甚至沒有影響對既有上市公司的評比。一般人的預期是，這個問題會在三年的寬限期結束前得到解決。

## ◆未能提高上市公司的透明度

但是，會計監督委員會稽查爭議真的只是兩個不同的司法管轄區之間，對審計稽查的要求有所不同的問題嗎？這問題值得進一步探究。公開發行公司的資本來自公眾，其營運資訊因此關係到公眾利益。這正是公司法和證券法要求公開發行公司定期公布這些資訊的原因。此外，為了解決「代理成本」問題，法律還要求這些資訊經第三方審計和認證，而在許多國家，這種審計工作由註冊會計師負責。

為了確保公司帳簿裡的數字真實可靠，而且其記錄方式符合法規和通用會計準則，審計師通常會深入查核公司的原始資料（例如發票和庫存清點紀錄），並建立各種工作底稿以便調節和調整帳目。然後，經審計的數字會編入財務報表，並由公司公布。投資人仰賴這些資訊來做投資決定。

安隆事件揭露了另一層面的風險：審計師可能與審計客戶合謀詐欺。這正是美國設立會計監督委員會來稽查審計師的原因。因此就會計監督委員會的職務來說，檢查審計工作底稿是至關重要的。註冊會計師的邏輯是，公司的原始資料能幫助他們發現財務報表上的問題；會計監督委員會的邏輯則是，註冊會計師的工作資料底稿有助他們發現可能導致各方利害關係人被誤導的審計問題。

在這種監理背景下，中國為了「保守國家秘密」而拒絕會計監督委員會檢查中國公司的審計底稿，就顯得非常奇怪。可以肯定的是，審計師常遇到的保密問題是關於商業秘密，而不是國家機密。公司審計工作不大可能涉及國家機密，尤其是私營公司的審計。中國的國家保密範圍異常廣泛，可能反映中國政府對企業事務的干預異常普遍。也就是說，由於中國政府干預企業運作已成常態，中國公司的所有資料都有可能與政府有關。如果為了應付會計監督委員會的稽查要求，而必須一一確定哪些特定資料、或甚至哪些公司不可以接受會計監督委員會的檢查，實在太麻煩，因此全面抵制稽查才是可行的做法。

上述討論涉及經濟學文獻中常見的問題：內部控制與外部監督之間的衝突。陳恭平與朱敬一以企業逃稅為例，說明了只要企業想要具備有效的內部控制，就必須建立各種可操作、可檢索的機制來驗證各種資料的準確性和一致性（Chen and Chu, 2005）。但是，這些有效的內部控制機制不但使公司對其管理層變得比較透明，也會使公司對外部審計人員和機構變得比較透明，而公司要逃稅將會更困難。中國面對類似的情況：如果政府或黨確實普遍干預企業事務，這些干預會留下外部人士可以查證的痕跡和證據。中共避免其專制控制落人把柄的唯一辦法，就是切斷外界取得相關資料的管道。這就是為什麼會出現中國上市公司無法被問責的問題。

《外國公司問責法》罕見地要求不符合規定的公司必須聲明它們不是由政府實體所控

制，似乎正是基於這個假設。雖然目前還不清楚這項規定將如何執行，但考慮到中國政府近年加強控制企業事務（如接下來幾節所述），該規定未來肯定會成為焦點。

## 中國國企改革持續，抑或倒退？

中國的國有企業改革，在二〇一三年習近平成為中國領導人之後，加快了步伐。重要的改革方向之一，是國企治理從「資產管理」轉向「資本管理」。[24]簡而言之，經由改革，中國政府對國有企業的管理方式會變得比較像投資組合經理人，致力於提高投資的價值，而避免介入國企的日常管理。

這種以資本管理為基礎的做法，後來發展出三層級的公司控制結構。如傅建榮指出，第一層由「國有資產監督管理委員會」（國資委）組成，擔任國有資產的監理者；第二層是由國資委成立、或從既有國企改造而成的國有控股公司，由它們替國資委執行投資（Fu, 2016, p. 158）。至於實際經營業務的國有企業、以及其子公司，則是第三層。[25]

一般認為，中國國資委這種以資本管理為基礎的做法，及其三層級的結構，應該是受到新加坡淡馬錫控股公司模式的啟發——新加坡設立淡馬錫控股作為政府的投資部門。根據亞洲公司治理協會指出，國資委與淡馬錫保持有長期合作的關係（Allan and Li, 2018, p. 28）。

淡馬錫還定期為中國的國企管理人員提供董事培訓課程。

經過所有這些改革之後，中國的國有企業表面上看起來就像其他國家的正常公司。國有企業可能在上海、香港或紐約的交易所上市，由成員包括獨立董事的董事會主導，管理人員由董事會任命。國有控股公司是國企的被動大股東，與公司的營運保持距離。美中經濟與安全審查委員會指出，截至二〇二〇年十月，有十三家中國中央國有企業在美國上市（The U.S.-China Economic and Security Review Commission, 2020）。

## ◆中國共產黨在上市公司中的角色

但是現實卻更加複雜。中國國有企業與外國國有企業的首要差別，在於中國政府和中國共產黨始終保留對國企高層人事任命的控制權。傅建榮指出，五十三家最大的中央國企的三大職位（董事長、黨委書記和總經理），是中共中央組織部任命的（Fu, 2016, p. 157）。至於其餘六十八家中央國企，其黨委書記和董事長都是由國資委任命。國資委還任命其他董事（包括獨立董事）和監事，但相對於黨委書記，其他職位並不重要。

實際上，中國政府和中國共產黨有時行使人事任命權的方式令人瞠目結舌。如馬利德的報導（McGregor, 2010, p. 84），二〇〇四年，中共中央組織部一夜之間決定調換中國三大電訊集團的最高層（這三大集團是中國移動、中國聯通、中國電信，也就是二〇二一年被從紐約證交所除牌的那三家公司）。根據馬利德的說法，電訊業的快速擴張對中國共產黨構成潛在威脅。調換電訊集團最高層的目的是彰顯黨的權威，以及解散任何崛起的勢力（Wu, 2016, p. 281）。二〇〇九年，中共調換了三家國有航空公司的負責人。[26] 簡而言之，這些上市公司是對中國共產黨負責，而不是對股東負責。上市公司的領導職位只是那些「政治職位」分配遊戲的一部分。

除了保留關鍵人事任命權，中共黨國在二〇一三年的國企改革中還啟動了「黨建」運動（黨的建設，簡稱黨建）。事實上，中國國有企業內部長期以來都設有中共的黨組織，雖然黨組織的運作從未正式記錄在案，遑論向公眾投資人揭露。在早期中國國有企業到海外首次公開募股時，對於中國政府實際上是這些企業的實質最高決策機關（Allen and Li, 2018, p. 23; McGregor, 2010, p. 48），投資銀行通常會略而不提。

## ◆黨的建設與公司治理

林郁馨與米爾霍普（Curtis J. Milhaupt）認為，二〇一三年的黨建倡議旨在正式確定中國共產黨在企業中的角色（Lin and Milhaupt, 2020, p. 9）。二〇一五年的《中共中央、國務院關於深化國有企業改革的指導意見》提出，黨建工作要求國有企業修改公司章程以確定中國共產黨的領導地位。[27] 國有企業還應建立協調公司與黨組織的機制。根據上述指導意見，

> 「黨組織書記、董事長一般由同一人擔任。」

黨建運動可被看作是對「隨著私人資本投資增加，黨可能喪失國有部門控制權」這個現象所做出的抗衡（Lin and Milhaupt, 2020, p. 9），或者也可以說，是對「改革，但黨國維持控制」這個原則的實踐（Fu, 2016 , p. 159）。

黨建政策並非只是空喊口號，因為中共黨國對此非常認真。例如，香港上市的地方國企，天津房地產集團，就曾經提案修改公司章程以配合黨建運動，但在二〇一七年一月六日的股東大會上未能獲得必要的三分之二股東支持。國資委因此暫停在國家持股少於三分之二的國企中修改公司章程。二〇一七年五月，天津房地產集團再次提案修改公司章程，並且幾乎全票通過（參見 Alan and Lin, 2018, p. 47）。這中間的四個月裡，一定發生了一些事，才會使投票結果幡然改變。

天津房地產集團的案例，說明了黨建運動的動機。股票在香港上市削弱了黨國對公司的控制，國資委因此介入，清掃黨建障礙。

總而言之，自二〇一三年以來，中國的國有企業改革一直是雙軌運行。一方面是國資委被指定為投資組合經理人，不直接干預國有企業的運作。但另一方面，中國共產黨致力強化

它在國有企業中的角色，維持它對國企治理的控制。乍看之下，人們可能會認為中國的發展方向與二〇一〇年之前的企業改革背道而馳。但是，如果閱讀二〇〇九年之前關於中共控制企業的文獻（McGregor, 2010），可能就會意識到，一九七九至二〇一〇年的企業改革只是暫時「誤入歧途」，而習近平主席是將它「導入正途」。

## 未來處境微妙的私營公司

許多人認為，中國的私營部門和市場經濟是該國過去三十年經濟成長的主要驅動力。私營部門現在約占中國經濟七〇%，是資本市場的主要參與者。雖然乍看之下，私營公司的治理彷彿和黨國的干預距離遙遠，但其實其中存在著風險。正如中國學者鄭志剛觀察到，因為中國的私營公司與政府或共產黨之間「你中有我、我中有你」，私營公司的許多「內部人」職位並非基於多數股權而決定（Zheng, 2017）。相反，「內部人」是靠著他們與黨國的關係而取得私營公司的控制權。

恆豐銀行就是個好例子。恆豐銀行是中國十二家全國性股份制商業銀行之一。二〇一三年，恆豐銀行最大的股東是煙台藍天投資開發集團有限公司（藍天），一家由煙台市百分之百擁有的國有企業。藍天持有恆豐銀行二〇．五五%的股權，第二大股東新加坡大華銀行持股一四・二六%。第三至第五大股東均為中國私營公司，各持股約七%。[28]恆豐銀行當時有公開上市的計畫。在這個例子中，雖然政府是最大股東，但政府的持股還無法取得主導地位。

因此，二〇一三年，恆豐銀行「根據煙台市委、市政府有關任免推薦決定」，任命蔡國華為該行董事和董事長，就顯得奇怪。[29]這項任命之前，蔡國華與恆豐銀行甚至金融界並無關聯，他的董事選任沒有經過股東大會，而政府以外的佔多數股權的股東也沒有提出異議。合理地說，蔡國華出任董事長並不是基於多數股東的支持，而是基於他與黨國的密切關係：他是中共煙台市委常委和煙台市副市長。二〇一七年，蔡國華因貪腐被捕，二〇二〇年被判處死刑，恆豐銀行也被中央政府接管。[30]

正如米爾霍普和鄭文通所言，在中國，由於法治薄弱和其他政治或經濟因素，國有企業與私營企業之間的界線是模糊的（Milhaupt and Zheng, 2015）。因此，光看一家公司的股權分布無法了解這家公司受到黨國影響的程度。

黨建運動興起可能會更加劇這種「中國式內部人」問題。一如國有企業，在私營企業的內部也一直設有中國共產黨的黨組織，只是它們的影響力沒那麼大，而且它們的功能通常被視為「為公司的黨員員工組織社會活動」（Alan and Lin, 2018, p. 45）。一九九三年的《公司法》第十七條要求各公司根據《中國共產黨章程》建立黨組織。[31]起初這條規定並沒有被認真執行。

後來，中共組織部的一份報告顯示，私營企業裡的黨組織相當弱勢。該報告引述一名中共基層幹部的抱怨，聲稱私營企業裡的黨組織沒錢、沒權力，甚至沒有機會發言（McGregor, 2010, p. 217）。於是二〇〇五年的《公司法》修訂了關於黨組織的條文，增加了「公司應當為黨組織的活動提供必要條件」之要求。但是這個規定同樣沒有被有效執行。

二〇一三年開始的黨建運動主要集中在國有企業。因此，當中國證監會發布修訂後的《上市公司治理準則》，明確要求所有上市公司在內部設立中國共產黨的組織，並為黨組織的活動提供必要的支持（第五條）時，許多人感到震驚。[32]其實，在修訂《上市公司治理準則》的一年前，中國共產黨已經將它對私營公司的干預寫進其章程。二〇一七年的《中國共產黨章程》第三十三條規定：

> 「非公有制經濟組織中黨的基層組織，貫徹黨的方針政策，引導和監督企業遵守國家的法律法規，領導工會、共青團等群團組織，團結凝聚職工群眾，維護各方的合法權益，促進企業健康發展。」

亞洲公司治理協會的報告指出，在黨國的施壓之下，中國私營企業確實開始從事黨建工作（Alan and Lin, 2018, p. 45）。二〇一一至二〇一六年間，外商投資企業裡的黨組織增加超過一倍，從四萬七千個增至十萬六千個，而在中國的所有外資公司中約有七〇％已經成立了黨支部。這與中國私營部門的情況相若：截至二〇一六年底，中國近六八％的私營企業已經設立了黨支部。上述比例的分母包含中小型企業，而如果只看有影響力的大型企業，設立黨組織的公司比例會更驚人。

目前還不清楚企業內部設立的中共黨組織與公司的權力機關究竟將如何互動。不過，發展方向是令人擔憂的。此外，二〇二〇年九月，中共發布《關於加強新時代民營經濟統戰工作的意見》，[33]其中強調黨的領導在私營部門中的重要性，並且強調必須「加強民營經濟人士思想政治建設」。中國當局公布鼓勵私營部門參與的大政策後，二〇〇三年才頒布《公司法》，由此看來，中共發布上述《意見》意味著政策正往相反方向發展。

## 結論

在本章中，我們簡要回顧了中國過去三十年的公司治理改革。我們發現，在頭二十年，中國致力建立一種西式的公司治理制度，以配合經濟自由化發展。尤其是就上市公司而言，一般公眾投資人可以對公司進行問責。這是正面的發展。但是，在最近的十年，改革開始朝向相反方向發展，中國共產黨進一步加強了對經濟的控制。

為了保護廣大投資人，公司法的設計必須使公司的內部人對外部股東負責。在這個全球化的時代，這一點尤其重要，因為許多國際公司會從紐約、倫敦和法蘭克福等開放的金融中心籌募資本。但是，中國的黨國體制正在侵蝕現代公司法的這個基本公理。不言而喻的是，「對（外國）公眾負責」與「對中共負責」是相互矛盾的概念。一旦黨國成為一家公司實際的內部人，而且在這家公司中不存在異議，那麼在公司法之下所有的制衡安排、透明度要求，和救濟設計，都將變得毫無意義。

馬利德指出，中國主要公司的執行長必須服從中國共產黨的指示（McGregor, 2010, Ch. 二）。而由於黨的這種指示從來不公開，因此公司治理永遠不可能是透明的。這正是民主體制下的公司與中國公司之間的根本差別。這個差別導致美國二〇二一年制定《外國公司問責法》，未來也可能在其他國際金融市場引起類似的問責問題。如果某家公司在法蘭克福或倫敦上市，而中國共產黨是它的老闆，這家公司就幾乎不可能是透明的，也必然不會對公眾負責。

# 第六章　全球化時代的反托拉斯法

## 競爭中立問題

# 前言

反托拉斯法／反壟斷法（在本書中，「反托拉斯法／反壟斷法」與「競爭法」一詞同義，將在文中交替使用）是規範市場運作的常用法律工具。絕大多數國家都已經制定了自己的反托拉斯法。不同國家的反托拉斯法，由於因應各自不同的國內情況，往往也會有各自不同的管理目標，這是完全合理的，例如一個國家的反托拉斯法目標有可能是：促進效率、提高消費者福利、提高整體福利、促進發展、保護小企業、保護出口、支持產業政策，或是支持社會政策（Bradford et al., 2019）。然而，只要反托拉斯法的制定和運用是為了要提供公平競爭環境給市場上所有的競爭者，那麼我們應該都會同意，立法目標之間是有優先順序的，有些立法目標會比其他更重要。

不過，各國在反托拉斯的立法和實踐方面的巨大差異，有可能會為特定競爭者創造優勢，而破壞全球市場的公平競爭環境。如果因為反托拉斯的立法和實踐的差異，導致有一個國家的反托拉斯法不遵守競爭中立（competitive neutrality）原則，而這個國家又利用自己的反托拉斯法去占其他國家的便宜（被占便宜國家的反托拉斯法都遵守競爭中立的原則），那麼這就會成為嚴重的問題，特別是在全球化時代。

在本章中，我們將簡要介紹一些國家或司法管轄地區的反托拉斯法，一方是美國、歐盟和英國的反托拉斯法律，另一方是中國的《反壟斷法》，我們會指出兩者的差異，以及兩個陣營在立法上的鮮明對比。然後我們會解釋，雖然在不同司法管轄區制定的反托拉斯法不完全相同是很自然的事，可是這些法律理應遵循競爭中立原則。我們會指出，某些反托拉斯法偏袒特定競爭者、破壞全球市場公平競爭環境，所引發的問題值得關切。最後，我們要討論如何處理各國反托拉斯法律差異所衍生的競爭中立問題，包括制定一套新的規範，要求反托拉斯法的制定和應用必須遵循所有權和國籍中立原則，以確保競爭中立，維持公平的競爭環境。

## 各國反托拉斯法的異同

### ◆反托拉斯法與其立法目標

良性的競爭，能讓企業變得更有競爭力與創新力，讓企業以更優惠的價格、更好的品質，為人們提供商品和服務，這是個普遍獲得認同的前提。因此，反托拉斯政策的核心思想，是為各家企業維護一個自由開放的市場，期望各家企業可以彼此獨立不互相干擾、消除不良的反競爭行為，讓消費者可以用更優惠的價格、更好的品質來享受產品和服務，而且也有更多的選擇。正如美國聯邦交易委員會（Federal Trade Commission, FTC）指出：「自由開放的市場是經濟旺盛的基礎。在開放的市場中，賣家之間的激烈競爭帶給消費者（包括個人和企業）更低價格、更高品質的產品和服務，還有更多的選擇和創新。」[1]

廣義而言，反競爭行為包括締結反競爭協議，和濫用市場支配地位。反競爭協議則包括壟斷性的聯盟（cartels，競爭者之間合謀定價、操縱投標、瓜分市場或限制產出的協議）、集體談判、聯合抵制、排他交易（限制交易對手決定與他人交易的內容，或限制交易對手選擇交易對象的能力），以及最低轉售價。此外也包括聯合一致的行為，即企業之間出現溝通或合作行為，以此為基礎採取一致行動，而不是因應市場狀況，各自獨立行事。濫用市場支配地位指的是，為了大幅減少市場競爭，或是為了造成類似的影響或效果，而進行的濫用市場力量的行為。[2]

## ◆市場導向經濟體中的反托拉斯法

多數國家都有自己的反托拉斯法，雖然法案的名稱各有不同。例如在美國，反托拉斯法的三個主要部分包括：一八九〇年的《舒曼法》（Sherman Act），該法禁止「任何藉由契約、共同行動或共謀限制交易的做法」，以及任何「壟斷、企圖壟斷、共謀壟斷或共同行動以求壟斷」；《聯邦交易委員會法》（Federal Trade Commission Act），該法禁止「不公平的競爭方法」和「不公平或欺詐行為或做法」；以及《克萊頓法》（Clayton Act），該法禁止「可能大幅減少競爭或傾向製造壟斷」的併購，禁止商家在交易時進行某些歧視性定價、服務和補貼（經一九三六年的《羅賓遜帕特曼法》〔Robinson-Patman Act〕修正），《克萊頓法》並要求打算進行大型併購的公司必須事先將併購計畫通知政府（經一九七六年的《ＨＳＲ反托拉斯改進法》〔Hart-Scott-Rodino Antitrust Improvements Act〕修正）。[3]美國的反托拉斯法特別聚焦於追求效率，以讓消費者獲得最大福利。

在歐盟，反托拉斯政策是根據《歐盟運作條約》（Treaty on the Functioning of the European Union, TFEU）第一〇一條和一〇二條發展出來的，前者涵蓋水平協議和垂直協議，後者禁止具有市場支配地位的企業濫用其地位，收取不公平的價格、限制生產或拒絕創新而損害消費者的利益。第一〇一條第一款和第一〇二條部分內容如下：

> 一〇一・一、所有的協議……決定……和一致行動……其目的或效果是阻止、限制或扭曲內部市場的競爭……，因為與內部市場的有效運作不相容，應予以禁止。
>
> 一〇二、一家或多家企業濫用其在內部市場（或其重要部分）的支配地位的任何行為，只要可能影響成員國之間的貿易，就應視為與內部市場的有效運作不相容而予以禁止。

歐盟的反托拉斯法，也是以增進消費者福利為主要目標。當然，除此之外，歐盟反托拉斯法還有一個更廣義的目標，就是促進歐洲一體化。

在大不列顛聯合王國，主要的競爭法律是一九九八年的《競爭法》（Competition Act）。該法禁止任何可能對英國境內交易造成影響的企業間協議、企業聯合決定、和經協調的作法，以及以阻止、限制或扭曲英國境內競爭為目的的企業行為，除非根據《競爭法》規定可得豁免。《競爭法》也禁止企業濫用市場地位的行為，包括直接或間接強迫他人接受不公平的買價、賣價、或其他不公交易條件；限制生產、交易、技術發展，以致損害消費者的利益；和貿易對方進行等價交易時，實際上卻給予不同的交易條件，導致對方陷入競爭劣勢；以及在簽約時，要求對方接受額外義務，作為簽約的條件，而這些額外義務究其性質或根據商業慣例，與契約的主旨毫無關連。並且以二〇〇二年的《企業法》（經二〇一三年的《企業與監理改革法》〔Enterprise and Regulatory Reform Act〕）修訂，作為管理企業併購管制（merger control）的法律。

基本上，在市場導向的經濟體中，反托拉斯法的設計完全是為了糾正市場扭曲的狀況。反托拉斯法不會肩負著使國內企業或本國國有企業獲得特殊優勢的政策目標。

## ◆中國的《反壟斷法》「看起來」很像基於市場經濟，實際不一樣

中國在二〇〇七年通過了《反壟斷法》，在二〇〇八年開始施行。表面上看，大多市場導向經濟體反托拉斯法的「特徵」（hallmarks），中國《反壟斷法》也都有。因此，大多數國家都很歡迎中國通過《反壟斷法》，主要是因為，各國以為，中國「就像多數的國家」，「已經認識到，一旦市場被界定為為社群提供商品和服務的主要管道，政府就必須確保市場運作良好，而這首先要求的是市場上存在競爭，或至少不受不合理的反競爭結構或行為妨礙」（Fels, 2012, p. 7）。

中國的《反壟斷法》中，包含有許多反托拉斯法的標準內容，在許多其他國家的反托拉斯法中都可以看得到。中國的《反壟斷法》底下有四大部分，包括除了法案中指定的例外，禁止特定類型的壟斷協議（《反壟斷法》第二章）；禁止某些濫用市場支配地位的行為（第三章）；建立併購審查機制，以處理經營者集中的問題（第四章）；以及禁止濫用行政權力排除、限制競爭（第五章）。

雖然中國的《反壟斷法》中，有不少是反托拉斯法的標準條款，但是從中國《反壟斷法》第一條中所明文指出的法案目標，已經有線索告訴我們：該法案實際上，和其他市場導向地區實行的反托拉斯法，在本質上並不相同。中國《反壟斷法》第一條寫著：「為了預防和制

止壟斷行為，保護市場公平競爭，提高經濟效率，維護消費者利益和社會公共利益，促進社會主義市場經濟健康發展，制定本法。」「公共利益」和「社會主義市場經濟健康發展」這兩個要素很模糊，給了政府當局很大的自由裁量權，可以去做出扭曲市場的決定。這一點稍後將進一步闡述。

## 公平的競爭環境，與競爭中立原則

### ◆全球經濟活動的公平競爭環境

在理想的全球市場公平競爭環境下，所有國家和企業理應「在平等的基礎上競爭，為各地消費者提供最多的選擇和最好的性價比。」[4]但實際上，國際商業活動的公平競爭環境會受到各種因素影響。舉例來說，進口商品可能被課徵關稅，政府可能補貼本國企業或以其他形式支持本國企業，外國公司則可能面臨影響其商業活動的歧視性立法，這些都會影響到公平的程度。

目前已經有許多方法和工具，可以因應上述這些情況對公平競爭環境的扭曲。例如，有關進口商品被課徵關稅、因而影響外國產品的競爭力，這是由於進口國藉由關稅使進口商品變得比較昂貴，讓國產品獲得競爭優勢。WTO的關稅談判、關稅約束義務，就是在處理這種人為創造出來的競爭優勢，減少關稅對貿易的扭曲。雖然取消關稅必須以漸進的方式實現，但至少目前已經有多邊方案，可以處理關稅問題。

至於政府藉由補貼或以其他方式支持特定企業（或集團），也會讓補貼國的本地產品獲得競爭優勢，因為這些產品的生產成本獲得了補助，因此價格可以訂得比較便宜。《補貼及平衡措施協定》（Agreement on Subsidies and Countervailing Measures, SCM）下的WTO規則，就是在處理政府補貼所創造出來的人為競爭優勢。某些補貼在規則中被明令禁止，另一些補貼則是可以提起訴訟。但是，現行的《補貼及平衡措施協定》是否能有效處理政府補貼國有企業造成的問題？以及，國有企業是否應視為「公共機構」（a public body），因而由國有企業提供的補助也應受到《補貼及平衡措施協定》的規範？類似這樣的問題還有很多。這些都是《補貼及平衡措施協定》面臨的實際問題，但不是本章的主要關注點。相關討論可參考本書第二章。

《補貼及平衡措施協定》的缺陷還不只於此。《補貼及平衡措施協定》僅處理政府補貼的「貿易面」問題，不處理政府補貼的「投資面」問題。一個國家策略性地利用政府補貼的資本，在重要產業中收購另一個國家的公司，或收購擁有重要技術的公司，這樣的情況有可能對被收購企業的母國造成國家安全上的嚴重威脅。本書第七章將討論補貼資本引起的問題。

至於針對外國公司、影響其商業活動的歧視性立法，目前的國際規範也不充分。如果歧視性的法律是針對「外國產品」，可以用一九九四年的《關稅暨貿易總協定》（GATT）第三條和第十條來處理。根據第三條（國民待遇條款〔national treatment provision〕），要求其他會員的產品在所有法律規範方面的待遇應不低於本國同類產品的待遇。換句話說，加入WTO的會員，國內法律的設計和應用不得歧視進口產品。第十條要求WTO會員以一致、公正、合理的方式執行其法律和法規。換句話說，所有國內法律的應用上，都必須對進口產品公平。

但是另一方面，《服務貿易總協定》（GATS）第十七條要求，對「其他會員的服務和服務提供者」給予國民待遇。就此而言，《服務貿易總協定》提供的保護比一九九四年的《關稅暨貿易總協定》更廣泛，因為《服務貿易總協定》可以適用於會對外國公司造成「影響」的政府措施，而非僅限於進口貨物或服務。[5] 但是，《服務貿易總協定》下所謂的「國民待遇」義務，取決於每個會員的具體承諾。簡單來說，不做出承諾，就沒有義務（意味著政府實際上可以給外國企業不同待遇）。

實際上，WTO會員對於給予外國企業國民待遇所做的承諾相當有限，開發中國家尤其如此。因此，許多國家依然保有歧視性立法的空間。國際規範的不足之處，在於沒有多邊的規則能夠全面處理對「外國企業」的歧視性立法或做法，以確保公平的競爭環境。而WTO會員在故意以歧視性方式設計或適用國內反托拉斯立法的情況下，這就會成為特別令人擔憂的問題。

## ◆所有權和國籍中立原則

反競爭行為，是指一家公司、兩家或多家公司聯合採取措施，來製造或增加市場的進入障礙，令其他公司難以進入市場。反托拉斯法的基本精神，是防止可能出現的反競爭行為，以維持公平的競爭環境，以及確保競爭中立原則。

必須注意的是，「競爭中立」一詞的一般用法，是指「與私營部門競爭的政府商業活動，不應該只因為政府的所有權和控制權，就取得競爭優勢」（參見Healey, 2014）。但在本書中，我們把「競爭中立」一詞用在比較寬廣的意義上，不僅用來談國有企業被給予特殊競爭優勢的問題，還用來指國內企業所得到的整體競爭優勢，和外國企業的競爭劣勢。

在市場導向的經濟體中，企業和個人在做出交易和其他經濟決定時，是基於理性的商業考量、供需法則，以及和交易對手之間的互動。在市場導向的基礎上運行的經濟體，通常也會得出比較好的經濟表現。在這種市場導向的經濟體中，政府的干預會被維持在最低限度，或至少是會受到限制。反托拉斯法基本上是為了確保企業在為自身做出交易和其他經濟決定時，可以獨立不互相干擾，且是基於商業考量來做決定，好促進良性競爭，防止市場扭曲。為了促進競爭和防止市場扭曲，反托拉斯法的設計和應用應該要基於所有權和國籍中立原則的方式，本國的國有企業同樣受到法律的約束，外國企業也不會在法律中居於人為創造出來的劣勢地位。[6]如果反托拉斯法在所有權和國籍上不中立，則法律不但不能保障公平的競爭環境、防止市場扭曲，甚至該法律本身就會成為一種扭曲全球市場公平競爭的反競爭手段。這一點將在我們討論中國的做法時進一步闡述。

## 中國的《反壟斷法》破壞公平競爭環境和違反競爭中立原則

### ◆《反壟斷法》的扭曲面

如前所述，中國的《反壟斷法》與市場導向經濟體的反托拉斯法有很多相似之處。不過，《反壟斷法》也有一些獨特之處，導致《反壟斷法》與市場經濟體的反托拉斯法截然不同。

首先，《反壟斷法》第一條明確指出，「促進社會主義市場經濟」是該法的目的之一。這反映在鄧小平一九七〇年代末「具中國特色社會主義」的改革上。《反壟斷法》第四條進一步規定：「國家制定和實施與社會主義市場經濟相適應的競爭規則，完善宏觀調控，健全統一、開放、競爭、有序的市場體系。」「社會主義市場經濟」的概念，反映在中國對國有企業的重用上，而《反壟斷法》對國有企業有專門的規定。該法第七條寫道：

「國有經濟占控制地位的關係國民經濟命脈和國家安全的行業以及依法實行專營專賣的行業，國家對其經營者的合法經營活動予以保護，並對經營者的經營行為及其商品和服務的價格依法實施監管和調控，維護消費者利益，促進技術進步。前款規定行業的經營者應當依法經營，誠實守信，嚴格自律，接受社會公眾的監督，不得利用其控制地位或者專營專賣地位損害消費者利益。」

第二，《反壟斷法》要求當局在決定是否批准併購時，考慮廣泛的「非競爭因素」。第二十七條寫道：

「審查經營者集中，應當考慮下列因素：（一）參與集中的經營者在相關市場的市場份額及其對市場的控制力；（二）相關市場的市場集中度；（三）經營者集中對市場進入、技術進步的影響；（四）經營者集中對消費者和其他有關經營者的影響；（五）經營者

集中**對國民經濟發展的影響**。」〔後加黑體以茲強調〕

第二十八條寫道：「但是，經營者能夠證明該集中對競爭產生的有利影響明顯大於不利影響，或者**符合社會公共利益**的，反壟斷執法機構可以作出對經營者集中不予禁止的決定」（按：黑體字為本書自行加上，以表示強調）。有兩個方面特別值得注意：外國公司如果擁有可能影響中國公司有效參與競爭的技術，當局可以酌情偏袒本國公司；此外，事情涉及「公共利益」時，當局可以給予豁免。[7]

第三，《反壟斷法》使得反壟斷的執法變成了一種「政治程序」（'political process'）。《反壟斷法》第九條要求國務院成立「反壟斷委員會」，以組織調查、評估市場總體的競爭狀況，以及協調反壟斷的執法工作。反壟斷委員會由十九名部長級或局長級官員組成，他們來自不同的部委或機構，肩負商業或產業政策職責。正如香港大學法學院教授張湖月（Angela Huyue Zhang）的評論指出：「反壟斷委員會的組成顯示，反壟斷執法實際上是中國官僚機構中一種建立共識的過程，類似中國的經濟政策制定和決策過程。」有許多政府人員參與其中，使反壟斷執法變成一種「政治程序」，並使執法結果變得非常不確定（Zhang, 2014）。

## ◆《反壟斷法》如何偏袒中國國有企業

中國的《反壟斷法》實施了幾年之後，許多國家意識到《反壟斷法》和它們最初樂觀以為的不同，也和市場導向的經濟體中的反托拉斯法不同。前面提到的中國《反壟斷法》的幾個特點，包括促進社會主義市場經濟，由國家保護國有經濟控制下的產業，國家掌握市場准入與技術進步，以及為了公共利益可以不禁止經營者集中，都產生了重大而全面的影響。這些影響包括極大地有利於中國國有企業、削弱外國跨國公司，以及強迫跨國公司移轉技術給中國企業。

從《反壟斷法》特別保護國有企業看來，中國顯然認為《反壟斷法》（連同中國的其他政策和法律）必須支持其國有企業在國際上的競爭。對於這一點，俄亥俄大學法學教授周子瞰（Daniel C.K. Chow）評論道：

> 「國有企業繼續控制著中國所有的重要戰略產業，例如石油和天然氣開採、銀行、運輸（包括航空和鐵路運輸）、電訊，以及電力供應。國有企業還可以從中國的國有銀行輕鬆獲得貸款。許多中國國有企業如今已躋身全球最大型公司的行列。中國的長期目標是將其國企打造成能夠與全球最大型跨國公司競爭的『國家冠軍企業』。」（Chow, 2016,

p. 103）

此外，芝加哥大學法學院教授理察・艾普斯坦（Richard A. Epstein）評論道：

「中國國有企業坐擁一種固有的優勢地位，這種優勢表現在兩個地方。其一是中國國企如果違法，可能只是被當局輕輕打一下手板，而私營公司——尤其是作為中國國企供應商或競爭對手的外國公司——發生同樣的問題，則會受到更加嚴厲的懲罰。其二是中國國企可能促使中國的反壟斷執法機關針對其外國競爭對手採取行動。中國的《反壟斷法》很容易成為一種新的保護主義措施，因為當局可以在執法上偏袒中國國企，同時嚴厲對付在中國經營的外國公司。」（Epstein, 2014, p. 4）

## ◆《反壟斷法》的設計不利於跨國公司

關於《反壟斷法》被用來削弱外國跨國公司，以及迫使外國跨國公司移轉技術給中國企業，周子瞰認為這可能是中國故意為之，而其他國家必須處理這問題：

「中國似乎有意利用《反壟斷法》強化其國有企業的地位，同時削弱跨國公司的地位，因為跨國公司是中國國企在中國乃至全球的主要競爭對手。中國當局認為跨國公司擁有『技術、規模、資本等方面的巨大優勢，很容易在市場上取得競爭優勢，甚至是壟斷地位，因此必須採取反制措施以規範跨國公司的反競爭行為。』由中國政府控制的媒體，普遍有一種看法，認為在許多不同的領域，因為中國的法律和經濟體系仍在發展階段，因此貪婪的跨國公司能夠佔到便宜，取得相對於中國公司的各種優勢。」（Chow, 2016, p. 103）

更糟的是中國政府機關「經常性的隱蔽執法行為」。《反壟斷法》第三十九條賦予執法機構大範圍的檢查和調查權力，容許執法機構進入被調查者的營業場所，或強迫被調查者回應各種形式的訊問以「說明有關情況」。執法機構還擁有查閱、複製、扣押所有商業文件、銀行紀錄和帳戶資料的巨大權力。第三十九條對於被調查者僅提供以下的無效程序保護：「採取前款規定的措施，應當向反壟斷執法機構主要負責人書面報告，並經批准」（Epstein, 2014）。在偏離正當程序、違反公開透明的基本要求方面，中國常見的做法還受到以下的質疑：在被指控者無法了解和回應有罪證據的情況下，施壓要求被指控者認罪；當局會進行現場突擊調查，被指控者無法安排適當的法律代表在場應對；在正進行的訴訟中，被指控者無法雇用適當的法律代表；競爭審查期間資訊揭露不足；案件判決的透明度不足。[8]

此外，冗長的併購申報程序也嚴重妨礙跨國公司的國際併購活動。針對這一點，張月湖評論道：

> 「中國併購申報程序的冗長是臭名昭彰的。越來越多大型跨國公司發現，商務部反壟斷局的審批程序耽誤了它們的併購交易。例如，在Google／摩托羅拉一案中，中國是批准交易的最後一個司法管轄區。事實上，反壟斷局是到了法定審查期的最後一天才批准交易。在一些案件中，合併方未能與反壟斷局達成期望之中的結果，反壟斷局就要求或鼓勵合併方撤回申請並重新申報。因此，在某些情況下，反壟斷局的審查時間大大超過了法定審查期限。」（Zhang, 2014, pp. 681–682）

## ◆幫助巨型國企，配合向外發展的國家政策

在二〇〇〇年代初，中國推出了「走出去政策」，鼓勵本國企業往外參與全球市場競爭（Bellabona and Spigarelli, 2007, p. 93）。二〇一五年，中國公布了《推動共建絲綢之路經濟帶和二十一世紀海上絲綢之路的願景與行動》，有意根據這個「一帶一路倡議」，跨足亞

洲和歐洲大部分地區，密集參與經濟活動。[9] 二〇一六年，習近平指示國有企業「必須做強做優做大」。此外，中國二〇一七年修訂憲法，宣告中國共產黨在企業決策中「發揮領導作用」。[10]

面對國家的走出去政策和一帶一路倡議、中國共產黨在企業決策中發揮領導作用的憲法要求，以及習近平對國有企業做強做優做大的指示，《反壟斷法》無疑必須讓路，雖然一些報導指出，《反壟斷法》仍隨機適用於國有企業。[11]

近數十年來，中國建立了大量國有企業，當中還有許多公司躋身財星全球五百大企業。據統計：

> 「在名列財星五百大企業的國有企業中，中國國企占了很大的比例。二〇〇〇年，財星五百大企業有二十七家國企，其中九家來自中國；二〇一七年，財星五百大企業有一百零二家國企，其中七十五家來自中國……除了躋身財星五百大企業的那七十五家巨型國企，中國還有超過十五萬家國有企業。自一九七八年中國啟動市場化改革以來，中國國有企業部門（在國企數量和總市值方面）大有成長。」（Lin et al., 2020, pp. 31–32）

目前，「全球最大的五家公司有三家是中國企業（中石化集團、國家電網、中國石油），而中國的最大型國有企業在許多最關鍵的戰略產業中居市場主導地位，從能源、航運以至稀土皆如此。」[12] 中國的國有企業，已經在全球市場上發揮巨大的影響力。事實上，背後強硬、有效地在對中國國企進行政治控制的，是中國政府。

世界上沒有其他國家像中國一樣，如此密切地打造其國有企業，去參與國內和國際的經濟活動。這也讓中國在其他國家中取得戰略競爭優勢——因為其他家的國企，並沒有參與在絕大多數的經濟活動中，或是沒有在市場中扮演這麼吃重的角色。中國對國有企業和向外發展型企業的寬鬆規定，賦予它們有利的條件。《反壟斷法》培育中國巨型國企和其他私營公司，使它們有能力參與國際市場競爭，《反壟斷法》在這方面產生的作用，對公平的競爭環境極為不利。

## ◆以華為vs高通為例

中國二〇一五年宣布了著名的「中國製造二〇二五」計畫，計畫中指出十個產業，中國銳意要在二〇二五年前在這十個產業中發展出世界領先的企業。十個產業中，引發最多關注和爭議的，應該就是電訊業。爭議的原因，主要是美國二〇一八至二〇二〇年間宣布的大部分實體清單制裁，都是針對電訊業。美國的制裁目標包括中國企業中興通訊、華為，以及許多供應零組件給這些公司的廠商。在未來的電訊業，例如5G、6G和消費電子業務方面，一般認為華為是領先的中國業者。[13]但是，美國或歐洲方面卻很難找到一家像華為這樣的典型電訊公司，因為在歐美，電訊業是非常分散的。例如，在美國，如果我們真的要找一家與華為競爭的公司，那可能就是高通。

高通基本上是一家晶片設計和軟體公司，其業務僅為電訊業的一小部分。那些晶片和軟體安裝在基地台、終端裝置如智慧型手機或平板電腦，以及Wi-Fi和衛星設備，使得這些設備能夠通訊。在美國，或甚至是美國加上歐盟，終端裝置、衛星、消費電子產品，和基地台，是由多家不同公司製造，例如蘋果、摩托羅拉、愛立信，以及軌道科學公司。此外，上述公司中沒有一家提供雲端服務。但是，我們看華為公司的網站，「華為什麼都有」（見圖六・一），從晶片設計到晶片製造，再到終端裝置、雲端、資料管理，甚至基地台產品，都是華為的業務。在電訊業，這是複雜的垂直整合和水平整合的典型案例。

華為這種垂直和水平整合，理論上可以提高營運效率。例如，一種新的晶片設計是否有問題，可以由同集團的公司輕鬆完成測試，若是真的發現問題，也可以更有效率地完成修正。此外，這種整合還可以使集團的裝置和基地台產品在與（國內或國外）其他公司的產品競爭時，取得有利的地位，然而這樣的做法，違反了反托拉斯法的精神。

例如，在美國，高通、蘋果、摩托羅拉和軌道科學公司合併，是難以想像的事。事實上，

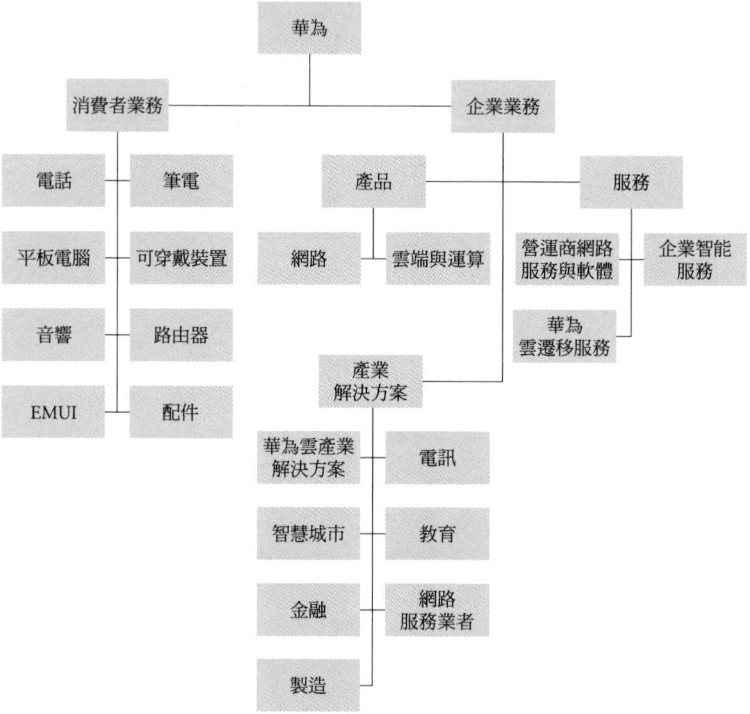


**圖 6.1　華為的資訊通訊技術垂直與水平整合圖**

資料來源：www.huawei.com/en/

即使這些企業向聯邦交易委員會提出合併申請，也不可能獲得批准。撇開可能存在的國家安全問題，5G或6G的競爭，實際上就是一體化的華為與至少六家獨立的歐美公司之間的競爭。這個例子說明了，如果忽略反托拉斯法對國際競爭的影響，就必須面對不公平的競爭環境。簡而言之，美國或歐盟的反托拉斯法根本無法處理來自一家高度整合（包括垂直和水平整合）的外國公司的不公平競爭。根據WTO的規則，只要美國和歐盟承諾對其他國家開放電訊服務業，美國和歐盟就不能拒絕來自華為的競爭。

近年來，有許多批評聲浪針對美國最大的三家網路相關企業——臉書、Google和亞馬遜——的壟斷地位。吳修銘指出，一家企業如果太大，就會破壞制衡原則和整體政治平衡（Wu, 2018）。然而諷刺的是，有很多人指責亞馬遜的壟斷地位，但在電子商務方面，壟斷地位更強更大的阿里巴巴，受到的責難反而比較少。很多學者仍視反托拉斯法為一種「國內」法，而忽略了國際競爭中立的面向同樣值得重視。

## 我們需要一個全新的框架，來確保競爭中立

### ◆中國《反壟斷法》所帶來的惡劣影響

反托拉斯法的設計和應用，原本是為了消除不良的反競爭行為。但當反托拉斯法本身變得反競爭，就會有各種後果衍生。站在競爭者的角度來看，很顯然其結果就是中國的國有企業受到了保護、獲得了人為的競爭優勢，外國企業則受到了歧視。站在國家的角度來看，中國這種本質上是反競爭的反托拉斯法，也損害了其他國家的經濟利益。利益受損的國家無疑就必須考慮採取一些辦法，來迴避或阻止中國的《反壟斷法》，以及這個法律的惡劣影響。

艾普斯坦警告，萬一其他國家採取類似的立法方式，來抵制或報復像中國《反壟斷法》這樣的法律濫用，將會產生嚴重的風險：

「反壟斷法律的執法如果變得親疏有別，將會造成嚴重的危機，因為理應對付反競爭行為的法律，卻被用來實現它應該要防衛的濫用行為。聯邦交易委員會委員奧豪森直接了當地指出：『有人批評中國正利用其反壟斷法來促進產業政策。』中國令人遺憾的情況證實了，當有國家採取了危險的行為卻不受制衡，這些行為很可能會蔓延到其他國家，

無論其他國家是想模仿中國的做法，或是報復中國的濫用行為。我們所面臨的風險，便是這將會像疾病般快速傳播。其他國家可以抗議這些做法。」（Epstein, 2014, p. 9）

## ◆糾正「不中立」問題，應該「溯及既往」嗎？

就如同前面的解釋，競爭中立原則之所以受到扭曲，是許多種政府干預造成的結果。這些干預包括：進口關稅、政府補貼，以及國內的歧視性法律。目前已經有一些機制，能夠處理這些問題，雖然機制還不夠完備充分。不過，至少已經有人在討論如何改善這些機制。例如，WTO一直在討論如何改革《補貼及平衡措施協定》，以處理政府補貼國有企業和利用國有企業提供補貼的問題。但是，關於反托拉斯法本身造成的反競爭效應，該如何系統性地處理，則還不曾有過任何討論。

有許多選項，可供各國考慮。其一，是採取類似像中國《反壟斷法》的做法，以平衡本國企業與中國企業競爭時的劣勢。但是，這種「奪回一城」（'clawback'）式的做法是不可取的，因為會徹底改變反托拉斯法的本質，和反托拉斯法促進競爭的原有功能。這種「奪回一城」的立法也違反市場導向經濟的精神。

另一個選項是建立一套新的國際規範來管理反托拉斯法。在過去，國際間曾討論是否應該利用WTO的規則處理反競爭行為，以及如何進行。例如，二〇〇一年的《杜哈部長宣言》（Doha Ministerial Declaration）第二十三段寫道：

「我們認知到，需要建立一個多邊框架，來增進競爭政策對國際貿易與發展的貢獻，以及有需要強化這個領域的技術援助和能力建設（如同在第二十四段提到的），我們同意，只要在第五屆部長級會議中對協商方法達成明確共識而作出決定，我們將會在第五居部長級會議之後進行談判。」[14]

在《杜哈宣言》之後，WTO會員成立了一個工作組，以釐清「一些核心原則，包括公開透明、非歧視、程序公平，以及有關『惡性』壟斷聯盟（“hardcore” cartels，意即公司組成的團體秘密合謀制定價格）的規定；對於WTO會員政府之間，在競爭政策上所達成自願的合作，該如何處理的方式；為開發中國家提供支持，幫助它們建設需要的能力，逐步加強這些國家中的競爭機構。」[15]更進一步說，各國曾經討論過是否要締結有關競爭政策的WTO協定。[16]但後來，WTO會員之間沒有達成共識，未繼續談判。在WTO之下締結多邊協定的構想，最終沒有產生任何具體結果。

我們並不是要主張重啟一輪談判，來達成對競爭政策的多邊協定，以便處理私營企業的各種反競爭行為。我們是要請各國注意到，中國的反托拉斯法本身產生的扭曲效應，並建議各國一起努力處理這問題。我們也期待，在多邊貿易的層面上，有一些制定一套規範的適當提案會被提出。

對於這種多邊規範，各國成員應該要求各方的反托拉斯法遵循競爭中立原則。這套多邊規範可以是建立在WTO內部，也可以是在外部。但是，過去二十六年的歷史經驗顯示，在WTO的架構之下談判和締結新協定，難度非常高。因此，最好是在WTO以外，來建立這種多邊的規範。具體而言，這種規範必須要求反托拉斯法的制定和應用，應遵循所有權和國籍中立原則，以確保競爭中立，為本國和外國企業維持公平的競爭環境。這種多邊協定納入越多國家越好，因為這樣才可能確保多數國家的反托拉斯法遵循競爭中立原則，同時盡可能縮小未參與協定的國家造成漏洞。

此外，多邊協定可以納入一些集體措施，以處理未參與的國家相關的問題，特別是當這些國家的反托拉斯法本身是反競爭的、歧視外國公司和偏袒本國的國有企業。

最後，我們也建議，這種多邊規則應該「往回追溯」，處理已經發生的反托拉斯法違反競爭中立原則所造成的不公平問題。因為，即使現在真的有一套多邊規範要求各方的反托拉斯法確保競爭中立，也只能從現在「著眼未來」地確保未來的競爭環境公平。如果不特地制定具體方案，將無法糾正現有反托拉斯法違反競爭中立原則，已經造成的既有不公平問題。

例如，正如我們在本章指出，華為已經完成了水平和垂直整合，成為一家無法控制的巨型公司，並且能夠參與國際間的電訊服務競爭。

而出現這種結果的部分原因，正是因為中國沒有積極執行《反壟斷法》，以防止市場壟斷。即使從現在起有一套規範要求各國的反托拉斯法確保競爭中立，而中國也受約束，華為仍將坐擁中國過往《反壟斷法》違反競爭中立原則帶給它的不公平優勢。我們認為，上述的多邊規則必須建立一種機制，能夠「往回追溯」，去糾正一些國家從過去以來違反競爭中立原則的反托拉斯法所造成的結構性和系統性不公平。

## 結論

在這個全球化的時代，不是只有企業之間彼此互相競爭，各國如何制定國內的法律，也會對本國和外國企業的商業活動造成重大影響。當然，各國擁有主權，可以決定自身法律的內容。但是，如果一個國家制定的法律，系統性地偏袒本國企業和歧視外國企業，就會產生嚴重的問題。

一個國家利用其反托拉斯法給予本國企業重要優惠，或佔其他國家的企業便宜，程度大到足以導致全球市場競爭扭曲，這是我們不希望看到的情況。原因非常清楚。反托拉斯法的原意是為了確保市場存在適當的競爭。反托拉斯法不是一種為本國公司以及國有企業提供特殊優待，或歧視外國企業、佔外國企業便宜的手段。

我們認為，世界有需要建立一套多邊規範，要求各國反托拉斯法的制定和應用遵循所有權和國籍中立原則，來確保競爭中立，維護一個對本國和外國企業而言公平的競爭環境。而且非常重要的是，這種多邊規則必須有一種機制來「往回追溯」糾正過去的反托拉斯法違反競爭中立原則所造成的結構性和系統性不公平。我們希望我們的論點能夠成為這種倡議的基礎。

# 第七章　跨國併購管制

國家資本主義問題

# 前言

當一家外國企業要進入另一個國家的市場時，經常會採用跨國併購的手段。除了開拓新市場，外國企業跨國併購可能還有取得當地資源、吸收競爭對手，或從被收購公司取得重要的技術和商業 know-how 等目的。[1]

外國企業的併購交易可能會受到反托拉斯法和外國投資審查的管制。傳統上，與跨國併購有關的反托拉斯管制和投資審查，聚焦在市場結構和競爭效應。但是，過去數十年間，中國奉行黨國資本主義，利用它的國有企業和大規模補貼政策，在國外收購關鍵領域或掌握關鍵技術的公司。對地主國而言，這樣的併購行為考驗著許多國家的監理架構，也引起國家安全的疑慮。雖然跨國併購而引起的國家安全焦慮並不是新鮮事，已經存在了數十年（Malawer, 2006），但近年這個問題變得更加嚴重和關鍵。

反托拉斯法和外國投資審查，原本是基於市場經濟原則而設計的。此等審查如今若不引入新機制，已經不足以有效處理安全問題。雖然在過去反托拉斯法的執行上也不時有國家安全相關的問題浮現，但國家安全從來沒有在系統性的框架中被妥善考量，而只是零星碰觸到而已。但面對中國的黨國資本主義，許多國家現在所面臨的國家安全疑慮，已經和過去那些零星案例中出現的情形大不相同。

當前的問題，牽涉到某些外國投資會對市場經濟的運作產生系統性的影響（例如，有國家大量利用國有企業和政府補貼的資本，去收購其他國家的企業），以及這些外國投資會對開放的經濟和社會體制從根本上造成負面的影響（例如，這些外國投資者或是他們的母國政府投資的對象是媒體，但是該母國的政府會對媒體進行嚴格的控制），因此情況比從前更令人擔憂。當前監理改革的新趨勢，是要在跨國投資的審查中，將國家安全因素也納入考慮。剩下的問題在於：僅在外國投資審查中納入國家安全因素，是否就已經足夠了？還是在反托拉斯的執法中，也應該系統地考慮這些因素？在這方面，根本問題是必須處理「在國家安全的要求，與開放的外國投資政策之間，所存在的矛盾衝突」（Byrne, 2006, p. 850）。

因應這些問題，本章將討論外商的直接投資（Foreign direct investment, FDI，以下簡稱「外資」）對極權國家和對民主國家而言，兩者有什麼不同？為什麼相關企業進行跨國併購時，外國的國有企業、外國的補貼資本、某些產業被外國佔有，以及特定新技術被外國所掌控等，會對國家的安全構成威脅？為什麼反托拉斯法和投資法在應對這些威脅方面，可以扮演關鍵的角色？它們的作用可以發揮到什麼程度，兩種法律之間又可以形成怎樣的互補？

在此要先釐清：我們絕不是主張把反托拉斯法改造成國安法律。事實上，反托拉斯法必須繼續發揮它原本的功能，必須作為一種經濟規範，去防範在跨國併購中出現扭曲市場的效應，並且確保這些併購對經濟產生正面的貢獻。但我們認為，某些國家大規模利用國有企業，並對收購外國企業提供壓倒性的資本補貼時，將使得某些具敵意的國家政府能以商業活動為掩護，取得關鍵產業和新技術，如果不能降低國家安全方面的風險，便有可能會在安全面上對經濟產生重大的負面衝擊。因此，我們認為有十足的理由，應該在購併審查中加入對國家安全因素的系統化分析。

## 經濟結構差異所導致的國家安全風險

### ◆黨國資本主義 vs 市場導向經濟

世上有各種不同的經濟體制。許多國家的經濟運作，是基於自由市場的概念。在這些國家，市場基於供給和需求而運作。雖然政府還是會在一定程度上介入，但基本上會傾向避免系統地干預市場運作。在這種市場中，反托拉斯法的角色非常重要，用來確保市場上存在足夠的競爭，以及公平的交易機會。另一方面，某些其他國家採用計劃經濟體制（command economy system）來控制大部分的資源和產業。而國有企業正是這些國家用來控制資源和產業的工具。

以中國為例，本書第六章提到，在最近幾十年中，中國已然建立起數量龐大的巨型國有企業，躋身全球最大企業的行列。我們將會說明，中國的這種策略已經從根本上結構性地改變了市場經濟的運作方式，其目標是為了要永久主宰市場。這也是其他國家越來越擔心國家安全遭受威脅的原因之一。以下評論非常清楚地指出了這個問題：[2]

> 雖然有些技術、產業、基礎設施、資源和企業，對國家非常重要，但美國政府通常不會持有所有權，無論是百分百持有，還是策略性持有。美國的電訊基礎設施完全掌握在私營部門手上；我們主要的國防和太空供應商是股票公開交易的公司，而不是由政府擁有的「公共」實體；甚至我們的「國家實驗室」也只是由聯邦政府資助，但主要由私營承包商管理。
>
> 從創新和經濟效率的角度來看，這種模式能夠滿足美國的需要。許多西方民主國家從一九八〇年代開始，也依循美國的成功案例，將許多國有資產私有化，而這種運作持續到二十一世紀……
>
> 一個根植於私有市場所有權原則、強健而充滿活力的經濟，長久以來賦予了我們在世界上的強大力量，同時也帶來源源不絕的技術創新，讓美軍在戰場上取得優勢。但是，這種狀況也使美國有可能比其他國家脆弱，因為我們的國家安全，無論是防禦還是進攻，本質上都更倚賴私營部門……因此，聯邦政府有必要、也有強烈的意願管制與國家安全

有關的商業活動。」

## ◆國家安全問題值得更多關注

市場導向經濟可以產生更好經濟表現的前提是：市場運作沒有受到負面外部干預。如果負面的外部干預危及了國家安全，而國家又沒有建立機制應對這種威脅，則市場導向的經濟體就有可能會變得非常脆弱。大量的外國補貼資本、外國政府對被併購企業或關鍵智慧財產權與技術的控制，會造成不良的市場扭曲，而壓制了市場導向的經濟體。因此，必須要在反托拉斯法和併購法的法律制度下，引入更有力的國家安全審查機制。

民主社會真正認識到，必須建立更有力的國家安全審查機制來處理跨國併購，只是最近幾年的事。民主社會對這個國家安全問題之所以如此後知後覺，有各種原因。其一是很多人很晚才認識到，中國實行的是與西方經濟截然不同的黨國資本主義，並且中國正在持續發展它巨大的資本實力。另一個原因是，在過去，外國投資（無論是經由併購還是其他途徑）主要來自友好的已開發國家，然而在這個全球化的時代，投資有可能來自任何地方。

正如經合組織的一份報告中指出：

「在過去的幾十年，大多數國家都有一定的機制安排，會去審查、評估、處理特定外資所帶來的國家安全風險。但是，由於過去的國際投資主要發生在友好國家之間，而且過去外資對GDP的比率遠低於今天（一九九〇年僅為七％，現在約為四〇％），過往的機制所能夠負擔處理的外資金額很可能相對不高。同時，在大多數的國家中，這些審查機制也沒有受到特別多的關注。」[3]

另一個使得問題在今天變得更加複雜的原因，是因為在全球化的時代，某些普遍適用於所有國家的國際標準變得越來越重要。以電訊為例，5G或6G標準涉及核心晶片的設計和基地台設施。一旦某個標準獲採用，全球就都需要購置根據該標準生產的晶片和設施，而這意味著豐厚的利潤。此外，電訊技術的發展與精準衛星定位有關，因此有可能被用在間諜活動、飛彈導向上。國家安全上的顧慮也就非常明顯了。

審查國際併購活動必須考慮國家安全因素，以當前的世界局勢，這個問題顯然值得我們更加關心。但是，在此必須釐清的是，在跨國併購的投資審查中建立更有力的國家安全審查機制，並不意味著我們要改變市場經濟。相反地，我們可以藉由防止跨國併購對經濟體制造成根本威脅，尤其是防止來自黨國資本主義的威脅，來強化市場經濟。

## 不同的外資模式——案例說明

引用一些實際的案例，可以幫助說明來自中國的外資、與來自民主國家的外資在模式上的差異。我們將以民主國家對中國的幾個大型外國投資為例，並介紹中國對其他國家的巨型投資——一帶一路倡議（BRI, the Belt and Road Initiative）。從這些例子中，我們可以看到雙方在對投資策略上的鮮明差異。

### ◆民主國家對中國的投資[4]

我們從最新的例子說起。全球最大的晶片製造商、總部設在台灣的台積電，二〇二一年宣布將投資二百一十億美元，擴大它在中國南京的工廠產能。台積電南京廠使用十二奈米技術，生產主要用於車輛的晶片，而台積電在台灣則使用最先進的三奈米技術，生產用於先進資訊通訊產品的晶片。

奧迪是在中國的最大德國汽車製造商，奧迪二〇二一年初宣布，將與中國第一汽車集團合作生產電動車。這個合作計畫預計將於二〇二四年投入生產，是外國公司（而不是中國合作夥伴）第一次在合資企業中持有多數股份（六〇％）。此外，雖然美中關係日益緊張，但除了奧迪，賓士和寶馬這兩家德國車廠在中國也有大量投資。這三家大型德國車廠在中國的銷售額占其全球總銷售額三〇％至四〇％，而這也是三大德國車廠一直非常積極在中國投資的原因。除了德國車廠，日本豐田也與天津一汽集團合作，投資十二億美元在電動車生產上。

近年來，美國企業對中國的投資已明顯放緩，尤其是在川普總統任內美中緊張局勢升級之後。美國製造商奇異（GE）最近的一項重大投資已經是二〇一〇年的事情了。當時，奇異宣布將在中國投資二十億美元以促進創新和提升客戶服務。福特汽車最近的投資是在二〇一五年，其目標是建立研發能力。特斯拉則在二〇一八年宣布，計劃投資五十億美元建設其中國工廠。特斯拉表示，這個計畫是因應美中貿易戰，因為這項投資可以使特斯拉免受中國針對美國商品提高關稅的影響。

一般而言，歐洲公司對中國的外資比較不受近年美中關係緊張影響。尤其汽車製造業是個特別極端的例子，一來因為中國是全球最大的汽車市場，二來也因為歐洲的機械工程比較不仰賴美國技術，因此美國的「實體清單」管制無法對歐洲汽車業產生影響。汽車製造業也比較少涉及敏感的資訊技術，而這些技術主要是由美國公司主導的。以上大致說明了在中國的外資產業光譜。

## ◆中國的一帶一路倡議[5]

最典型的中國對外投資無疑是一帶一路計畫。一帶一路計畫是在二〇一三年由習近平宣布，由總理李克強推動。「一帶」是指絲綢之路經濟帶，而「一路」是二十一世紀海上絲路的簡稱，涵蓋印度太平洋海上航線。

一帶一路計畫估計每年需要九千億美元投資於亞洲（不包括中國）的基礎設施，遠遠超過前述從民主國家流入中國的外資。一帶一路計畫的融資，主要是經由亞洲基礎設施投資銀行（亞投行，Asian Infrastucture-related Investment Bank，縮寫為ＡＩＩＢ）安排。截至二〇一五年，中國已經宣布規劃中或建設中的基礎設施專案投資額超過一千六百億美元。已投資的基礎設施項目包括港口、摩天大樓、鐵路、公路、機場、水壩、火力發電廠、鐵路隧道，以及「軟」基礎設施，例如人才庫和技術資料庫的協調。一帶一路計畫啟動後不久，中國已成為全球最大的放款人。這些放款通常有抵押品作為擔保，例如採礦權、港口或資金。

一帶一路計畫的領導人是張高麗，他是中共政治局七名常委之一，另有四名重量級政治人物擔任該計畫的副領導人。一帶一路計畫的指導委員會直接向中國國務院報告。該計畫預計於二〇四九年結束，屆時剛好是中華人民共和國成立一百週年。

有不少國家積極參與一帶一路計畫。在亞洲，這些國家包括哈薩克、巴基斯坦、印尼、新加坡、寮國、馬來西亞和緬甸。在非洲，包括肯亞、奈及利亞、南蘇丹、衣索比亞、埃及、坦尚尼亞、迦納和尚比亞。在歐洲，積極的參與者有義大利和希臘。此外，俄羅斯和中國發起了冰上絲路計畫，希望促進北極地區的發展，補充一帶一路計畫之不足。

## ◆投資模式的比較

基於以上所述，我們可以看出民主國家對中國投資，與中國對外投資模式的差異。首先，在民主國家，因為企業大多是私營的，其對外的投資決策基本上是商業決定：公司希望藉由這種對外投資，盡可能降低成本或提高收入。至於在中國，因為大部分的國有企業由共產黨或政府所控制，它們對外投資的指導原則幾乎都是政治性的。一帶一路計畫是個極端的例子，其投資額大得驚人，所有的決策與掌舵方向都是政治導向，而且受政治控制。

第二，來自民主國家的外資，在中國投資時往往是出於具體的經濟目的，例如擴大工廠產能，或是加強研發；而來自中國的對外投資，則多數是投資在基礎建設，這通常是個別企業不會投資的標的。事實上，中國的一帶一路計畫等於是在扮演世界銀行或國際貨幣基金組織的角色——這兩家機構的角色是促進各國的基礎建設；「一帶一路」這個詞，只是對於世界上接收中國資金國家的地理描述。一帶一路計畫與傳統世界銀行貸款之間的差別在於貸款背後的抵押品。在一帶一路計畫之下，無力償還貸款可能導致貸款國的資產被沒收，例如斯里蘭卡的赫班托達港（Hambantota Port）現在就成為了中國的殖民地。

第三，根據克里斯汀生（Christensen）等人提出的分析框架（Christensen et al., 2019），我們可以說，民主國家對中國的投資多數是需求拉動的（demand-pulled），也就是這種投資是受真實的商業需求驅動；中國對外的投資則多數是供給推動的（supply-pulled），也就是那些基礎建設投資是政府由上而下決定的。在前一種情況下，政府的角色僅限於在當有投資者要求援助時，回應投資者的要求；在後一種情況下，雙方的政府（中國與地主國）是關鍵參與者，而地主國對於基礎設施有多少需求，充其量僅是一種估計值。因為這種投資是由上而下決定的，公民和私營部門既很少參與，也很少被告知內情。國內的反對有時會轉變成對外國的敵視。

第四，由於一帶一路計畫的指導委員會和領導人都是中國政壇的重量級人物，我們很難想像這些投資沒有政治目的。因此一帶一路計畫在美國、印度和其他幾個敏感國家引發反對的聲浪。美國一些學者認為，一帶一路是個債務陷阱，也是新帝國主義的證據，是中國為了對外擴大其影響力而推動的計畫。當投資被看作是中國為了擴展其外交影響力而採取的政治手段，這些計畫就令人從根本上起疑。這也是為什麼對外資的審查，尤其是針對來自中國的投資，現在會受到越來越多政治上的監督，我們接下來將進一步闡述這一點。

## 與併購有關的國家安全風險

不同的國家就界定國家安全風險可能會有不同的標準。在本章的討論中，除了前面提到的與國家安全顯然有直接關係的商業領域（例如5G或6G），我們還將指出四個主要方面，是最有可能在跨國併購中衍生嚴重的國家安全風險。這四個方面包括：壓倒性的資本補貼、大規模和戰略性利用國有企業收購外國企業、關鍵的基礎設施、以及關鍵的新技術落入不友善國家的企業手中的可能性。這四個必須關切的方面彼此之間互有關聯：當外國國有企業獲得大量政府補貼、使之獲得巨大的能力、得以收購本國的關鍵基礎設施或關鍵技術時，這些議題便相互交纏影響。

### ◆中國國企造成的國家安全問題

事實上，市場經濟體和非市場經濟體都有國有企業。國有企業本身不是問題。許多國家創建國有企業是為了提供公共財（例如國防）和殊價財（例如公共衛生和教育），或增加人民獲得公共服務的機會。創建國有企業也可能是因為相關市場不完善或無法滿足關鍵的社會需求。[6]這些都是建立國有企業的正面目的。

但是，如果一個國家的國有企業，在國家的層面上有系統、且大規模地規劃和執行海外活動，這些活動就可能會對海外國家造成令人擔憂的問題。如前所述，中國建立了大量的國有企業，不只是在國內從事經濟活動，還積極進入全球市場。這點從根本上改變了市場經濟的運作；國家資本主義已經成了中國的政策。例如，中國總理李克強在二〇一八年宣布「中國製造二〇二五」計畫，計畫目標是幫助許多中國國企更有效地參與海外市場競爭，提高中國國企在高端產業的出口能力。[7]

國家資本主義激起了廣泛的關切。經合組織的一份報告就列舉出了中國國企大規模、外向性的發展：

> 海外活動可能涉及國家層級的設計。例如在中國，中國的國有企業主要藉由對外投資完成國際化，是在二〇〇〇年中央委員會的「走出去戰略」中決定的。除了取得資源，該戰略的核心目標還包括：一、藉由取得高科技、know how和品牌力量來建立競爭力；二、增加對海外生產的倚賴，而不是直接出口。」[8]

一個外國的政府如果有系統、且大規模地推動其國有企業在其他國家收購資產和投資，實際上就是利用其國有企業在母國創建起來的市場地位，而在市場導向的經濟體中，以極大規模地從事不公平競爭，甚至去控制或主宰關鍵的產業或技術。市場經濟國家的法律制度不能忽視這種戰略性、壓制性外拓型的國有企業運作方式。

此外，外國國有企業在本地市場的投資和營運也涉及國家安全問題，因為國有企業往往在其母國肩負經濟以外的政策角色。美國國會關於美中經濟與安全審查委員會在二〇一二年一場公開聽證會的記錄中寫道：

> 由於中國的國有企業「經常充當中國的外交政策工具」，這些國企在美國市場的投資和營運也引發國家安全和其他戰略層面的關切。這些國有企業的主要動機往往不只是經濟的，而是還要幫助達成政府的目標，無論政府的目標是取得先進技術、確保原物料供給無虞、最大化生產輸出，還是發揮地緣政治影響力。[9]

## ◆政府補貼所造成的國家安全問題

政府補貼的定義是：由一國政府或是其他公共機構所提供的財務補助，其補助形式包括直接資金移轉（例如提供補助金、貸款，或投入股本）；潛在的直接資金或債務移轉（例如提供貸款擔保）；原本應該繳給政府的收入，政府放棄或不收取（例如提供租稅抵減之類的財政獎勵）；政府提供一般基礎設施之外的商品或服務給企業，或是由政府購買商品；政府向某企業進行注資，或委託或指示民營機構執行上述一項或多項操作。[10]

外國政府補貼的問題和國有企業緊密連結在一起。例如，據報導，中國的國有企業，或由國家控制的企業，常獲得鉅額的政府補貼。[11]無論是外國政府對這些企業的控制，或是外國政府對這些企業的補貼，都會造成地主國國家安全威脅。不過，還有一種可能是私營企業也得到巨額補貼，使這些表面私營、實際上有政府支援的企業能夠不公平地進入另一個國家的市場，收購當地企業並危及地主國的國家安全。

政府補貼不只可以支持商品或服務的銷售，進而扭曲商品或服務的國際貿易（這種扭曲一般是由WTO《補貼及平衡措施協定》中的補貼規則處理），還可以戰略性地用於幫助收購重要企業，或是在地主國中挹注企業營運所需要的各種支持。站在個別企業的角度，政府補貼無疑會扭曲投資決策。在地的中小企業無法與獲得政府大量補貼的外國公司競爭，因此會被擠出市場。但從更高的層次上來看，外國政府的鉅額補貼也可能導致整體經濟結構發生質變，影響市場的運作。值得擔憂的並不僅是個別交易的公平性受到威脅，而是外國的補貼資本已經對市場經濟整體造成了威脅。

中國補貼資本的問題在二〇〇〇年代初期浮上檯面，當時「中國海洋石油集團有限公司（簡稱『中海油』」），競購美國石油公司優尼科（Unocal），導致美國方面相當緊張。中方的對手、也是最終成功收購優尼科的公司雪佛龍堅決主張，中海油是因為有中國政府的資本補貼，才能夠開出高到不合理的價格來競標優尼科。」[12]此外，前述的美國國會關於美中經濟與安全審查委員會二〇一二年一場公開聽證會的記錄寫道：

> 從中國的再生能源製造業，可以看出中國國家資本主義和政府的補貼發揮作用後的效果。過去十年間，中國的太陽能製造業以驚人的速度擴張。二〇〇八年，「中國成為世界上最大的太陽能電池板生產國，出貨量約占全球三分之一。」二〇〇九、二〇一〇，中國保持作為世界最大太陽能電池板生產國的地位，且在二〇一〇年全球市占率首度超過一半。這種空前快速的擴張是中國政府支持其太陽能製造業的直接結果，支持的方式包括對該產業提供極大範圍、極高額度的補貼。[13]

近年歐盟已經開始注意到關於外國補貼監理上不足、存在斷層的問題，特別是在以下方面：「外國補貼扭曲歐盟內部市場，影響在歐盟從事活動的經濟個體常態市場運營；購併歐盟企業；公共採購程序；以及會影響獲得歐盟資金支持的外國補貼。」[14]由此可見，外國補貼是引起國家安全問題的關鍵因素之一。

## ◆外國擁有／控制特定產業部門，所造成的國家安全問題

涉及重大國家安全利益的產業部門包括：特定的國家基礎設施產業部門、能夠取得敏感資料的產業部門，以及對保護自由和多元化至關重要的媒體產業部門。

在基礎設施方面，以英國為例，英國當局認為有十三個領域的國家基礎設施產業涉及國家安全利益，包括化學品、民用核能、通訊、國防、緊急服務、能源、金融、食品、政府、醫療衛生、太空、運輸和水。[15]英國政府認為，進入接觸（例如進入企業，接觸實物資產、人員、業務或資料）機會的增加與間諜能力的提高，有更多機會從事擾亂或破壞的行動，或是增強擾亂破壞行動的衝擊，以及有能力利用投資指揮或改變服務，或利用所有權、控制權不當地影響其他談判，以上種種全都構成國家安全風險。當上述領域基礎設施的所有權以及控制權被外國投資者掌握，就會提高國家安全風險。[16]

至於能夠取得敏感資料的部門，不同國家對於哪些領域的資料應被認定為敏感，分類很可能各不相同。以美國為例，美國外國投資委員會（Committee on Foreign Investment in the United States, CFIUS，以下簡稱「外投會」）自二〇二〇年十月十五日起已經按照聯邦法規將敏感的個人資料視為戰略資產。事實上，在此之前，美國外投會就已經阻止螞蟻金融服務集團（中國一家金融科技公司，阿里巴巴的關係企業）收購速匯金國際公司（MoneyGram

International，美國一家提供匯款服務的公司），「據稱是因為擔心中國政府將經由螞蟻金服，取得速匯金所掌握的美國民眾財務資料。」[17]新規則賦予外投會更大的權力，若是認定會造成敏感資料洩漏（例如有可能洩露位置資料、生物識別資料、健康資料、財務資料等等）而存在國家安全風險，可以行使權力「暫停、修改或禁止外國在美國的投資」，或是「強制要求出售已經完成收購交易的資產」。[18]

對許多國家來說，從國家安全角度而言，訊息傳輸管道（transmission channels）也是極為關鍵的部門。經合組織的一份報告解釋了近年訊息傳輸管道的演變，這些演變與國家安全遭受威脅的方式息息相關：

> 傳統上，國家安全的考量主要是擔心破壞和間諜活動，尤其因為在過去，國防資產與戰略位置上的房屋和土地，是最主要必須保護的關鍵資產。後來，歷經私有化，關鍵基礎設施的資產有可能被外國人收購，此時便明顯有了多一重的風險，即基礎設施有可能被擾亂、扣押而無法取得使用。有些國家更擔憂，在關鍵基礎設施的部門之外，還有供應鏈被擾亂的風險。而由於擔憂資料、know how、敏感個人資料被洩漏或惡意操弄和竄改，近期科技資產持有或產生個人資料的企業也都被包含到與國家安全有關的政策中。[19]〔畫線為本書作者所加，以示強調〕

在有關媒體產業部門方面，媒體對於保護民主國家的自由和多元至關重要。民主社會普遍認為：「媒體自由與多元性，位居所有民主政治的核心。民主社會尊重編輯的獨立自主、思想的自由流通，大眾可以接觸廣泛的資訊來源和觀點。」[20]「沒有自由表達的權利，沒有自由、獨立和多元化的媒體，就沒有真正的民主。」[21]因此，保障、保護媒體部門的自由和多元化，牽涉到重大的國家安全利益。如果本國的媒體被受外國政府控制的企業收購，導致媒體及其發布的觀點直接或間接被外國政府影響或控制，危及媒體的自由和多元化，結果將令人不樂見。

有時候，某些產業部門本身看起來與國家安全沒什麼關係（例如風力發電場），但當與其他因素結合在一起時，這個部門也可能會變得在國家安全上高度敏感。有一個例子正是外國在風力發電上的投資計畫，因為與一個敏感地點結合在一起而引起的關注，這就是中國在德州的藍山風電場（Blue Hills Wind）投資計畫。這個風電場位置很靠近德州德利奧市（Del Rio）的勞夫林空軍基地（Laughlin Air Force Base）。勞夫林空軍基地早在一九四三年就開始訓練空軍飛行員，現在是美國空軍最大的飛行員訓練基地。因為這個空軍基地對美國國家安全非常重要，而由中國控制的公司所擁有的風電場又將蓋在離空軍基地非常近的地方，從那裡蒐集資料將會非常容易，因此被稱為「最大的國家安全隱憂」。[22]中國的藍山風電場投資案雖然通過了美國外投會的審查，但卻激起德州制定《孤星基礎設施保護法》（Lone Star Infrastructure Protection Act），禁止與中國、伊朗、北韓、俄羅斯，或任何被德州州長認定為會對德州基礎設施造成威脅的國家的企業或政府官員簽訂合約。[23]

## ◆外國對關鍵技術的所有權／控制權造成的國家安全問題

許多智慧財產的權利，構成了關鍵技術的基礎。因此，關鍵技術與IP（智慧財產）關係密切。在本章中將一併討論。

外國公司取得智慧財產權和技術的方法有很多，包括收購智慧財產權，或是經由授權取得智慧財產權，以及收購持有智慧財產權的公司。併購也是外國公司取得關鍵智慧財產權和技術的常用方法。

智慧財產權和技術，例如先進技術、軍民兩用技術（也就是在民間用途與軍事用途上都可以使用的技術）與網路技術，對於確保國家安全可能極度有價值，有時甚至是至關重要。近年來，智慧財產權和技術在國家安全問題上受到越來越多的關注。5G通訊產業便是一個例子。5G可以減少通訊延遲，並且可以容許同時連接更多智慧型裝置。站在美國的角度，5G之所以對國家安全非常重要主要有兩個原因，其一是「5G將在全球經濟成長和技術發展中發揮重要作用」，其二是5G對「保護美國和盟國的網路免受網路威脅損害」非常重要，因為5G可以「在美國和盟國遭受中國和其他競爭國家的間諜活動時，縮減網路通訊的漏洞」。[24]

以下是一則關鍵技術影響國安的案例。馬達西奇（Motor Sich）是一家生產航空引擎的烏克蘭公司，所生產的引擎被運用在各種各樣用途的飛行器上，包括直升機。[25]馬達西奇的引擎可用在民航、貨運和軍用飛機，甚至可用於巡航導彈和無人機。據報導，中國從二〇〇九年開始致力收購馬達西奇。從二〇〇九年以後，某些中國公司持續買進馬達西奇的股票，目的是取得「對中國軍方具戰略意義的軍民兩用技術」。二〇一六年，中國若干實體從馬達西奇董事長手上買下該公司五六%的股份，據報導，到了二〇二一年，馬達西奇約七五%的股份由中國人持有。[26]最終，中國公司天驕航空（Skyrizon Aviation）成為馬達西奇的最大股東，而天驕航空由中國大亨王靖控制。據報導，王靖是「出了名地能夠帶頭將中國的商業冒險引入那些高層貪污、且與中國有強大軍事連結的開發中國家的商人」，王靖曾宣誓「為中國的國家利益服務，用他的公司擴大中國的全球影響力。」[27]

美國商務部二〇二一年一月十四日宣布，天驕航空「與中華人民共和國及人民解放軍關係密切」，而該公司「正積極尋求取得智慧財產權和技術，以提升足以威脅美國國家安全的關鍵軍事能力，包括開發、生產或維修軍用物品的能力，例如飛機引擎、衛星和巡航導彈」。

美國商務部進一步指出，「天驕航空在烏克蘭的掠奪性投資和技術收購，由於相關技術很有可能被轉用到中華人民共和國的軍事用途上，因此已經是不可接受的風險。」[28]

根據報導，「天驕航空已經開始從烏克蘭工廠將技術移轉到在中國新建的工廠。但是天驕航空收購馬達西奇的計畫並未獲得烏克蘭監理機關的批准。二〇一七年，在烏克蘭國家安全局採取法律行動和展開調查之後，烏克蘭法院凍結了馬達西奇的股份，引述指出有『外國公司……意圖要將該公司的資產和產能轉移到烏克蘭境外。』」[29]

二〇二一年三月，烏克蘭基於國家安全考量，決定將馬達西奇收歸國有，以防止該公司落入中國手中。[30]

另一個例子是人工智慧（AI）技術。AI這個領域主要是在打造智慧機器，來從事超越人類智能的任務。這是最近迅速發展的技術領域，對國家安全有非常重要的意義，也會對國家安全產生潛在的衝擊。例如美國國會研究處（US Congressional Research Service）的一份報告引用了一個實際案例，是關於美國因為考慮到AI發展而阻止了一樁跨國併購：

「尤其值得注意的是，據報導，中國政府正積極尋求在美國投資AI的機會。在涉及中國公司的半導體產業交易越來越受關注之際，川普總統二〇一七年九月根據外國投資委員會的建議，阻止一家中國公司收購萊迪思半導體（Lattice Semiconductor）——這家公司生產的晶片對ＡＩ技術至關重要。」

該報告還解釋，ＡＩ之所以可能造成國家安全威脅，是因為ＡＩ容易受到惡意操縱：「ＡＩ演算法很容易受到偏見、剽竊和操縱的影響，特別是在訓練人工智慧的資料集沒有被妥善規劃篩選與保護的情況下。」此外，ＡＩ的用途廣泛，使它對國家安全十分重要：「ＡＩ已經被整合到情報、監視和偵察方面的用途，以及被應用在物流、網路空間作業、資訊作業、指揮與管制、半自動和自動駕駛車輛，以及致命自動武器系統上。」[31]有關ＡＩ在社群媒體中造成的問題，本書第四章已有進一步的討論。

許多關鍵技術是由大型企業、通常是上市公司所擁有。但是，一如經合組織的報告指出：「創造出先進技術的公司，或是持有、產生敏感個人資料的公司，也有可能是非上市的小企業，有時是成立不久和鮮為人知的公司，而這些小企業的生產項目，對國家安全的重要性並非一開始就顯而易見。」[32]因此，即便是涉及到關鍵技術，外國公司的併購交易也有可能因為被收購的公司規模不大、或併購交易價值不高，而沒有受到仔細的審查。

## 反托拉斯法和國家安全的角色

各國除了各有不同的途徑來識別國家安全風險，也各自採取不同的機制和方法來處理跨國併購所衍生的國家安全風險。理論上，併購可以使合併後的公司在營運方面更有效率，因此可以促進競爭和嘉惠消費者。但是，在現實中，有些併購可能「改變市場動態，導致價格上漲、商品或服務供給減少、品質下降，或創新減少」。[33] 因此，管制不良併購也是反托拉斯法的一個重要部分。接下來我們以一些法域為例，說明利用或不利用反托拉斯法應對國家安全威脅的情況。

### ◆反托拉斯法管制併購

反托拉斯法的基本宗旨是防止可能發生的反競爭行為，因此也適用於管制併購。關於併購的管制，反托拉斯法主要的要求包括：計劃中的併購交易如果達到一定的門檻，就必須向競爭主管機關申報，以提醒主管機關注意併購可能產生的反競爭行為，而主管機關必須根據市場競爭減少的可能後果來審查併購交易。

併購交易達到特定的門檻，就會觸發強制的合併前通報要求。這種門檻的參數和規模因國家而異，參數包括營業額、資產、市占率和交易價值。[34]併購交易必須等待一段時間，或是必須在交易完成前獲得競爭主管機關的批准。

審查併購交易時，競爭主管機關通常會評估，這個併購案是否會明顯地在相關市場中阻礙競爭、或削弱競爭，合併是否會為這家公司創造出左右市場的能力，或是原本已有的這種能力者會持續或增強其能力？例如美國司法部的《水平結合處理原則》（Horizontal Merger Guidelines）如此解釋：[35]

> 這些處理原則有個共同一致的主題，就是不應容許併購交易的結果，為公司創造、增強或鞏固其市場力量（market power），或是幫助其市場力量的行使……在這些處理原則中，以上這些效應被統稱為市場力量的增強。如果一合併案有可能鼓勵一家或多家公司提高價格、減少產出、減少創新，或因為競爭受到限制或誘因減少而導致顧客利益受損，就是這起合併案造成了市場力量增強。在評估一樁併購案將如何改變一家公司的行為時，主管機關主要檢視併購如何影響公司最有利可圖的行為……併購也可能因為導致競爭對手之間更容易產生彼此協調、互相遷就或相互依賴的行為，而增強了業者的市場力量。

## ◆過去反托拉斯法的運作，僅偶爾涉及國家安全

由於反托拉斯政策的核心宗旨是消除反競爭行為，確保消費者享有更好的商品價格和品質以及更廣的選擇，因此在多數的法域中，反托拉斯法其實不會系統性地將國家安全納入考量。然而實際上，在先前的幾件反托拉斯案件中，國家安全問題已經偶爾出現在反托拉斯法的執法中。

以美國的反托拉斯執法為例：早在第一次世界大戰期間，就已經有一個反托拉斯案件涉及國家利益，而當局也利用反托拉斯法處理該案件。戰爭期間的一九一六年，德國特工密謀「擾亂從美國工廠向到德交戰國家的戰爭物資物流」，手段是「擾亂戰爭產業中的勞工（他們實際上成功了），以及計劃轟炸工廠和運輸設施」（O'Keefe, 2020）。由於企業之間的共謀行為有可能違反反托拉斯法，因此屬於反托拉斯執法的範圍。美國政府根據《舒曼法》第一條成功起訴了共謀者們（O'Keefe, 2020），理由是他們的行為限制了貿易。雖然在做成這個決定的背後，確實有競爭法上的考量，但實際上，國家安全才是促成起訴決定的關鍵因素。

一九四〇年，美國公司博士倫（Bausch & Lomb）與德國公司卡爾蔡司（Carl Zeiss）簽訂協議，組成一個獨佔聯盟。根據該協議，博士倫未經卡爾蔡司事先同意，不得在美國境外銷售其產品，而卡爾蔡司未經博士倫同意，亦不得在美國境內銷售其產品。此外，兩家公司

共同努力產生的發明，必須由博士倫在美國為卡爾蔡司申請專利。美國政府認為兩家公司的協議會對生產戰爭物資有不利的影響。美國政府擔憂，美國公司將會不能利用蔡司的專利權生產軍用光學儀器。該案最後用一項協議裁決（consent decree）來解決，裁決指出，博士倫為卡爾蔡司取得的專利完全歸博士倫這家美國公司所有（O'Keefe, 2020）。此案的國家安全問題因此得以解決。

在另一些案例中，國家安全成為支持不執行反托拉斯法的理由。例如，在一九四三年，美國司法部反托拉斯部門主管打算起訴鐵路業者的聯合定價行為，但最後放棄了，因為羅斯福政府認為這個執法不符合美國國家安全上的優先目標（O'Keefe, 2020）。一九七四年則有一個反托拉斯案件，涉及到分拆貝爾電話系統。當時的國防部長聲稱，AT&T 電話網是美國維持其國內戰略系統運作最重要的通訊網絡，美國必須讓它所依賴的這個通訊網絡保持完整。不過，在這個案子中，美國司法部還是能夠堅持執法（O'Keefe, 2020）。

從一九八〇年代末到一九九〇年代，受冷戰結束和因此導致的產能過剩影響，美國國防產業出現了許多併購。有些人對這種情況感到憂心，擔心在這些涉及國防產業併購的合併案中，執行基於經濟分析的反托拉斯法，會損害國家安全。但是，美國國防科學委員會認為，反托拉斯執法和併購審查符合公共利益，有助於保護國防部，防止合併後企業市場影響力增強而產生的風險（O'Keefe, 2020）。

雖然國家安全問題不時出現在過去的反托拉斯執法行動中，但是對於國安的考慮還沒有在一個系統性的框架下進行，僅僅是零星地碰觸到。此外，以前的案件中所出現的國家安全問題，與許多國家現在面臨的國安考量已經大不相同。現在的問題涉及到市場經濟運作所受到的巨大影響（例如有外國大量利用國有企業和補貼資本收購本地企業），或開放的經濟體系和社會所面臨的從根本上的負面影響（例如關鍵產業或媒體部門受外國公司或政府支配、控制）。簡言之，現在的問題比以前更加嚴峻。

## 反托拉斯法的安全考量——各國的看法

### ◆美國的看法——不會系統地考慮國家安全問題

越來越多國家正面臨著國家安全的風險。但是，對於應該如何處理國安風險，各國有不同的看法。在這方面的一個爭論點是，國家安全風險是否應該留給國家安全法去處理，抑或反托拉斯法也應該擔起這個責任。有一種觀點認為，反托拉斯法不應該被當作處理國家安全問題的工具，國家安全問題應該由其他法律處理。

在這個問題上，美國傾向避免利用反托拉斯法系統地處理國家安全問題。二〇二〇年，美國聯邦貿易委員會（FTC）委員諾亞・約書亞・菲力浦斯（Noah Joshua Phillips）表示：

> 正如美國憲法本身明確指出，政府最重要的責任莫過於保護其公民。……在非關保護競爭的領域，反托拉斯是一種不完美的工具。而且，在國家安全方面，美國政府有其他工具可以使用。例如，我們有兩組分開不同的制度，企業必須向兩組執法人員通報併購計畫，一組是監測反托拉斯問題的執法者，一組是負責國家安全審查的政府官員。……美國外國投資委員會獲授權審視某些跨國交易的國家安全影響。請注意，美國外國投資委員會不是反托拉斯機關，而是國家安全機關。在美國外國投資委員會之外，美國政府還有其他工具可用來處理私營部門中的國家安全風險。二〇二〇年八月六日，時任總統川普簽署一項行政命令，禁止美國的行動應用程式商店提供中國的TikTok和微信。該命令的依據是《國際緊急經濟權力法》和《國家緊急狀態法》。[36]

但是，也有一些國家開始考慮利用反托拉斯法處理國家安全問題。歐盟和英國在這方面近期的發展，就是明顯的例子。

### ◆歐盟和英國——系統地考慮國家安全問題

歐盟利用反托拉斯法管制併購活動，要求達到一定門檻的併購交易必須事先通知主管機關。門檻的參數是營業額：

> 「沒有達到歐盟執委會指定門檻的併購，仍然可能必須要接受個別成員國競爭主管機關的審查。雖然歐盟執委會不會自行進行國家安全審查，但《歐盟運作條約》（Treaty on the Functioning of the European Union）和《歐洲共同體併購規章》（EC Merger Regulation）中的一些條款均設想了成員國可以進行此類審查。《歐盟運作條約》第三四六條提供了對該條約所有條款的兩項概括例外條款。……第二，《歐盟運作條約》第三四六條第一款（b）項規定：任何成員國都可以採取它認為必要的措施，以保護與武器、彈藥和戰爭物資的生產或交易有關的基本安全利益；然而這些措施不得對非專門用於軍事目的的產品，在共同市場的競爭條件產生不利的影響。」[37]

在英國，就如前面提到過的，管制併購的是二〇〇二年《企業法》，該法經二〇一三年《企業與監理改革法》修訂。二〇〇二年《企業法》規定，決定是否批准併購的基礎原則，是併購計畫是否將導致（或可能導致）相關市場「競爭大幅減少」，但國務大臣可以基於公共利益，包括為了維護國家安全、媒體多元化和廣播標準，以及英國金融體系之穩定，介入競爭與市場管理局的評估。[38]

## ◆現行審查的一個漏洞

那些與併購有關的詞彙，例如協議、決定、實務，以及併購通報，都是上述國家法規所管制與監督的對象。但是，如果這些併購詞彙是過去式，也就是併購已在外國完成，那又該怎麼辦呢？例如，如果高通（一家晶片設計和軟體公司）打算與英特爾（一家晶片製造公司）或蘋果（一家手機廠商，是晶片的下游用戶）合併，這樣的典型垂直整合案件，必須交由美國聯邦貿易委員會審查。審查標準可能包括這種垂直整合是否會損害公平競爭，以及消費者的選擇是否會受影響。但正如第六章所提到的，華為這家中國公司在中國已經完成了垂直整合（整合了晶片設計、晶片製造、電訊設備和手機業務），因此它在美國的市場中參與競爭時，有可能會更有競爭力、更有能力向美國消費者提供誘人的產品組合。

在華為的例子中，由於併購已在中國完成，因此華為的併購與聯邦貿易委員會無關，聯邦貿易委員不能對關於華為的併購協議、決定或做法加以審查。高通與華為之間的競爭目標是5G或6G，這確實攸關消費者利益，但競爭涉及到全球市場，比美國市場廣得多。這是一個純粹的「公平競爭」考量的議題，然而並不存在需要外國投資委員會審查的併購決定。如果美國對華為有國家安全上的顧慮，就只能禁止該公司進入美國市場。但這會違反美國加入WTO時，在電訊服務方面的承諾，除非可以引用《服務貿易總協定》第十四條（國家安全例外情況）。

## 投資法下的系統性國家安全考量

### ◆美國的投資審查考慮國家安全問題

美國根據經修訂的一九五〇年《國防生產法》第七二一條，設立了美國外國投資委員會（CFIUS）這個跨部會委員會，以審查在美國涉及外國公司的投資交易，確認這些交易是否引起國家安全問題。二〇一八年，美國頒布《外國投資風險審查現代化法》，以強化外國投資委員會，讓它與時俱進，「更有效地處理國家安全問題，包括擴大總統和外國投資委員會進行審查、採取行動的權力，以應對在特定非控制型投資中浮現的國家安全隱憂。」[39]

在體制上，外國投資委員由美國財政部長擔任主席，有投票權的成員來自各部會（國務院、國防部、商務部、司法部、國土安全部、能源部、白宮科技政策辦公室，以及美國貿易代表署）。其他政府部門，例如勞工部和國家情報總監辦公室，負責針對受審查的交易提出威脅評估。因此，外國投資委員在進行審查時，達到「全政府」出動審查的規模，以確保受審查的交易得到全面的評估。

外國投資委員會的權力很大。可以有條件或無條件批准一項交易。一旦外國投資委員會認定，對某項交易的唯一適當對策是必須加以禁止時，委員會會把案件交給白宮作最終決定。外國投資委員會的國家安全審查決定，不會受到司法審查的挑戰。非常重要的是，外國投資委員會審查已完成交易的購併案，沒有法定時效限制：「不同於《HSR反托拉斯改進法》之下的競爭審查，外國投資委員會的管轄權沒有交易規模門檻……但是，只有在受審查的交易『有損害國家安全之虞』的情況下，外國投資委員會才有權採取行動。因此，絕大多數外國併購交易沒有提交給外國投資委員會審查。」[40]

## ◆歐盟的投資審查考慮國家安全問題

近年來，歐盟及其成員國變得更加關注「掠奪性投資者可能會佔一些搖搖欲墜的企業便宜，開出大打折扣的收購條件」。例如，西班牙「進一步限制來自以下投資者的外資：一、由非歐盟成員國政府控制的投資者；二、在另一成員國的戰略產業已有投資的投資者；三、因非法行為而必須面對行政程序或司法訴訟的投資者」。另一方面，「德國正考慮以進一步的支援措施保護其工業部門，包括限制外資投資汽車公司等重要資產」，而義大利強調，「政府不會容許義大利成為某些人的購物區」。[41]

歐盟執委會近年發布了《在歐盟外資審查規章實施之前，關於外資和來自第三國的資本自由流動以及保護歐洲戰略資產，對成員國之指引》[42]，當中呼籲歐盟成員國：

> 充分利用已有的外資審查機制，好好檢視關鍵的醫療衛生基礎設施、關鍵原物料（critical input）的供應，以及其他歐盟法律框架所設想的關鍵部門有可能會面臨的風險；至於目前沒有這種審查機制的成員國，或審查機制沒有涵蓋所有相關交易的成員國，應建立一個全面的審查機制，在此之前應利用所有可以使用的其他手段，好好處理那些會造成特定企業、基礎設施、或技術被收購或控制，而危及歐盟安全或公共秩序，包括危及關鍵衛生基礎設施和關鍵原物料供應的案件。

歐盟的外資審查規章建議成員國採取必要的措施，防止本地企業因為被外國投資者收購或控制，結果危及成員國或歐盟的安全。如何判斷安全威脅，主要在於考量「對安全或維護公共秩序至關重要的關鍵基礎設施、技術（包括關鍵致能技術〔enabling technology〕）以及原物料，若是中斷、失靈、喪失或毀壞，對會員或歐盟造成的重大影響」。[43]

## ◆英國的投資審查考慮國家安全問題

二〇二〇年，英國下議院提出《二〇一九至二一年國家安全與投資法案》，這個法案的目的是大幅加強政府的權力，讓政府可以基於國家安全理由調查和禁止併購交易。該法案引入一種新制度來審查和干預可能引起國家安全問題的併購交易，「使國務大臣能夠『召集介入』對敏感實體和資產的收購（稱為『觸發事件』〔"trigger events"〕）」以進行國家安全評估。這可以在觸發事件發生後五年內進行。該法案要求「敏感實體和資產的擬收購者在完成收購前尋求授權和獲得國務大臣的批准」；「創建一個自願通報系統，鼓勵認為其觸發事件有可能引起國家安全問題的各方，向當局通報」；以及「創造一種權力來實施補救措施，以處理國家安全風險，以及制裁不遵循該制度的行為，還有處理法律上訴的機構。」[44]

根據新的規則，需要評估國家安全風險的併購交易數量將會增加，而未經許可的相關併購可能面臨嚴重的後果，包括民事和刑事處罰。

## 有待填補的監理漏洞

從前面的解釋可以清楚看到，國家安全考量在許多法域中已經被納入併購案的外國投資審查。但是，對於跨國併購的反托拉斯審查，就未必都將國家安全考量納入。我們認為，目前的反托拉斯執法和跨國併購投資審查，在處理國家安全問題方面存在一些漏洞。需要填補的漏洞包括：一、跨國併購所引起的國家安全問題，其範圍沒有被妥善識別；二、針對併購的反托拉斯審查，沒有納入國家安全考量；三、外國投資審查機制，沒有納入國家安全考量；四、在設定介入併購交易的門檻時，沒有考慮到國家安全問題的性質。

在識別跨國併購所引起的國安問題的範圍方面，我們在這一章中已經解釋，主要的隱憂在於，另一國家有計畫地利用其國有企業和政府補貼的資本收購本國的企業、關鍵產業資產或關鍵技術。還沒有將國安考量納入法規的國家，現在真的應該要這樣做了。

在接下來的討論中，我們會把焦點集中在：將國家安全考量納入對併購案的反托拉斯審查；在外國投資審查機制中納入國家安全考量；以及在制定介入併購交易的門檻設定上，必須考慮到國家安全問題的性質。

## ◆針對併購的反托拉斯審查應將國家安全問題納入考量

如前所述，並不是所有地區的反托拉斯法，都系統性地將國安因素納入他們對併購案的評估項目。而我們的主張是，對於「有可能在與安全有關的方面造成負面經濟影響」的併購案加以管制，也是反托拉斯法的任務。

首先，美國的反托拉斯執法經驗顯示，反托拉斯執法機關實際上無法避免，會「零星地」遇到國安問題。既然如此，為什麼不系統地處理這個問題，全面評估國家安全的風險呢？

第二，外國的國有企業、外國的補貼資本、關鍵產業部門或技術被外國擁有或控制，可能會帶來外國政府直接或間接的控制，導致本國市場出現結構性的扭曲，市場經濟的運作受到重大衝擊，開放經濟與社會也會受到根本性的負面影響。既然反托拉斯法旨在確保市場上存在足夠的競爭，交易可以公平進行，經濟在自由市場的基礎上運作，而市場運作又能遵循供需法則，因此反托拉斯法很適合處理這些有關的安全問題。如果負面的外部干預造成國家安全受威脅，而法律制度中又沒有常設機制處理這種問題，市場經濟就可能變得脆弱，被大量的外國補貼資本扭曲，或因為重要企業、關鍵的智慧財產權或技術被敵對的外國政府控制，而使得市場經濟無法正常運作。因此，應該在反托拉斯或管制跨國併購的法律制度中，建立起更加強健的國家安全審查機制。

第三，雖然可能已經有某些外國投資審查機制審視國家安全的風險，但這些機制的功能和補救措施與反托拉斯法的審查不同。反托拉斯法著眼於處理市場扭曲的問題，致力於確保有充分的公平競爭，外國投資審查則涉及可能與市場運作完全無關的各種考量，包括政治考量。兩者的手段和補救措施並不一樣。例如，多數反托拉斯法對併購交易有通報要求。反托拉斯機關因此得以事先獲得資訊，然後決定是否介入。外國投資審查法規則未必有類似的通報要求。此外，反托拉斯法可能採取的補救措施包括強制剝離資產或復原已發生的合併、要求相關基礎設施開放使用，或要求合併公司開放或授權其基礎設施相關介面的接用。而投資審查的主要手段，則是否決投資申請。因此，實務上，讓反托拉斯法與投資審查法從不同的角度處理國家安全問題，仍然是有意義的。

## ◆將國家安全問題引入外國投資審查

有關將國家安全問題納入外國投資審查機制，我們已在本章中說明，已經有越來越多的國家修訂了投資法規來處理這個問題。

需要進一步考慮的是，儘管國家安全至關重要，但不應該被濫用、導致投資審查機關所做出的決定變得純屬政治。我們必須建立起一定的機制，來確保否決一樁跨國併購案的決議確實是基於國家安全的考量。

在美國的例子中，外國投資委員會的決策委員或成員來自美國的多個政府機關。因此在委員會中，會從不同的角度考慮問題，避免出現明顯的偏見。這種編組架構可以形成一個有效的決策機構，這是一個值得其他國家參考的好例子。不過，可以從市場經濟的結構和運作的角度提供意見的反托拉斯機關，卻沒有參與外國投資委員會的決策。我們並不是主張，外國投資審查機關應該有來自反托拉斯機關的決策成員。但是，若要獨立評估跨國併購對市場運作的潛在結構性影響，對投資審查機關來說，從市場角度理解所審查交易的性質和嚴重性，應該是很重要的。

## ◆改變反托拉斯法和投資審查的介入門檻

政府一方面需要加強管制以妥善保護國家安全，但也必須力求平衡，避免過於嚴格的監理扼殺經濟活力。為了提醒相關政府機關注意可能涉及國家安全問題的併購交易，多數國家都設定有一些門檻，用來判斷擬合併的公司是否需要向負責反托拉斯執法或投資審查的主管機關通報、併購交易是否必須等待一段時間或在交易完成前獲得競爭主管機關批准，以及主管機關是否介入交易。

最普遍採用的門檻是交易規模或營業額，具體數字因國家而異。不過，因為考慮到安全風險，一些國家已開始降低介入的門檻。例如在二〇一八年，英國將其介入交易的「營業額門檻」從七千萬英鎊降至一百萬英鎊，並提出以二五%作為「市占率門檻」（share of supply threshold）。[45] 降低門檻有助確保發現潛在的安全問題。

判斷擬合併的公司是否有通報義務，除了採用量化標準（例如交易規模或營業額），也有必要利用質性的標準。質性標準必須基於以下事實：收購方為外國國有企業，收購方利用外國政府補貼的資本，以及併購計畫涉及特定領域或關鍵技術。

## 結論

正如經合組織的報告指出：

> 過去數十年間，許多國家已經消除了跨國資本流動的大部分障礙，並取消了外國人收購、擁有或經營資產的國民待遇例外。這種開放為母國和地主國以及企業創造了經濟機會。但這些機會也伴隨著風險，尤其威脅到資本接受國的基本安全。[46]

顯然，在反托拉斯執法和投資審查中系統性地引入國家安全因素，以填補監理漏洞，並應對外國國有企業、外國補貼資本、外國擁有或控制關鍵資產和技術所造成的巨大不利影響，是非常有必要的。資本跨越國界自由流動與國家安全問題之間的平衡，最後將會取決於國家之間是否可以互相「信任」。正如前面提到的藍山風電場案例，如果外來的投資者是一家外國國有企業、其肩負著某種不明的任務，那麼國家安全考量最終將會支配投資審查的決定，而資本跨國自由流動所帶來的任何可能利益則會被犧牲。

# 第八章　強制技術移轉

## 補救不足的問題

## 前言

在國際商務中，強制技術移轉是個備受爭議的問題，近年來越來越受到重視。從本書第二章提到的美中衝突看來，[1]可以說強制技術移轉是造成二〇一八年美中貿易戰最重要的因素之一。當然，強制技術移轉問題可以提交給ＷＴＯ的爭端解決機構（Dispute Settlement Body, DSB）處理，因為ＷＴＯ會員可以主張這違反了《與貿易有關之智慧財產權協定》（Agreement on Trade-Related Aspects of Intellectual Property Rights, TRIPS）或ＷＴＯ會員的入會協定，也可能違反相關國家的智慧財產權法。但是，數十年來，無論是ＷＴＯ還是中國國內的司法體系，都無法妥善處理這個問題。事實上，由於強制技術移轉這個問題本身的特性，導致正式立案的例子相當少，得到解決或裁決的案件就更少了。[2]

本章概述中國的強制技術移轉問題，包括其起源、形式和影響。在二〇二一年初，即使美國與中國已經對強制技術移轉的爭議達成了初步協議，但為什麼爭議還是很可能將持續下去？我們也會在本章分析這個問題。我們的主要觀點是：國際貿易的許多爭端其實都涉及政府的角色。就強制技術移轉而言，技術移轉是否「強制」，取決於如何理解案情。很多時候，外國公司與當地企業之間的契約能否獲得公平地解讀，取決於政府（和司法體系）的中立性和獨立性。考慮到中國共產黨控制著中國的行政和司法系統，我們可以合理地預測，在可見的未來，強制技術移轉問題不會得到解決。除此之外，還有許多類似情況涉及補救機制嚴重不公平的問題。在本章中，我們以強制技術移轉為例說明我們的觀點。

我們選擇以強制技術移轉為例子，是因為它有以下特點。首先，不同於其他違反WTO規則的情況，強制技術移轉問題通常涉及一家當地企業（譬如說在A國）和一家擁有相關技術的外國公司（譬如說來自B國）之間的事前合作。這種合作通常採用合資企業的形式，並由雙方簽署契約確定合作條款。遇到強制技術移轉爭議時，理論上外國公司可以選擇終止合作契約，並將案件提交A國或WTO的補救機制。相對而言，其他違反WTO規則的情況（例如違反《補貼及平衡措施協定》〔SCM協定〕的不當政府補貼），並不涉及與外國公司合作的當地企業。我們接下來會解釋，強制技術移轉爭議之所以難以處理，關鍵就在於上述與當地企業的事前合作。

強制技術移轉的第二個特點，是外國公司在事件中的鎖定利益。鑑於外國公司在A國已有的合作和投資，正式向WTO提出申訴將使兩家公司之間原本的合作，變成兩國政府之間必須解決的爭端。這往往意味著原本的合作正式終止，外國公司只好放棄這項投資的未來利益。在現實中，專制國家的政府有無數手段可用來騷擾提出申訴的外國公司。如果正式提出申訴意味著合作終止，那麼就不會有公司願意投入很多資源去完成爭端解決程序，因為已經無利可圖。這可能正是為什麼強制技術移轉的案件很少訴諸WTO的爭端解決制度的原因。因此，如果有其他程序可以找到解決方案，外國公司會更願意採用該替代解決方案。

第三，上述的其他程序通常涉及A國的政府或法院。例如，當地企業可能偏頗地解讀原始合作契約的條款，使外國公司認為自己受到不公平的對待，覺得自己的技術遭到強制移轉。契約的解讀是否公平，往往需要由在地國行政或司法系統來評斷。因此，對於潛在的強制技術移轉案件，公正的行政或司法系統至關重要。沒有獨立和公正的政府系統，外國公司很難在任何強制技術移轉案件中討回公道或得到補救。

## 界定強制技術移轉

在討論強制技術移轉的概念之前，我們要知道，在不同時期，幾乎所有開發中國家都曾發生技術移轉。事實上，一些經濟發展已經卓然有成的國家，例如韓國，在其發展過程中也採用了這種策略。國際上關於技術移轉的首次公開討論，是在一九六一年的聯合國（Tundang, 2020）。從那時起，國際間廣泛利用技術移轉幫助開發中國家建立其國內產業。窮國若要取得技術以提升其國內產業和促進經濟成長，技術移轉是通常被認為是最有效的方法之一（Cheng, 2012）。

在某種程度上，從富國移轉技術給窮國，對輸出技術的公司而言，在經濟上是好事，因為它們的供應鏈可以更有效地獲得比較便宜和可靠的零組件，從而提升產品的競爭力。技術移轉最終可以造福全世界，因為會有更多人買得起更多產品。簡而言之，藉由技術移轉，開發中國家可以實現經濟現代化，已開發國家則可以拓展市場——這是技術輸出國與技術接受國之間的一種互惠關係，是一種雙贏的理想情況。

那麼，為什麼國際間的技術移轉會引起許多可能導致貿易戰的問題和爭端呢？在發展理論中，技術移轉有各種副作用，包括加深依賴；此外，技術移轉有各種不同形式，其中一些涉及脅迫和恐嚇，這正是人們對於技術移轉有所顧慮之處。具體而言，國際技術移轉政策有各種協議形式，這取決於外國公司如何「自願地」將其技術移轉給開發中國家的合作夥伴。有些政策在世界各地很常見，通常不會引起爭議，例如那些旨在藉由技術移轉，增強吸收技術能力的政策。也有些政策則會引人懷疑，例如要求將資料儲存在當地或揭露原始碼的政策。這兩極之間存在灰色地帶，例如有些政策涉及不透明的行政規定（Andrenelli et al., 2019）。舉例來說，中國的《技術進出口條例》一直被批評為過度含糊和繁瑣。

要判斷是否有人濫用相關政策，強制要求移轉技術，安德烈．安德雷內利等人認為可以參照以下因素（Andrenelli et al., 2019）：一、國內市場准入與技術移轉之間本質上是否為一種交換條件；二、外國公司是否受到歧視；三、進入市場的程序和要求是否透明；四、當局的角色（包括地方和中央行政部門，以及法院）。這四個因素互有關聯，結合起來有可能使得表面上正常的安排實質上是強制技術移轉。例如，即使當局表面上完全沉默，或沒有明確要求外國公司以移轉技術作為交換條件，如果申請進入市場的程序不透明，而且極度費時，超乎常理，外國公司就可能別無選擇，只能移轉技術以換取市場准入。

## 中國的強制技術移轉：做法、爭議和影響

如上所述，技術移轉本身不是問題，問題在於外國公司被迫移轉技術。我們來解釋一下中國是如何執行強制技術移轉的。

### ◆強制合資企業

在中國，國際技術移轉通常與外國直接投資（FDI）一起發生，而外資至少可以有六種不同的形式，包括股權合資企業、契約式合資、外商獨資企業、股份制企業、合作開發，以及其他形式。不過，中國並不是所有行業都容許所有形式的外資。為了保護自己的產業，中國禁止外商獨資企業在某些行業與本地公司競爭（Lovely and Huang, 2018）。例如，中國政府公布的《外商投資產業指導目錄（二〇一七年修訂）》，要求外國公司必須找到中國合

作夥伴並組建合資公司，才能投資某些行業。雖然當局一再修訂這個目錄以配合中國的經濟發展策略，但問題很明確：為了進入中國市場的某些領域，外國公司往往被迫尋找當地合作夥伴，正如我們在本章第一節中提到的。

中國企業利用上述法規，獲得對外國公司的巨大議價能力，可以在談判和合作過程中利用此一優勢。據報導，外商在中國市場的汽車、航空和高鐵等產業面臨嚴重的強制技術移轉威脅（Carbaugh and Wassell, 2019）。

此外，中國法律通常規定，在上述外國廠商與中國在地廠商的合資企業中，本地合作夥伴控制的股權不得少於五〇%。在這種合資企業中，智慧財產權或技術知識必須與合作夥伴分享。在這種情況下，外國公司擁有的技術不大可能對中國合作夥伴保密（Lee, 2020 a; Prud'homme and Zhang, 2019）。

### ◆與合資夥伴「分享」技術

因為這種非自願的技術分享，強制技術移轉已經成為中國與經濟發達的民主國家（如美國、歐盟和日本）之間的一項重大爭議。[3]但這在中國實際上不是什麼新鮮事。自一九七〇年代末的「改革開放」以來，中國就採取這種後來被稱為「以市場換技術」的策略：中國開放世界上最大、成長最快的市場，以換取外國公司的技術移轉。當中國還處於沒有技術基礎設施的「馬車經濟」狀態時，這種做法還不至於形成爭議。[4]但是，中國現在不但已成為世界第二大經濟體，也在許多尖端技術領域成為強勁的競爭者。中國的實力隨著經濟轉型與日俱增，已經使強制技術移轉成為國際關係中的敏感問題。畢竟，如果中國的某些現代技術是基於過去的強制技術移轉而取得，那麼現在的技術競爭一開始就是不公平的。

最值得注意的是，雖然強制技術移轉是普遍現象，但國際貿易和投資協定早已禁止這種做法。事實上，中國二〇〇一年成為WTO會員時，已經在它的入會協定中承諾中國將不再允許強制技術移轉。[5]雖然中國隨後確實修訂了一些法律，並且禁止強制技術移轉，但有許多報導指出，過去二十幾年來，強制技術移轉依然是個一直存在的問題。[6]有些人甚至宣稱：「強制技術移轉是在中國做生意的代價之一，這是一個公開的秘密，甚至不是秘密。」[7]

有些人可能會想：為什麼外國公司沒有大聲抱怨這個問題？關鍵原因之一是外國公司受到全球最大的市場誘惑。很少外國公司能夠頂住股東的壓力，而有些股東可能早就已經是中國人（或中國公司）。此外，外國公司通常別無選擇，因為陷在囚徒困境當中：如果它們拒絕將技術移轉給中國企業，可能會有同一行業的其他外國公司這麼做。因此，即使所有外國公司都知道，長遠而言，對大家最有利的是：所有公司共同抵制強制技術移轉的誘惑，但有些公司會被短期利益誘惑，結果損害了其他外國公司的利益（Branstetter, 2018）。

因此，外國公司可能會選擇短視近利的作法，而中國政府可以利用外國公司之間的潛在利益衝突，來達到自己的目的。更糟的是，一旦外國公司與中國在地公司的合作關係破裂或結束，以前的中國合作夥伴利用強制技術移轉已經取得的技術，可能成為外國公司在全球市場最強勁的競爭對手。也就是說，長遠而言，與中國企業合作可能會產生負面效果。最後，一旦合資企業成立並開始營運，如果外國公司決定不配合強制技術移轉的要求，就會面臨結束合資企業的巨大沉沒成本。簡言之，這種互動總是有利於中國當地企業。

誠然，外國公司移轉技術或智慧財產權時，會收到權利金，但這種補償通常低於市場水準（Prud'homme et al., 2018, p. 161）。此外，必須強調的是，雖然技術移轉似乎是外國公司與中國企業之間的交易，但通常是在中國共產黨（暗示）同意下進行的，[8]部分原因是因為每一家大公司都有中共的黨委，而黨委並非只是監視公司的運作，還參與制定公司的政策。從這個角度來看，聲稱在中國發生的強制技術移轉純粹是私營實體之間的交易，是沒有說服力的，雖然有時表面上看起來確實如此。

合資企業一旦成立，也為中國當局創造機會，迫使外國公司揭露與合作事業無關或其實不需要揭露的其他技術、智慧財產權或商業機密。此外，有些時候中國官員還會故意洩露資料給其他中國公司，以換取個人利益，[9]這種強制技術移轉更加糟糕，因為外國公司甚至不知道自己的技術何時洩露出去、哪些公司移轉了技術，以及哪些公司接收了這些技術——當然外國公司也就無法知道未來的潛在競爭對手是誰。

## ◆強制技術移轉的十五種手段

除了上述方法，中國還以其他手段強迫或誘導技術移轉。美國白宮「貿易與製造業政策辦公室」（Office of Trade and Manufacturing Policy, OTMP）指出，中國政府採用了十五種脅迫手段，包括歧視性的專利和其他智慧財產權限制、資料本地化、政府採購、強制要求研發在地化，以及中共介入公司治理等等。[10]不過，中國並非對所有外國公司同時採用所有這些手段。例如，在風能和汽車產業，經常使用的手段是研發本地化；在民用飛機和零組件產業，經常使用的手段是強制合資。[11]

此外，白宮和美國貿易代表署都一再提到有中國政府在背後支持的非法行為，包括竊取智慧財產權、竊取技術（其竊取手段包括實體竊取與網路駭客），除此之外，還有商標侵權等其他有問題的行為，這些行為違反WTO規範，而且明顯違反中國自己關於禁止強制技術移轉和不公平競爭的WTO入會承諾。[12]例如，有一份報告是由美國電訊公司威訊（Verizon）與美國國土安全部和其他組織共同合作發表，報告指出九六%的間諜案件源自中國，雖然未能識別從事間諜活動者的身分（Verizon, 2013）。此外，有份報告指出，間諜活動的規模在二〇一八年繼續擴大（Brown and Singh, 2018, p. 17）。更重要的是，由於這種經濟間諜活動是由中國政府支持或執行的，[13]因此外國私營企業很難進行調查。

不同的強制技術移轉策略對外國公司產生影響的程度不同，有些策略比其他策略更可能使外國公司屈服。普魯道姆等人認為，在中國，如果具備以下七個條件，就有很高的機會促成強制技術移轉（Prud'homme et al., 2018）：一、國家強力支持某些產業的發展；二、寡占競爭；三、其他政策與強制技術移轉政策緊密互補；四、高度的技術不確定性；五、可以配合特定產業結構調整的政策運作模式；六、國家迴避改革；七、嚴格的政策遵循機制。普魯道姆等人也認為，如果不具備這些條件，強制技術移轉仍然有可能，只不過是有限的技術移轉，或者移轉的技術可能不是尖端技術。

## ◆某些產業的特殊性

以下舉幾個例子說明某些產業的情況。在高速鐵路業，中國曾經依賴日本、法國和德國，來建設中國國內的高鐵系統（Prud'homme et al., 2018, p. 158）。如今經過二十年的技術「積累」，中國已經成為全球最大的高鐵輸出國。此外，中國在二〇〇五年仰賴西班牙和其他外國公司，進行中國風力渦輪機的製造、組裝和安裝，並要求這些公司在中國境內完成這些工作。結果不到二十年，中國公司已經占得風力渦輪機的大部分國內市場。[14]

不過，並不是所有產業的強制技術移轉都有成果。例如在半導體業，中國目前仍落後。有人認為，強制技術移轉甚至可能加深了中國公司的依賴性。[15]也就是說，從長遠來看，半導體業的技術移轉已經導致中國業者更依賴外國合作夥伴，而不是開發自己的技術。

最後，雖然強制技術移轉是在中國做生意最棘手的問題之一，但有些公司堅稱，它們並不特別擔心這個問題。例如，奇異公司（GE）表示，儘管中國公司經由合資企業獲得奇異的先進技術，但中國公司不會立即成為競爭對手。根據奇異公司的說法，中國公司在使用先進技術時並未展現出創新能力；也就是說，中國企業熟悉了移轉過來的技術之後，不會創造出新東西，而與此同時，奇異已經開發出更先進的技術（Carbaugh and Wassel, 2019，p. 318）。從奇異公司的說法看來，中國公司將一直追趕先進業者，不斷尋求新一輪的合作。飛機製造業領導廠商波音也發表了類似的言論，強調在這個產業之中，至關重要的是機件維護。即使波音與中國合作夥伴分享飛機製造技術，中國企業仍將必須仰賴外國公司的後勤支援（Carbaugh and Wassel, 2019, pp. 318–319）。

但是，就總體經濟影響而言，一些研究顯示，強制技術移轉已經「損害了美國的國民福利，即使美國部分投資人因此得益」（Sykes, 2021）。這是因為即使美國投資人短期內可以從中國市場得益，然而強制技術移轉卻會損害其他美國公司在中國以及世界各地的競爭力，如此造成的傷害，目前無法妥善評估。結果是：強制技術移轉「將盈餘從美國移轉到中國」（Sykes, 2021），而由此移轉的盈餘極其巨大。[16]

## 規範強制技術移轉的國際協定

首先，必須注意的是，WTO的規則並不直接規範技術移轉（Qin, 2019）。但是，強制技術移轉往往構成市場准入障礙，並導致對外國投資人的歧視性待遇。例如，美國二〇一八年針對中國提出的「中國智慧財產權案II」（China – Intellectual Property Rights II），主要就是基於中國違反國民待遇條款，而不是強制技術移轉本身（見註20）。唯一明確禁止強制技術移轉的是中國的WTO入會協定：中國在該協定中承諾，將禁止它在加入WTO之前實行了數十年的強制技術移轉。

在某種意義上，強制技術移轉可以理解為政府補貼本國公司，對外國公司課稅（Carbaugh and Wassel, 2019）。從這個角度看，它其實受到多項協定所規範，包括要求所有WTO會員不得歧視外國公司的國民待遇條款。相關規則包括《與貿易有關之智慧財產權協定》（TRIPS）、《服務貿易總協定》（GATS），以及《與貿易有關的投資措施協定》（TRIMS）。如果被迫移轉的技術涉及到智慧財產權，則可以受到《與貿易有關之智慧財產權協定》規範，該協定旨在藉由加強保護智慧財產權，來促進跨國技術移轉。雖然《與貿易有關之智慧財產權協定》沒有明確提到強制技術移轉，但該協定第三條要求所有WTO會員「在保護智慧財產權方面給予其他會員國民的待遇，不得低於本國國民的待遇。」第二十八條要求授予專利權所有人專有權，以防止第三方未經同意而「製造、使用、許諾販賣、販賣或為上述目的而進口」相關專利產品或利用相關專利技術生產的產品。專利權所有人「有權讓與或藉由繼承移轉專利，以及簽訂授權契約。」第三十九條保護商業機密，規定「自然人和法人應有可能防止其合法控制的資料，未經其同意以違反誠實商業慣例的方式被揭露予他人，或被他人取得或使用。」最後，第四十一至六十一條要求會員提供可用來阻止強制技術移轉的一系列執行機制。在這些執行機制中，有兩個特別值得注意：可要求侵權者賠償權利所有人的損失和其他費用，而司法當局可以下令銷毀造成損害的貨物。

另一方面，《服務貿易總協定》也強調市場准入承諾和國民待遇。該協定第十六條規定，每一個WTO會員「提供給所有其他會員之服務業及服務提供者之待遇，不得低於其已同意，並載明於其承諾表內的條款、限制和條件所規定的內容。」此外，第十七條規定，「就影響服務供給之所有措施，會員給予其他會員之服務或服務提供者之待遇，不得低於其給予本國類似服務或服務提供者之待遇。」《服務貿易總協定》的這兩條規定雖然沒有明確提到強制技術移轉，但一定程度上或可保護外國公司免受強制技術移轉。特別值得注意的是，《服務貿易總協定》也未能全面約束中國，因為它僅規範服務部門。

此外，《與貿易有關的投資措施協定》也有一些針對某些類型的強制技術移轉的補救措施規定。例如第二條規定：「在不損害一九九四年《關稅暨貿易總協定》規定的其他權利和義務的情況下，所有會員不得實施與一九九四年《關稅暨貿易總協定》第三條或第十一條規定不一致的任何與貿易有關的投資措施」。一九九四年《關稅暨貿易總協定》第三條和第十一條分別規定了國內賦稅和監理方面的國民待遇，以及普遍取消數量限制。在某些情況下，這兩條規定或許可以處理有關強制技術移轉的問題。

除了上述三方面的WTO規則，中國自二〇〇一年加入WTO以來，就承諾禁止以技術移轉作為外國公司進入其國內市場的交換條件。[17]此外，在入會工作小組報告中，中國同意將「根據《與貿易有關之智慧財產權協定》的規定，在所有智慧財產權方面確保，外國權利所有人享有國民待遇和最惠國待遇。」[18]

基於以上簡要說明，我們可以合理地主張，強制技術移轉違反了WTO的若干規則。不過，事實上，問題從來就不是缺乏相關的國際和國內法規。實際問題在於很難證明強制技術移轉的存在。在《與貿易有關之智慧財產權協定》、《與貿易有關的投資措施協定》和《服務貿易總協定》這些協定中，關鍵概念是國民待遇，而條文使用的字眼是「不低於」（no less favorable）。在現實中，任何人都很難證明那些曠日廢時或非常仔細的審查是為了辦事「周全」，抑或是違反了「不低於」國民待遇的要求。

## 在中國強制技術移轉的補救措施不足的問題

### ◆向WTO提出申訴？

二〇一八年，美國和歐盟皆針對中國的《技術進出口條例》和強制技術移轉的做法向WTO提出申訴。二〇一八年三月二十三日，美國要求與中國磋商（DS542），聲稱中國有關智慧財產權的某些措施違反了《與貿易有關之智慧財產權協定》。[19]後來歐盟、烏克蘭、沙烏地阿拉伯和台灣也要求加入磋商。二〇一八年十一月，世貿組織爭端解決機構成立了一個爭端仲裁小組。不過，相關程序隨後暫停，至今沒有作出任何實質決定。[20]

二〇一八年六月一日，歐盟要求與中國磋商（DS549），聲稱中國違反了《與貿易有關之智慧財產權協定》、一九九四年《關稅暨貿易總協定》及中國入會協定的若干條款。日本、美國和台灣也要求加入磋商。[21]二〇一九年一月八日，歐盟更換和修改原先的申訴。在這個修改後的版本中，歐盟詳細說明了中國如何因為實施該國與合資企業有關的法規，而違反了

WTO的各項協定，這些法規包括但不限於《外商投資產業指導目錄（二〇一七年修訂）》、《中華人民共和國對外貿易法》、《反壟斷法》以及中國實施上述限制的未公布措施。[22]台灣、日本和美國二〇一九年一月中再次要求加入磋商。然而這次歐盟沒有要求成立一個爭端仲裁小組。

WTO的爭端解決機制未能處理中國的強制技術移轉問題，部分原因在於中國的法律表面上沒有關於強制技術移轉的條款。誠然，WTO的判決先例接受以不成文的慣例作為申訴的基礎（Brum, 2019）。但是，外國公司通常不願意指控中國的合作夥伴，因為擔心未來在中國會遇到更嚴重的政治和經濟反制措施。

外國公司在中國做生意往往面臨各種非正式的壓力。許多被迫移轉技術的外國公司是跨國大企業，這意味著它們在中國可能還有不涉及強制技術移轉問題的其他業務和資產。因此，如果這些跨國大公司得罪它們的中國合作夥伴，可能對它們在中國的其他業務造成危害。若要對中國共產黨大力支持的中國企業提起訴訟，或許會導致外國公司被迫結束在中國的所有業務，因此根本划不來。在此情況下，外國公司或則拒絕不平等的合作提案，或則一開始就拒絕移轉技術。這解釋了為什麼迄今為止，WTO判例中涉及技術移轉的案件非常少（Tundang, 2020）。

在此之外，外國公司還有一個選項：在中國提起民事訴訟，希望可以合法地拒絕中國合資夥伴的技術移轉要求，同時盡可能按照外國公司所理解的契約條款處理。如果外國公司可以在中國的法院得到如此圓滿的判決，事情就不過是兩家公司之間的民事案件，不會升級為兩個國家相互對抗的WTO爭端。

## ◆中國的司法系統

在中國，司法系統包括四個級別：基層法院、中級法院、省高級法院，以及最高人民法院。除了這四部分，中國還在二〇一五年設立了跨省巡迴法庭，並在二〇一八年設立了專門的商業法庭（deLisle, 2019）。但是，中國建立全面的法院系統，並不意味著司法與行政部門權力分立。事實上，經歷了過去三十年高速的經濟成長之後，中國對自身的政治制度變得更有自信，強調本國的司法是「具有中國特色的法治」。

例如，最高人民法院院長曾公開宣告中國不需要司法獨立，因為司法獨立是「西方意識形態的陷阱」。[23] 誠然，中國正進行司法改革，但其目的不是加強司法獨立，而是將司法進一步武器化，以滿足中央政府（而不是人民）的需求。因此，談到中國的司法時，必須切記司法不是政府三權分立的制衡機關。在中國，司法體系是支持政府的一個機構。

此外，因為中國是一個黨國，中國共產黨牢牢控制著每一個政府機關，黨對司法的影響不容忽視。中國沒有議會至上或司法至上這種事，只有黨至上。自一九五四年以來，每一名最高人民法院院長，皆負有為中國共產黨監督下級法院的職責（Zhu, 2010）。此外，每一名下級法院的院長在其管轄範圍內，也都肩負類似的責任。換句話說，中國共產黨數十年來一直「在法院安插黨員」（Li, 2012）。由於黨的領導人同時也是同級法院的院長（Li, 2012），所以司法機關通常是中共的喉舌。因此，最高人民法院的判決，可能只是重申中共中央委員會已經作出的決定（Zhu, 2010）。

在這種背景下，中國司法系統的腐敗常見於報導且廣為流傳，也就不足為奇。雖然官方紀錄不多，但實證研究指出，腐敗「普遍存在於行使關鍵司法職權的所有主要法院部門，發生在司法系統的幾乎所有層面，涉及所有類型的法官，無論其級別、教育程度和收入如何」（Li, 2010）。貪腐是一種制度化的活動，應歸咎於司法系統的運作機制（Li, 2012）。有人認為中國的司法決策過程受四類因素影響：行政、政治、社會和經濟因素，每一類因素都容易導致不當行為（Ng and He, 2017）。

具體而言，行政因素主要是法官受到等級制度和官僚制度的控制。在中國，法院的決策過程與其他政府機關沒什麼差別（Ng and He, 2017）。初級法官的判決受高級法官和法院院長監督。這些院長掌管其法院其他法官的升遷和懲戒，而他們不但是中共黨員，還是黨委書記。如果你覺得這還不夠荒謬，還有更荒謬的：在過去很長一段時間裡，法院院長竟可以不必具備法律學位。雖然二〇一九年中國修訂了《法官法》之後，這種情況在一定程度上已經有所改變，但當局遴選法院院長時，法律專業能力仍然不是首要考量，更看重的是政治頭腦和絕對忠誠。此外，另一個旨在限制司法獨立的制度設計，是每個法院都設有審判委員會。這種委員會由法院院長、副院長、部門負責人，以及最重要的地方黨部紀律檢查員組成；後者是黨領導人的代表，在法院有最終決定權（Ng and He, 2017）。

除了行政因素妨礙司法獨立，法院還被中共當作政治武器。換句話說，中國沒有權力分立這回事，各級法院隸屬於同級別的人民代表大會，而人民代表大會受中共控制。這反映在對司法工作安排的政治操縱上。政治部門或中國共產黨一方面可以要求司法機關承擔一些完全不在司法權力範圍內的責任，另一方面又可以因為某些案件的政治敏感性而阻止司法機關審理。所有這些法外活動都由中國共產黨的政治與法律委員會（政法委）監督，而司法系統的每一個級別都設有政法委。

影響司法獨立的還有社會因素，具體來說，指的是法官的職業或個人人脈對司法工作造成不當影響。中國人所講的「關係」在日常生活的每一個領域裡都非常重要，而法官在承審案件時除了考慮案情，法官與當事人的關係也會有所影響。更糟的是，這種人脈關係可以無限延伸。法官有時不但考慮自己的人脈，還會考慮上級的人脈（Li, 2012）。法官這麼做可能是自願的，也可能迫於無奈，畢竟上級掌握了他們的升遷和懲戒。

最後，司法獨立在中國嚴重受限還有一個原因：法院的經費來自同級的地方政府，而不是中央政府。雖然中國已經成為世界第二大經濟體，但各地區的經濟發展程度大有差別。一些沿海地區非常富裕，但一些內陸縣市十分窘迫。也就是說，法院的預算有很大一部分取決於當地經濟的活力。經費不足時，法院必須自籌財源，這不可避免地導致了司法機關依賴地方政府的補助或金援，最終導致地方保護主義。

## ◆在中國提起訴訟？

實證研究顯示，中國的地方法院往往偏袒當地企業。基於上述的法院經費問題，這種偏袒可能是為了保護地方政府的收入，因為這可以間接增加地方法院的經費。由於這種特殊考量，在外商投資不多的地方，司法不獨立的問題很可能更嚴重（Wang, 2015）。

特別值得注意的是，上述影響司法判決的四方面因素（行政、政治、社會、經濟）是相輔相成的。例如，行政面的上級監督有可能加劇人脈關係的不當影響，因為法官很難拒絕有權監督他的人提出的「請求」。

我們來看麥可・喬丹（Michael Jordan）商標訴訟這個案例。喬丹是世界上最著名的籃球員。然而卻有一家中國公司在二〇〇〇年創造了「喬丹體育」這個品牌，即 Jordan 的中文譯名，並使用一個與Nike公司Air Jordan品牌相似且易使人混淆的商標——兩者都是麥可．喬丹的剪影。自成立以來，喬丹體育在中國各地開了六千家門市，註冊了約兩百個商標。[24]喬丹二〇一二年發現這件事後，在中國針對喬丹體育提起八十宗訴訟。可是中國的下級法院卻接受喬丹體育的說法，認同「喬丹」是個常見的英文姓氏，並非專指麥可．喬丹。經過上訴之後，最高人民法院最後在二〇二〇年作出部分有利於麥可．喬丹的判決，[25]雖然裁定喬丹體育應向麥可．喬丹賠償四萬六千美元，但是這個賠償金額相對於喬丹體育在中國使用其商標二十年間賺取的巨額利潤與麥可．喬丹的損失，這筆賠償可說是微不足道。

另一個案例是麥當勞的商標糾紛。麥當勞控告萬代福（Wonderful）這家中國公司，因為萬代福在二〇〇一年註冊的W商標基本上就是將麥當勞紅底黃字標誌中的M倒轉，字母的弧度和比例以及商標的其他設計都沒有改變。[26]麥當勞指控萬代福的標誌與其非常相似，然而在二〇一一年，北京第一中級人民法院駁回麥當勞的指控。麥當勞提起上訴，但二〇一三年再度被駁回。[27]

另一種可能的情況，是外國公司在中國面臨原初糾紛以外的官司和騷擾。外國公司如果拒絕配合地方政府的要求（例如移轉技術之要求），可能會面臨各種騷擾，例如逃稅檢查、違規排放指控、反壟斷訴訟、勞動權利投訴，以及工廠消防檢查之類。這一切很可能都只是為了逼迫外國公司移轉技術。[28]

綜上所述，如果一家附屬於A國的外國公司在中國面臨強制移轉技術的威脅，並且已經受到一些騷擾，這家外國公司是否應該配合A國的要求，然後向WTO提出申訴？肯定不會！因為這會導致這家公司在中國的所有業務無法運作下去。那麼是否應該針對這種不公平的待遇在中國提起民事訴訟？當然也不是！正如喬丹和麥當勞的案例，訴諸一個不公平的司法制度，不是處理強制技術移轉問題的有效方法。那麼是否應該退出中國市場？如果這家外國公司這麼做，很可能必須面臨結束中國業務的巨大沉沒成本。這實際上就是許多外國投資人在中國面對的困境。

## ◆習政權下的改革和變化

持平而論，中國在司法獨立方面已經比以前有進步，至少在商業領域是如此。中國政府最近推動了一系列的司法改革，雖然這種作為是否會或能產生多大的實際效果仍是個問題。例如，中國政府矢言要提高司法系統的透明度，至少在某些領域確實如此，例如公開法官的人數和身分以及某些類別的判決結果（Finder, 2019）。不過，中共認為可能危及社會穩定的資料（例如一些涉及死刑和司法紀律的案件）仍將保密。此外，最高人民法院聲稱，中央政府將會提高對下級法院的經費支持，以免下級法院（過度）依賴地方政府。雖然這可能有助中央政府打擊地方保護主義，削弱地方政府對當地法院的經濟控制，但這也意味著司法受到中央政府的行政和政治控制將會加劇。因為這些原因，外國公司在面臨強制技術移轉問題時，可能會傾向以非正式方式或私下管道解決，以免浪費精力和金錢在訴訟上。

此外，中國國有企業的角色使強制技術移轉問題變得更加棘手。國有企業是否受WTO的協定和規則約束，至今仍是一個難題。WTO協定約束的是WTO的會員，並不直接規範國有企業。雖然中國在其入會協定中承諾，其國有企業將與其他企業公平競爭，而且外國公司不會受到歧視，但WTO會員之間的爭端很少引用這些條款（Yang, 2018; Zhou et al., 2019）。一些研究認為：許多《關稅暨貿易總協定》規則限制政府對國際貿易商實施的監管類型，但並不規範貿易商本身。如果政府就是貿易商，或政府控制著貿易商，這些規則就可能無效，因為表面上由貿易商獨立作出的決定，實際上卻是政府的行為（Jackson et al., 2008, p. 444）。

這無疑是個漏洞，因為中國的國有企業實質上是中共的延伸。在中國，政府與黨的差別，以及國家與私營部門之間的界線，都是不透明和不可預料的。事實上，即使是私營公司，有時也必須在自己的商業目標之外承擔政治任務，因為許多公司可能被政府牢牢控制著。這是因為「習近平認為，黨國必須維持對政治和社會經濟領域每一方面的嚴格控制，以確保經濟繁榮以及政治和社會穩定」（Yu, 2019）。國有企業就更不用說了。

此外，在「國進民退」政策下，國有企業已經逐漸控制了曾經由民營企業主導的中國市場（Economy, 2018）。這意味著外國公司未來想在中國開展業務，要選擇合資夥伴時，可能別無選擇，只能與國有企業合作。因此，外國公司面臨的強制技術移轉要求，很可能來自國有企業或控制國有企業的中國共產黨。但是，WTO的制度無法有效規範這些打著契約自由幌子的中國國有企業。WTO在這方面的無能為力，促成了二〇二〇年日本、美國和歐盟貿易部長三方會議的聯合聲明。[29]在這份聲明中，這三個經濟體強調了市場導向條件和WTO改革的重要性。雖然該聲明沒有明確指責中國，但所有內容顯然都是針對北京。

## ◆真正的改革？

幾乎所有在中國做生意的外國公司都強烈指責強制技術移轉，因此中國共產黨採取了一些措施回應這些指責。中共一方面否認外界關於強制技術移轉的指控，聲稱所有外國公司都是「自願」將其技術和商業機密移轉給中國企業。根據這種說法，中國政府從未介入，遑論強迫外國公司屈服。而且中國的法律明確禁止強制技術移轉，貫徹了WTO規則的精神。也就是說，外國公司在中國受到很好的保護，所有技術移轉都是在契約自由的情況下進行的。

另一方面，中共也打算修改一些法規，以緩和中國與外國公司和其他國家日益緊張的關係。例如，二〇一九年，中國修訂《反不正當競爭法》，增加了第三十二條，改變民事訴訟中，商業機密盜竊的舉證責任。如前所述，權利所有人要證明被告竊取了商業機密、技術知識和其他智慧財產權是極其困難的。新規定轉而要求被告揭露或證明自己不曾有盜用行為，過去那些因為舉證責任而不願在中國提起訴訟的外國公司，可能因此獲得比較好的保護。

此外，中國打算在二〇二二年前，藉由放寬對外資在某些產業的所有權限制，取消前述關於合資企業的本地合作夥伴股權不得少於五〇%的規定。另一方面，中國還頒布了二〇二〇年一月一日生效的《外商投資法》，當中有若干條款旨在保護外國公司的權益和進一步開放國內市場。例如，《外商投資法》第四條規定，在投資准入階段給予外國投資者的待遇不得低於給予國內同行的待遇。第二十二條規定，國家保護外國投資者和外商投資企業的智慧財產權；第二十三條規定了政府人員的保密義務，禁止他們洩露外國投資者和外商投資企業的商業秘密。此外，第三十九條規定了違反上述兩項規定的法律責任。另一方面，中國《行政許可法》第五條也規定了行政機關的保密義務，第三十二條則明確禁止強制技術移轉。

除了修訂這些國內法律，中國還與美國達成協議，二〇二〇年一月頒布了所謂的「第一階段」貿易協定。該協定主要關注強制技術移轉問題，強調市場條款、自願移轉和政府不干預。[30] 該協定第二章規管技術移轉，其中第二條第二款明確規定：「任何一方不得要求或迫使另一方的人員在收購、合資企業或其他投資交易中向其人員移轉技術。」第二條第三款處理行政和許可要求的問題，第二條第四款處理正當程序和透明度問題。這些都是需要立即處理的緊迫問題。以上修法向其他國家和外國投資者發出一個訊息：中國無意強迫外國公司移轉技術，中國將堅持公平貿易的做法。此外，這也可以視為北京在美中貿易戰中伸出的橄欖枝；而如果貿易戰還是持續，中國就可以把責任推給美國。

雖然中國進行了這些法律改革，不過國際商務和智慧財產權法領域的相關人士對其效果普遍持懷疑態度（Lee, 2020b）。如前所述，在上述法律改革之前，中國的法律就已經禁止強制技術移轉。這些法律改革只是重申了法律上的現狀。真正的問題本來就不是缺乏法規，而是中國政府沒有決心執行那些法規。眾所周知，在中國，法律條文與實際執行的法律之間存在巨大的差距。正如我們提到，難以證明強制技術移轉的存在，正是強制技術移轉之所以發生的原因之一。此外，這些法律措辭含糊，「北京因此得以表面上遵守其國際承諾，對外塑造一種開放的形象，與此同時維持對外國投資者的影響力，以作為與其他國家往來時的潛在籌碼」（Kim and Lo, 2019）。

事實上，有些調查證明這種懷疑是有道理的。例如，歐洲商會二〇二〇年的企業信心調查就指出：

> 「一六%的受訪者表示，他們覺得自己被迫移轉技術以維持市場准入，相較於二〇一九年，雖然減少了四個百分點，不過產業分項數據顯示，各產業的技術移轉經驗非常不同，在歐洲創新表現傑出的醫療器材、航空航天和環境等產業，近三分之一的商會會員表示，自己曾被迫移轉技術以維持市場准入。此外，在覺得自己被迫這麼做的受訪者中，三六%的人表示事情發生在不到一年前。」[31]

另一方面，美國貿易代表署在提交給國會的《二〇二〇年中國履行ＷＴＯ承諾情況報告》中表示：「評估中國在技術移轉方面的執行情況並不容易，因為相關承諾涉及中國為了迫使外國公司向中國實體移轉技術（或為此對外國公司施壓）而採取的非正式、不成文措施。」[32]

這些調查是在中國進行法律改革期間進行的，目前還不清楚在不久的將來情況會有多大的變化。理論上，能否取得技術優勢對中共來說是個生死攸關的問題，因為人民是否接受其獨裁統治，很大程度上取決於中國能否維持不錯的經濟成長。[33]如果中國經濟停滯或甚至陷入衰退，中共的統治和權威就可能遇到嚴重挑戰。

中共非常清楚，中國目前成功的中低技術製造業經濟，不足以維持過去三十年間向國際社會和國內群眾展現的快速經濟成長。越南、印度和孟加拉已經逐漸成為低成本境外製造基地的預設選擇。因此，中國必須藉由誘騙、拉攏和經常脅迫西方與日本企業，轉型至精密的高科技經濟（Hout and Ghemawat, 2010）。這種「誘騙、拉攏和經常脅迫」策略也解釋了為什麼強制技術移轉問題不會消失（Hout and Ghemawat, 2010）。

這一點具體反映在「中國製造二〇二五」上。這是中國發展其製造業的國家戰略計畫，特別重視那些涉及尖端技術的領域。該計畫二〇一五年宣佈，確定了十個重點產業，包括但不限於資訊科技、數位控制工具和機器人，以及新材料。其最終目標是透過經濟轉型，使中國不但可以自給自足，還成為這些高科技領域的領導者。自頒布該計畫以來，中國當局採用的手段已經引起許多爭議和抱怨。

例如，歐盟商會就已經明確譴責中國為了完成「中國製造二〇二五」計畫，採用了強制技術移轉和限制市場准入之類的手段（EU Chamber of Commerce in China, 2017, p. 56; Gordon and Milhaupt, 2019）。簡而言之，我們必須審慎看待中國聲稱將徹底禁止強制技術移轉的法律改革。與其仰賴中國口惠而實不至的改革，民主國家必須找到其他方法來擺脫法律迷宮。

## 可能的解決方案

如前所述，強制技術移轉不是中國獨有的問題，而是普遍存在於全世界所有開發中國家。這問題在中國之所以有其獨特性，是因為中國對全球經濟有巨大的影響力，而且中共的政治野心令人不安（Mastel, 1996）。在美國，兩大黨已有共識必須採取一些反制措施，分歧在於應該採取什麼措施。

有人認為，不分青紅皂白、針鋒相對的關稅可能不是最好的解決方案，因為這種措施過於粗糙，無法真正奏效。較好的解決方式應該是更加針對性的。也就是說，應該針對那些最容易受強制技術移轉影響，或最常遇到強制技術移轉的產業制定方案。這是因為強制技術移轉並非發生在每一個產業，也不是對每一個產業同樣有效。特別值得注意的是，會遭遇強制技術移轉的某些尖端技術，與國家安全密切相關，包括但不限於資訊技術、航空航天工程和新能源。事實上，有報導指出，「五角大廈和國防公司長期以來一直認為，盜竊智慧財產權已經使中國能夠創造出與美國武器非常相似的系統，例如直升機、武裝無人機和噴氣式戰鬥機」（Carbaugh and Wassel, 2019）。

更重要的是，解決方案應該是多國參與而不是單邊的。因為囚徒困境，使得強制技術移轉具有溢出效應，對移轉技術的公司和同一領域的其他外國公司都會造成傷害。因此，有人認為，美國和其他擁有先進技術產業的傳統民主國家，例如德國和日本，應該組成一個聯盟，因為它們也面臨類似問題（Carbaugh and Wassel, 2019; Branstetter, 2018）。前述的美歐日聯合聲明是一個好的開始（見註三），但還遠遠不夠。可能還需要其他措施。結合上述兩種策略，也許能夠確保中國修改它的政策。

當然，還有一些困難需要事先解決。事實上，囚徒困境之所以棘手，是因為個別而言，各國單方面配合中國的要求是理性的選擇。如前所述，外國公司不願意公開揭露它們在中國遇到的壓迫。這或許不成問題，因為外國公司可能比較願意向本國政府報告情況，至少在匿名的情況下是這樣。但第二個問題涉及協調：有些國家可能想搭美中對抗的便車，因為美國是少數能夠與中國直接對抗的民主國家，甚至可能是唯一的一個。比較小的國家可能會擔心中國不但會在經濟上報復，還會在外交上反擊，而這是小國根本無法承受的風險。為了解決這個問題，擁有技術的國家可能必須聯合起來處理強制技術移轉問題。

最後，WTO的判例接受以不成文的慣例作為申訴的基礎（Brum, 2019）。這意味著即使沒有違反成文規定，WTO小組仍有可能認定中國違反《與貿易有關之智慧財產權協定》以及其他協定中關於誠實商業行為和透明度之類的規定。我們可以合理地假定，各方進行的協調努力越多，越有可能證明這一點。

# 第九章　如何與龍共舞？

## 中國式全球化？

過去三十年間，中國經濟成長極為快速，開創了獨特的經濟發展模式（有些人甚至認為是一種「典範」），值得深入研究。我們已經看到，有許多書籍和論文討論「中國式資本主義」或「社會主義市場經濟」。這些分析大多是想釐清：中國怎樣在它的發展過程中解決各種國內問題；如何改造傳統的農業和金融部門；國有企業在發展過程中扮演的角色是什麼；中國如何實踐「摸著石頭過河」這個原則；以及中國的經濟計劃機制如何與市場機制相結合。總而言之，以前的研究主要著眼於中國獨特經濟制度的各種內部運作。

本書的目的截然不同：我們致力於研究中國與世界其他國家之間的外部互動。具體來說，我們分析中國獨特的經濟結構如何融入全球經濟。常識告訴我們，共產政權在使用「人民共和國」一詞時（例如「中華人民共和國」），通常沒有任何「民主」或「屬於人民」的涵義。因此，當我們看到「社會主義市場經濟」的運作方式與「市場經濟」非常不同時，我們也並不感到驚訝。這意味著中國的經濟體制，和世界的自由市場經濟之間，可能存在著某種「外接」的介面。為了全面了解情況，我們既需要內部運作觀察，也需要檢視外接的角度。本書希望能補足過去中國經濟研究之不足。

二〇二〇年，中國（作為申訴方）在WTO關於中國的市場經濟地位的爭端中敗訴，爭端終於告一段落。[1]雖然WTO的小組報告不會對外公開，不過我們可以合理推論，WTO小組的期中報告觸及了爭端中最敏感的部分，即是：中國獨特的經濟制度被認定為非市場經濟。在前面各章中，我們已經解釋了為什麼中國體制的各個方面可能導致與民主體制發生衝突。現在本書已經來到最後一章，我們想暫時放下這些爭議的細部詳情，回到「全球化」這個宏觀的大局。

如果我們查字典，會發現「全球化」一詞可大致定義為「人員、貨物、服務、資本、技術或文化習俗在整個地球上的流動和交流加速進行」。全球化的效果之一，是「促進和增加全球不同地區和群體之間的互動」。

仔細想想，我們會發現，全球化的定義中提到「互動增加」，這個互動的實體通常是指個人、私營企業或社會團體，例如環保組織或人權方面的非政府組織。這些定義所指的實體通常不包括政治實體。事實上，如果把政治實體也包括進來，那麼全球化就會是許多世紀以來早就已經發生的固有現象，我們根本就不需要創造這樣一個新詞彙。

例如，亞歷山大大帝征服了埃及、南歐、西亞和印度的大片土地；近三千年前，他的王國就已經是全球性的了。蒙古帝國、拿破崙帝國、英國和西班牙在美洲和非洲大陸的殖民帝國，乃至一九四九年成立的北約，都是政治實體和活動全球化的例子。借用湯馬斯．佛里曼的說法（Friedman, 2005），就政治實體運用軍事力量而言，「世界是平的」已經是多個世紀以來稀鬆平常的事。但我們通常不會把這種政治帝國與「全球化」一詞聯繫起來。這意味著我們認為，參與二十一世紀全球化的實體，應該是個人和私營企業。

我們不把全球化概念與政治實體聯繫在一起的理由很充分。全球化通常與交通科技和網際網路的進步有關，因為交通科技與網際網絡大大降低了通訊和環球旅行的成本。對古代強大的帝國締造者來說，長途旅行從來不會對他們強大的政治意志構成障礙。但交通技術和網際網路的進步，大幅降低了成本，使得許多原本無法負擔通訊溝通與旅行的個人可以從事這些活動。因此，所謂全球化時代的活動，主要是指經濟、文化和教育等方面的活動：這就是為什麼我們在前面的全球化定義中看到「人員、貨物、服務、資本、技術或文化習俗」。在我們所知的關於全球化的討論中，通常不會指由政府主導從事的政治活動。

由此我們可以理解，為什麼許多民主國家對中國過去三十年的崛起感到不安：中國一直在擾亂和扭曲全球化的定義。

## 中國的全球化內外矛盾

中國在過去的二十多年中所進行的全球活動有個關鍵特徵：幾乎所有活動都與政治實體有關，而且通常有某些政治目的。基於集體主義原則，中國的多數事情必然是集體決定的。

而在實務中，這些所謂的集體決定就是由黨國做的決定。我們來回顧一些眾所周知或前面章節提到過的例子。

1. 民主國家的教育和文化交流活動，通常是由民間團體發起和執行。但是，自二〇〇四年以來，中國已經在世界各地建立了約五百五十所孔子學院和超過一千一百九十個孔子課堂，[2]全部由中國政府資助。這些文化和教育機構經常被發現肩負著中國的國家集體任務，因此許多國家已經開始禁止其運作。當文化和教育活動是由一個政治實體在集體主義的意識形態之下所庇護和資助的，這些活動實際上就更像是一個帝國的文化滲透，而不是真正的全球化活動。
2. 世界上有許多應用程式公司和社群媒體業者，各自努力尋找新的商業機會。但是，在中國的集體主義體制下，中國所有的高科技巨頭都與中國共產黨有關。中國的軟體公司設計出的產品如 TikTok 和微信，其演算法被懷疑背後藏有隱藏的目的（例如阻止政治敏感的影片流傳）。如果在國際上流通的娛樂內容會受某個集體意志的審查和滲透，那麼就比較像是在傳播帝國的意識形態，而不是真正的全球化活動。
3. 二〇二一年，有些企業開始禁止使用新疆種植的棉花。這是因為中國在新疆成立了許多維吾爾人的「再教育營」，許多民主國家認為實際情況近乎「種族清洗」。以前也有許多類似新疆棉事件的國際抵制運動，例如電影《血鑽石》（*Blood Diamond*）引發大眾關注非洲國家獅子山勞工所受到的剝削之後，曾引發對鑽石生產的抵制。但在新疆棉事件中，企業的抵制行動遭到中國政府的反擊。中國政府指定幾家公司，禁止它們在中國營運，作為報復。以瑞典快時尚公司H&M為例，H&M在被中國指定為報復目標後短短一週，H&M的服飾從中國所有的電子商務應用程式中消失了，智慧型手機的地圖上也找不到H&M的門市了。民主國家的民眾可能會想，一家實體門市怎麼可能從地圖上消失？[3] 在中國，這太容易了。在集體主義的意識形態下，市場如何運作是由中國政府協調和決定的。這是中國的政治實體涉入國際企業活動的例子之一。

總而言之，全球化的傳統概念，指的是由於交通或電子傳輸之便利，個人和私營企業彼此之間的互動越來越多，但中國對全球化有它自己的定義。在集體主義和專制控制下，中國版本的全球化是指意識形態的協同輸出（藉由教育和文化活動）、政治上決定的市場准入（僅容許友好企業）、以及強加黨國意識形態和中共至上觀念於各種應用程式和社群媒體。對中國來說，全球化並不意味著「中國走向全球」。相反，中國利用其巨大的經濟和政治影響力，視全球化為一個使世界上所有其他國家變得與中國一致的機會。我們或許可以稱之為「中國利用全球化借殼上市」。

二〇〇一年，中國加入了WTO，享受到幾乎沒有貿易壁壘的世界市場，得到大量的機會。中國從全球化獲得了巨大的利益，其國內生產毛額（GDP）三十年間增加了約四十倍，二〇一〇年起就已成為世界第二大經濟體。二〇〇四年，中國開始在世界各地建立孔子學院，輸出黨國宣傳。二〇一〇年，中國制裁挪威，禁止進口挪威的鮭魚，以懲罰挪威頒發諾貝爾和平獎給中國異見人士劉曉波。這是中國作為一個政治實體對經濟出口實施制裁的最著名例子。二〇一〇年之後，中國以政治力量支持的經濟干預穩步增加，我們開始看到中國頻頻以抵制和制裁回應中國聲稱「傷害中國人民感情」的各種事件。在集體主義和專制控制下，這些抵制逐漸成為系統性的常規手段，不再是零星的偶發事件，而且這種制裁的規模和力道不斷增強。二〇二一年的新疆棉事件使得民主世界往後退一步，開始思考：如果是由中國來塑造一個新的全球化秩序，那會是一個多麼不同的世界？

在這裡，我們清楚看到了內部集體主義的政權與外部全球化環境之間的根本衝突。正如我們在第五章指出，如果中國公司想參與全球金融市場並獲得全球資金，中國公司就必須面對全球投資人的問責要求。但是，這與中共在集體主義下的內部控制邏輯不一致。我們還說明了在市場經濟民主國家，政府總是與私營企業保持一定的距離，但這種全球常見的私營與公共實體之間的距離，與中國的集體主義有根本的矛盾。簡而言之，中國面臨內部專制控制與融入外部全球市場之間的系統性矛盾。[4]這種內部與外部矛盾近年來變得越來越嚴重。

在本書各章節中，我們已經闡述了中國與民主國家之間許多類型的經濟衝突。正如我們指出，這些衝突的根源在於政治體制的差異：民主國家與專制國家之間，有不同的政治意識形態、憲法設計、行政制度、權力結構，以及最重要的，不同的價值觀——在雙方所有差異的背後，都是不同的價值觀。我們認為，正是這基於不同價值觀的體制差異，最終驅動了那些經濟衝突，因此這種衝突應該是完全避免不了的。

## 專制主義與自由市場經濟之間的價值觀差異

美國經濟史學家、一九九三年諾貝爾經濟學獎得主羅伯・福格爾（Robert Fogel）曾提出一個很好的例子，說明了價值觀差異造成的經濟差異。在他與史丹利・英格曼（Stanley Engerman）合著、一九七四年出版的《苦難的時代：美國奴隸制經濟學》（*Time on the Cross*）中，兩位作者指出，美國南方的奴隸制對奴隸主來說利潤很高，因為奴隸主安排棉花種植勞動投入的方式，可以只追求利潤最大化；奴工身體是不是太疲勞、是否具備工作的熱忱，都不是奴隸主需要考慮的事。拜棉花種植的勞動規模經濟所賜，南方奴隸農場的單位勞動產出高於北方農場。這意味著美國南方的奴隸制不會很快自行消失（就像古羅馬等歷史上蓄奴的例子一樣），因為雖然奴隸制度是一種剝削，但對奴隸主來說卻很有利潤，生產力高。

一個社會是否容許奴隸制存在，當然是一個價值觀問題。如果我們認為，人的尊嚴和個人自由的價值，超越生產效率，無論奴隸制可以讓經濟效率提升多少，我們都應該廢除奴隸制。因此，是價值觀決定了南方與北方棉花種植園之間的相對效率。

上述故事很像本書之前章節一再談到的情境。例如，民主國家的電子商務平台競爭力不如中國的阿里巴巴，因為後者受益於中國嚴厲的網路管制——這種管制導致有利於阿里巴巴的市場准入不對稱。民主國家的電子商務平台競爭力較差，只是因為中國民眾往往無法正常地造訪外國電商網站。又例如，中國有些高科技公司競爭力較強，是因為這些高科技公司從「中國製造二〇二五」之類的計畫獲得異常豐厚的政府補貼。因為民主國家的政府尊重資訊自由流通原則，也尊重規管政府如何運用資源的法律，所以民主國家的政府不能奉行封鎖外國網站或肆無忌憚補貼企業之類的「競爭策略」。

在福格爾與英格曼傳達的訊息中很重要的一點是：因為奴隸制能夠獲利，「因此不會很快消失」。這似乎將我們導向一個令人不安的結論：如果中國從它嚴厲的網路管制、大量的政府補貼，以及廣泛利用人工智慧侵犯個人隱私等措施中獲得利益，那麼這些措施就不大可能很快消失。

即便經過前面幾章的分析，現在就在我們在要提出結論時，有些現象仍然使我們感到困惑。例如，在第八章的結尾，我們表示，為了解決強制技術移轉問題，美國不應該單獨行動，而是應該與歐盟和日本等民主盟友組成聯盟，迫使中國停止強迫外國公司移轉技術。同樣地，為了迫使中國開放對稱的電子商務市場准入，民主國家組成強大的聯盟也很重要，正如我們在第三章指出。這種結盟建議可說是基於囚徒困境的固有性質：民主國家必須協調行動，才能夠克服個別行動只考慮本國利益的問題。雖然協調行動好過單邊行動，但我們無法確定中國對民主國家結盟會有什麼反應。即使民主國家組成聯盟並協調行動，中國為什麼會讓步呢？總之，如果美國內戰之後南方花了很長時間才徹底廢除奴隸制，那麼，即使民主國家聯合起來要求中國改變其做法，我們憑什麼期待中國在不久的將來作出改變呢？

上述疑問引出一個更為深層的問題。美國、歐盟和日本二〇一八和二〇二〇年的三方聲明已經提交給WTO。WTO是個遵循規則運作的國際經濟組織，而WTO制定規則是基於共識決而不是多數決。上述三方聲明指出，WTO關於政府補貼的某些現行規則不公平，而且過時，無法處理報酬遞增的高科技產業的問題。但是，如果中國過去已經利用了這些舊規則的漏洞並從中得益，我們怎麼能期望中國因為這種三方聲明而讓步呢？如果中國堅持抵制改革，WTO怎麼可能通過共識決修改現行規則？

## 現在與冷戰圍堵時期的差別

我們還必須注意，現在的世界與冷戰圍堵時期大不相同，當年是由美國領導的北約聯盟對抗蘇聯領導的華沙公約組織。在我們看來，現今情況與七十年前冷戰的關鍵差別，在於二十一世紀的全球經濟體系是高度整合的。在一九五〇年代，世界尚未全球化；當時沒有複雜的全球供應鏈，而中國和蘇聯加起來也只是世界市場很小的一部分。但是，在二〇二〇年代，中國可說是世界上最大的市場和工廠。

以汽車業為例：二〇一九年，中國汽車總銷售量超過兩千一百萬輛，第二大市場是美國，總銷售量一千七百萬輛。在中國賣出的約兩千一百萬輛汽車中，近五百二十萬輛是德國汽車，而同年德國境內的汽車總銷售量僅為三百六十萬輛。[5]就中國的汽車生產而言，賓士和寶馬這兩個德國最著名的奢侈品牌二〇二〇年在中國的汽車產量遠多於一百萬輛。從這些數據看來，民主國家（例如德國）在與中國的往來中面臨囚徒困境，是完全不令人意外的。

二〇二一年三月二十日那一期《經濟學人》的封面故事是〈與中國打交道的殘酷現實〉。汽車業只是民主國家在中國既得利益的許多例子之一。《經濟學人》列出了另外幾個例子，包括英國的銀行業、美國的科技業、法國的奢侈品業，以及澳洲的採礦業。事實上，我們正面臨一場專制與自由價值觀之間的劃時代較勁，而既得利益扮演了關鍵的角色。[6]

因為無論是在生產線還是行銷管道方面，全球經濟都已經與中國高度整合，我們明白世界各國甚至只是考慮與中國脫鉤都非常困難，尤其是如果要像冷戰和圍堵時期那樣，在實體經濟製造和分配方面與蘇聯集團脫鉤。面對這種現實，我們能做什麼呢？

以下列出我們所面臨的問題，而這些問題彼此之間是相互交織的：

- 現在的世界經濟已經高度全球化，經濟整合的程度遠高於冷戰時期。這個全球化和整合化的世界經濟目前是靠WTO的規則管理，但這些規則大多是在近三十年前制定的，當時沒有那麼多報酬遞增的高科技產業，沒有網際網路，也沒有那麼多表面私營但實際上受專制政府（例如中國政府）或某個政黨（例如中國共產黨）嚴格控制的企業。因此，現行的WTO規則有明顯的漏洞。
- 專制國家更加擅於利用上述的WTO規則漏洞，因此民主國家與專制國家之間的企業競爭本質上就是不公平的。
- WTO修改規則需要所有會員達成一致共識。但是，那些從現行規則獲得好處的國家根本不打算支持修改規則。WTO因此極難往合理的方向修改規則。
- 全球自由市場經濟的運作，與集體主義意識形態和中國的專制控制之間，存在根本的衝突。這正是中國試圖抵制某些企業透明度要求的原因。此外，中國的各種商業、文化和學術推廣活動，背後往往有專制政權決定的集體任務，而這已經導致民主國家採取嚴肅的防範措施。

- 由於中國不但是個重要的市場，還是「世界工廠」，民主國家必須結盟才有希望克服囚徒困境。許多民主國家在中國已經取得巨大的既得利益，這導致這些民主國家更難擺脫囚徒困境。此外，即使出現強大的聯盟，例如美國、歐盟和日本發表三方聲明，也無法保證中國會讓步，或扭轉不公平的局面。
- 專制國家在現行WTO規則下的優勢所反映的，正是專制政權可以無視某些非常基本的民主價值。民主國家認為這些價值至為重要，因此會無條件重視它們。這些價值觀可能導致企業的運作在民主國家受到限制，企業的競爭效率可能因此降低。
- 是政治體制決定了專制國家的經濟戰略，而不是顛倒過來。因此，民主國家無論組成什麼聯盟，都必須有能力改變或挑戰專制政治體制，才有可能解決問題。

如果民主國家接受上述的觀察與前提，那麼就必須找到更好的策略，讓民主國家的結盟能夠發揮作用。借用《經濟學人》的說法，這場民主與專制體制之間的劃時代較勁，究竟應該基於什麼樣的主題來展開？

## 確定結盟策略背後的民主價值觀

在前面的章節中，我們提到民主與專制體制之間的一些衝突，涉及的問題包括電子商務、政府補貼、利用大數據技術侵犯隱私、上市公司問責、跨國反托拉斯、外國直接投資引起的國家安全威脅，以及強制技術移轉。我們可以問自己這個問題：如果民主國家針對上述問題組成聯盟，在哪一個（或哪些）問題上結盟會使專制國家受到最大的壓力？如果我們可以確定如何最有效地對專制政權施壓，我們就最有機會改變不公平的局面。美歐日二〇一八年的三方聲明著眼於政府補貼，二〇二〇年的三方聲明則著眼於強制技術移轉。在我們看來，兩者都沒有觸及專制國家的基本政治體制。因此，我們認為這兩次的三方聲明都不大可能奏效。

或許民主國家可以換一種方式結盟：結盟的基礎不是前述的衝突本身，而是這些衝突背後以價值觀為基礎的體制差異。「乾淨網路」（Clean Network）倡議背後的民主價值觀，或許就是個典型例子。[7]美國政府領導的這項努力旨在回應自由世界在資料隱私、人權、安全、合作等方面所面臨的長期威脅，而這些威脅是惡意的專制獨裁者造成的。這項倡議使民主國家及其企業基於民主價值觀結成聯盟。乾淨網路計畫希望與電訊設備供應商合作，在夥伴聯盟中踐行國際公認的數位信任標準。

二〇二〇年十二月，美國宣布，占世界經濟產出逾三分之二的六十多個國家，以及一百八十家電訊公司，已公開承諾將踐行乾淨網路的原則。這個基於民主價值觀的聯盟包括三十個北約成員國中的二十七個；二十七個歐盟成員國中的二十六個；三十七個經合組織國家中的三十一個；十二個三海（波羅的海、黑海、亞德里亞海）國家中的十一個，以及日本、以色列、澳洲、新加坡、台灣、加拿大、越南、印度和紐西蘭。

乾淨網路倡議與前述三方聲明的關鍵差別，在於前者是建立在隱私、人權和安全這些非常基本的民主價值之上。雖然乾淨網路針對的公司確實可能包括華為，但華為之所以成為目標，是因為華為及其衛星公司（可能還有 TikTok 和微信）被認定為與中共關係密切，危及隱私、安全和人權等民主價值。因此，乾淨網路倡議是個基於民主價值的聯盟，而非只是著眼於電訊產業某個分支的競爭公平問題而已。

如我們所知，乾淨網路計畫致力促成民主國家合作，以確保三件事：一、在個人層面，隱私受充分尊重；二、在企業層面，智慧財產權和技術知識受充分保護；三、在國家層面，國家安全受充分保障。為了在網際網路時代實現這些目標，我們必須有可信賴的供應商提供電訊設備，確保軟體和應用程式公司不受惡意的政府實體控制，以及各種服務產生的大數據之處理與運算，不得承接不對大眾負責的政府所決定的秘密任務。事實上，尊重隱私和保護智慧財產權是民主國家重視的價值，而我們需要國家安全來保護這些價值。乾淨網路倡議可將網路相關業務的不同方面，與一些共同的民主價值結合起來。

## 我們能指望中國在ＷＴＯ糾正自己嗎？

乾淨網路倡議也告訴我們一件事：不能指望ＷＴＯ解決網路「不乾淨」的問題。確實，所謂網路的「乾淨」，是網路空間的特徵，與傳統國際貨物貿易中的實體空間有所不同。正如我們在第三章提到，雖然網路封鎖製造出明顯的市場准入不對稱和貿易障礙，但要在ＷＴＯ立案處理網路空間貿易障礙是很困難的。同樣地，我們除了觀察到 TikTok 發送中國的一些宣傳內容給用戶，以及一些反中共黨國的影片被屏蔽流通，但要證明 TikTok 背後有國家支持的人工智能是很困難的。即使是美國二〇一六年的總統選舉，要證明選舉結果受「假新聞」影響也是幾乎不可能的。

簡而言之，定義網際網路的完整性非常困難，制定規則來規管ＷＴＯ的會員就更不用說了。因此，如果我們想制定新的ＷＴＯ規則來處理這些網路空間干擾，我們可能永遠無法達成有意義的共識，又或者只能達成標準極低的共識。在某種意義上，乾淨網路倡議（連同其未來的新細節）可視為一種新ＷＴＯ聯盟，或許可稱為E-ＷＴＯ，負責處理與網際網路有關的貿易，例如與電訊設備供應商有關的貿易和一些使用網際網路的服務。

建立新的E-WTO新規則並不是說舊WTO規則就應該廢除。不過，E-WTO規則將使舊規則受到一些壓力。以電子商務複邊倡議為例：每當有新規則被建立起來，新規則都會對舊的組織機構施加壓力。如果舊的電子商務倡議繼續缺乏企圖心，或是附和中國表達的觀點，也就是認同中國對網路的封鎖管制純屬中國國內主權問題，WTO不能處理，那麼民主國家可以利用在新的E-WTO中所形成的共識，朝向電訊貿易和電子商務領域進攻。這將使舊WTO在與網路空間有關的貿易中失去功能。除非，舊WTO感受到來自真正公平競爭環境的壓力，並且制定更積極、更公平的規則。果真如此，新的E-WTO可以扮演相對次要的角色。

我們可以沿著「保護民主價值」的思路進一步分析下去。機會平等和公平也可以說是非常重要的民主價值。在國際貿易中，制定規則規管政府補貼、關稅與配額、國民待遇和智慧財產權的根本原因，就是為了維護公平的競爭環境。正如我們在第二章提到，因為一些新出現的因素，包括一些WTO會員有許多名義上私營、但實際上受政府控制的企業，有些國際貿易規則已經變得不公平。原則上我們應該修改這些過時的規則，以恢復公平的競爭環境。但是，如果有WTO會員因為受惠於這些不公平的舊規則（而且積極利用這些規則），這些會員就會抵制往公平的方向修改規則，而如此一來，WTO就無法有什麼作為。這就構成一種系統性不公平的競爭情境，違反公平這個基本民主價值。

也許突破僵局的唯一希望，是真正的自由市場經濟體結成一個新聯盟，而這個計畫可以稱為「公平競爭倡議」。這個聯盟將歡迎真正信奉市場經濟的國家加入，並要求會員提供絕對透明的政府補貼數據，確保國有企業的運作是尊重市場導向的，並保證不容許政府針對企業營運目標作出任何指示。理論上只有踐行法治和存在健全制衡體制的民主國家，才可能滿足這些要求。我們可以把這個聯盟稱為「公平競爭WTO」（fair-competition WTO），簡稱F-WTO。照理說，在這個F-WTO中，舊WTO規則可以更容易往更加公平和有效的方向修改。

總而言之，我們認為，在現行的共識決制度下，改革WTO、使它成為一個比較好、比較公平的組織是非常困難的。E-WTO或F-WTO可以扮演「平行競爭機構」的角色，與舊WTO競爭，從而創造取代舊WTO的可能。只有利用這些新的平行組織，才有可能真正改變舊WTO下現行的不公平規則和不公平競爭環境。

概念上而言，E-WTO或F-WTO就像一些可能是民主的、自由市場經濟的WTO會員所簽訂的複邊自由貿易協定（FTA）。唯一的差別是傳統的自由貿易協定必須符合《關稅暨貿易總協定》（GATT）第二十四條，而新的E-WTO或F-WTO則不需要。這種不一致問題有以下三種可能的處理方式：

- 新的E－WTO可以是服務貿易協定（TiSA）的一部分，而它涵蓋的電訊或電子商務活動可視為早期收穫清單項目。
- 新的E－WTO可視為一項新的自由貿易協定，舊WTO會員的所有質問和投訴可交給WTO的爭端解決系統處理。如果爭端解決系統不起作用，舊WTO也就無能為力。
- E－WTO和F－WTO共同成為潛在的新WTO的基礎，其規則將修訂和加強，尤其是必須能夠阻止像中國這種專制黨國的不公平行為。

## 重建一套公平的世界貿易和經濟規則

經濟學教科書經常告訴我們，約翰．梅納德．凱因斯撰寫一九三六年出版的《就業、利息和貨幣通論》時，試圖建構新的經濟理論來取代主張「供給會創造出自身的需求」的賽伊法則。凱因斯發現，大蕭條時期的經濟體系與古典經濟學派所描述的截然不同，而這正是一九三〇年代世界各地失業率長期居高不下的原因。凱因斯因此強調需求面政府支出的作用，尤其是在嚴重蕭條時期，以助糾正當時功能失調的（供給面）經濟。

在我們看來，今天的世界貿易體系面臨的問題與當年的問題非常相似。關稅暨貿易總協定、《服務貿易總協定》和《馬拉喀什協定》旨在減少各種貿易障礙，創造一種公平的競爭環境，以促進開放和自由貿易的利益，並在真正的市場經濟體之間實現高效的國際分工。上述協定面世數十年後，世界已經發生了重大變化，但ＷＴＯ遲遲未能因應這些變化而修改規則。

二〇〇一年，中國這個世界上最大的專制國家加入了ＷＴＯ，市場經濟的定義隨後逐漸變得模糊，直到最近，ＷＴＯ的會員才意識到，舊的ＷＴＯ規則無法約束中國十分常見的國有企業，而這些企業受中國政府影響之深是前所未有的。隨著中國加入ＷＴＯ，ＷＴＯ舊規則下的經濟競爭不但不公平，還有利於中國的專制黨國。更糟糕的是，中國嚴厲的網路管制、隱私侵犯，以及利用大數據和人工智慧技術危害自由世界國家安全的問題，也不斷在惡化。

凱因斯有句名言：「既得利益的力量被嚴重誇大了。」前述《經濟學人》雜誌闡述的矛盾似乎呼應了這句話。世界上許多國家無法面對或處理中國的專制黨國體制造成的明顯不公平，主要是因為這些國家在中國市場有既得利益。川普政府確實試圖糾正這種不公平，但它只倚賴自身的單邊力量，幾乎完全沒有借助民主盟友的力量，而且當時的川普總統也沒有闡明美中之間的根本不公平和價值觀差異。如果不闡明不公平問題和背後受挫的民主價值觀，美中衝突會很容易墜入修昔底德陷阱，淪為兩個大國之間沒有對錯之分的權力鬥爭。

本書嘗試說明這當中的價值觀差異，並為美中貿易和經濟衝突背後的原因提出理論解釋。我們相信，只有釐清了這些觀念，我們才能就「與中國打交道的殘酷現實」（《經濟學人》的封面標題）作出正確的選擇。雖然我們只是非常簡要地討論了自由世界的策略聯盟，但本書具體說明了如何才是公平和自由的經濟運作。畢竟，正如凱因斯最終指出：「危險的是思路，而不是既得利益，思路才會對善或惡造成危險」（Keynes, 1936）。我們已經盡力釐清思路——我們希望這是能夠對專制體制造成衝擊的好思路。

4. 較為詳細的理論討論，可參考Chen and Chu (2005)。
5. 這些統計數據可以利用Google搜尋輕鬆找到。雖然不同的資料來源提供的數字略有不同，但它們大致一致。我們在這裡略過詳細的資料來源，以免處理數字上的微小差異。
6. 參見*The Economist*, 20–26 March 2021 issue, 7.
7. M.R. Pompeo, 'The Clean Network', US Department of State, https://2017-2021.state.gov/the-clean-network/index.html.

*Sina News* (4 September 2013), http://finance.sina.com.cn/chanjing/gsnews/20130904/172316664285.shtml.

28. 我們確實有證據支持這裡的說法，但相關公司不希望公開案情。
29. 'Joint Statement of the Trilateral Meeting…'.
30. *Economic and Trade Agreement Between the Government of the United States of America and the Government of the People's Republic Of China* (January 2020), https://ustr.gov/sites/default/files/files/agreements/phase%20one%20agreement/Economic_And_Trade_Agreement_Between_The_United_States_And_China_Text.pdf.
31. European Union Chamber of Commerce in China, *European Business in China Business Confidence Survey* 2020 (10 June 2020), www.europeanchamber.com.cn/en/publications-archive/774/European_Business_in_China_Business_Confidence_Survey_2020.
32. USTR, 2020 *Report to Congress on China's WTO Compliance* (January 2021), https://ustr.gov/sites/default/files/files/reports/2020/2020USTRReportCongressChinaWTOCompliance.pdf.
33. T. Ferguson, 'China's Communist Party and Lost Legitimacy', *Forbes* (29 June 2012), www.forbes.com/sites/timferguson/2012/06/29/chinas-communist-party-and-lost-legitimacy/?sh=dc4b393676da.

## 第九章　如何與龍共舞？

1. B. Baschuk, 'China Loses Landmark WTO Dispute Against EU' *Bloomberg* (16 June 2020), www.bloomberg.com/news/articles/2020-06-16/not-with-a-bang-china-loses-landmark-wto-dispute-against-eu.
2. G. Sands, 'Are Confucius Institutes in the US Really Necessary?' *The Diplomat* (20 February 2021), https://thediplomat.com/2021/02/are-confucius-institutes-in-the-us-really-necessary/.
3. 參見《經濟學人》二〇二一年四月三～九日那一期。

測是中國在二〇一九年三月和五月刪除了一些有爭議的法律條款，包括《技術進出口條例》第二四條第三款（要求外國授權人為中國被授權人因使用移轉的技術而產生的所有侵權責任提供補償）、第二七條（規定進口技術的任何改進屬作出改進的一方所有）、第二九條（禁止授權契約限制中方改進技術或使用經改進的技術），以及《中華人民共和國中外合資經營企業法實施條例》第四三條第四款（規定中國合資方有權在移轉契約期滿後繼續使用移轉的技術）。美國二〇一九年六月提出暫停程序的要求，可能也是因應將於六月二十八日G20峰會期間舉行的川普與習近平會談。

21. *China – Certain Measures on the Transfer of Technology – Request for consultations by the European Union, WT/DS*549/1 (6 *June* 2018), https://docs.wto.org/dol2fe/Pages/SS/directdoc.aspx?filename=q:/WT/DS/549-1.pdf&Open=True.
22. 同上。
23. Michael Forsythe, 'China's Chief Justice Rejects an Independent Judiciary, and Reformers Wince', *New York Times* (18 January 2017), www.nytimes.com/2017/01/18/world/asia/china-chief-justice-courts-zhou-qiang.html?smid=fb-share&fbclid=IwAR26YbirMgxtRPXdeDLCsJFzZp0IUphjOYrunoHVsjtCjKdEQDjMx10-R_A.
24. R. Davis, 'Michael Jordan Awarded $46,000 for "Emotional Damages" but Not Full Rights to His Own Name in China', *Variety* (31 December 2020), https://variety.com/2020/sports/news/michael-jordan-china-trademark-lawsuit-qiaodan-1234877353/.
25. Supreme People's Court (2018) Administrative Retrial No 32.
26. Y. Yunting, 'How Could McDonald's Beat Free Rider of Trademark in China?', *Bridge IP Commentary* (23 October 2011), www.chinaiplawyer.com/administrative-litigation/.
27. Xinhua Net, 'McDonald's sued Trademark Appeal Board and was Rejected',

*Economic Aggression Threatens*…, 6.

11. United States International Trade Commission, *China: Effects of Intellectual Property Infringement and Indigenous Innovation Policies on the U.S. Economy* (May 2011), www.usitc.gov/publications/332/pub4226.pdf.
12. White House Office of Trade and Manufacturing Policy, *How China's Economic Aggression Threatens*… , 2– 4; USTR, 2019 *Report to Congress on China's WTO Compliance*, 33.
13. USTR, 2019 *Report to Congress on China's WTO Compliance*, 13.
14. Keith Bradsher, 'How China Obtains American Trade Secrets', *New York Times* (15 January 2020), www.nytimes.com/2020/01/15/business/chinatechnology-transfer.html.
15. Yu Zhou, 'U.S. Trade Negotiators Want to End China's Forced Tech Transfers. That Could Backfire', *Washington Post* (28 January 2019), www.washingtonpost.com/news/monkey-cage/wp/2019/01/28/u-s-trade-negotiators-want-to-end-chinas-forced-tech-transfers-that-could-backfire/.
16. 強制技術移轉有時會產生反效果，也就是會阻礙在沒有壓力的情況下本來會發生的技術移轉。研究顯示，由於中國對智慧財產權保護不力，外國公司會「避免與中國業務完全整合」，通常會移轉面世至少五年或即將過時的技術（Schiappacasse, 2004）。
17. *Protocol on the Accession of The People's Republic of China*, WT/L/432 (10 December 2001), www.worldtradelaw.net/misc/ChinaAccessionProtocol.pdf.download.
18. *Report of the Working Party on the Accession of China*, *WT/ACC/CHN/*49 (1 October 2001), https://docs.wto.org/dol2fe/Pages/SS/directdoc.aspx?filename=Q:/WT/ACC/CHN49.pdf&Open=True.
19. *China – Certain Measures Concerning the Protection of Intellectual Property Rights*….
20. 美國和中國都不曾向公眾解釋暫停小組程序的原因。一個合理的猜年一月十四日，https://trade.ec.europa.eu/doclib/docs/2020/january/tradoc_158567.pdf。

4. D. Dodwell, 'China is on the Path to Global Technology Dominance', *South China Morning Post* (24 March 2017), www.scmp.com/business/global-economy/article/2081771/be-afraid-china-Path-global-technology-dominance.
5. *Protocol on The Accession of The People's Republic of China*, WT/L/432 (December 10 2001), www.worldtradelaw.net/misc/ChinaAccessionProtocol.pdf.download.
6. F. Abbott, 'Inside Views: US Section 301, China, and Technology Transfer: Law and Its Limitations Revisited (Again)', *Intellectual Property Watch* (6 June 2018), www.ip-watch.org/2018/06/07/us-section-301-chinatechnology-transfer-law-limitations-revisited/.
7. S. Babones, 'The Trade War That Wasn't: Tit-for-tat Tariffs Are Unlikely to Have Any Real Effect', *Forbes* (5 April 2018), www.forbes.com/sites/salvatorebabones/2018/04/05/the-trade-war-that-wasnt-tit-for-tat-tariffs-are-unlikely-to-have-any-real-effect/?sh=52895c733ec5.
8. White House Office of Trade and Manufacturing Policy, *How China's Economic Aggression Threatens the Technologies and Intellectual Property of the United States and the World* (June 2018), 2–4, https://trumpwhitehouse.archives.gov/wp-content/uploads/2018/06/FINAL-China-Technology-Report-6.18.18-PDF.pdf; USTR, 2019 *Report to Congress on China's* WTO *Compliance* (*March* 2020), 12–13, https://ustr.gov/sites/default/files/2019_Report_on_China%E2%80%99s_WTO_Compliance.pdf.
9. USTR, *Findings of The Investigation into China's Acts, Policies, and Practices Related to the Technology Transfer* (22 *March* 2018), *https://ustr.gov/sites/default/files/Section*%20301%20*FINAL.PDF*.
10. White House Office of Trade and Manufacturing Policy, *How China's*

42. European Commission, 'Guidance to the Member States Concerning Foreign Direct Investment and Free Movement of Capital from Third Countries, and the Protection of Europe's Strategic Assets, Ahead of the Application of Regulation (EU) 2019/ 452 (FDI Screening Regulation)' (25 March 2020), https://trade.ec.europa.eu/doclib/docs/2020/march/tradoc_158677.pdf.
43. Regulation 2019/452 of the European Parliament and of the Council of 19 March 2019 Establishing a Framework for the Screening of Foreign Direct Investments into the Union [2019] OJ L79/1. Recital 13.
44. Steve Browning and Oliver Bennett, *National Security and Investment Bill 2019–21* (18 January 2021), 4, https://commonslibrary.parliament.uk/research-briefings/cbp-8784/.
45. Marc Israel, 'Reduced Merger Control Thresholds for Protection of National Security', *White & Case* (11 June 2018), www.whitecase.com/publications/alert/reduced-merger-control-thresholds-protection-national-security.
46. 經合組織，《保護基本安全利益的收購和所有權相關政策》，第六頁。

## 第八章　強制技術移轉：補救不足的問題

1. 參見*China and the World Trade Organization – Communication from China*, WT/GC/W/749 (23 July 2018).
2. 例如參見*China – Certain Measures Concerning the Protection of Intellectual Property Rights* ('*China – Intellectual Property Rights II*') *– Request for the establishment of a panel by the United States*, WT/DS542/8 (18 October 2018)。在該文件中，美國針對中國提出關於後者的強制技術移轉的問題。該案件涉及中國可能違反《與貿易有關之智慧財產權協定》第三．一條（國民待遇）和第二八條（專利權）。因為中國修改了其國內法，該案後來撤銷。相關細節將於本章後續討論。
3. 《美國、歐盟和日本貿易部長三方會議聯合聲明》，二〇二〇

33. USFTA, 'Mergers', www.ftc.gov/tips-advice/competition-guidance/guide-antitrust-laws/mergers.
34. 經合組織，《二〇二〇年OECD競爭趨勢》，第五四頁，www.oecd.org/daf/competition/OECD-Competition-trends-2020.pdf。
35. USDOJ, 'Horizontal Merger Guidelines' (19 August 2010), www.justice.gov/atr/horizontal-merger-guidelines-08192010#1.
36. Noah Joshua Phillips, 'Championing Competition: The Role of National Security in Antitrust Enforcement' (8 December 2020), www.ftc.gov/system/files/documents/public_statements/1584378/championing_competition_final_12-8-20_for_posting.pdf.
37. Felix I. Lessambo, *Mergers in the Global Markets: A Comparative Approach to the Competition and National Security Laws among the US, EU, and China* (Palgrave Macmillan, 2020), p. 86.
38. Enterprise Act 2002, s 42(2) and s 58.
39. US Department of the Treasury, 'The Committee on Foreign Investment in the United States (CFIUS)', https://home.treasury.gov/policy-issues/international/thE-committee-on-foreign-investment-in-the-united-states-cfius.
40. David Fagan and Brian Williams, 'Intersection of National Security With M&A: The Committee on Foreign Investment in the United States', Tax Executive (30 January 2020), https://taxexecutive.org/intersection-of-national-security-with-ma-thE-committee-on-foreign-investment-in-the-united-states/.
41. Skadden, Arps, Slate, Meagher & Flom LLP, 'Europe and the UK Race To Protect Businesses Impacted by the Coronavirus Pandemic: Foreign Investment, State Aid and Antitrust Rules Adjusted' (27 March 2020), www.skadden.com/insights/publications/2020/03/europe-and-the-uk-race-to-protect-businesses.

texas/lone-star-infrastructure-protection-act-heads-to-abbott-for-signature/article_9227141e-c3c7-11eb-a29e-cb925d1ce6a8.html.

24. 「5G：國家安全問題、智慧財產權問題以及對競爭和創新的影響：參議院司法委員會聽證會」，二〇一九年，新美國安全中心兼任資深研究員Peter Harrell的陳述，www.cnas.org/publications/congressional-testimony/5g-national-security-concerns-intellectual-property-issues-and-the-impact-on-competition-and-innovation。
25. Motor Sich, 'Products', www.motorsich.com/eng/products/.
26. Alla Hurska, 'New Year, New Battles: China Does Not Plan to Give up Motor Sich?', *The Jamestown Foundation* (3 February 2021), https://jamestown.org/program/new-year-new-battles-china-does-not-plan-to-give-up-motor-sich/.
27. lla Hurska, 'The Battle for "Motor Sich" ', CEPA (20 November 2020), https://cepa.org/inbox-the-battle-for-motor-sich/.
28. US Embassy in Ukraine, 'China's Skyrizon Added to U.S. Commerce Department Military End User List' (14 January 2021), https://ua.usembassy.gov/chinas-skyrizon-added-to-u-s-commerce-department-military-end-user-list/.
29. Roman Olearchyk, 'Ukraine to Nationalise Aircraft Engine Maker to Prevent Chinese Takeover: Kyiv Cites "National Security" as Reason for Returning Motor Sich to State Ownership', *Financial Times* (11 March 2021), www.ft.com/content/5b261898-7898-4f19-9168-9bc9f22db0de.
30. 同上。
31. Daniel S. Hoadley and Kelly M. Sayler, 'Artificial Intelligence and National Security', Congressional Research Service (2020), 8–10, https://fas.org/sgp/crs/natsec/R45178.pdf.
32. 經合組織，《保護基本安全利益的收購和所有權相關政策》，第二七頁。

16. Department for Business, Energy and Industry Strategy, 'National Security and Infrastructure Investment Review: The Government's Review of the National Security Implications of Foreign Ownership or Control' (October 2017), 22– 23, https://assets.publishing.service.gov.uk/government/uploads/system/uploads/attachment_data/file/652505/2017_10_16_NSII_Green_Paper_final.pdf.
17. Boris Segalis, Kevin King and Jina John, 'CFIUS Rule Puts National Security Spotlight on Investments that Result in Foreign Access to Sensitive Personal Data', Cooley (13 October 2020), https://cdp.cooley.com/cfius-rule-puts-national-security-spotlight-on-investments-that-result-in-foreign-access-to-sensitive-personal-data/?utm_source=Mondaq&utm_medium=syndication&utm_campaign=LinkedIn-integration.
18. 同上。
19. 經合組織，《保護基本安全利益的收購和所有權相關政策》，第二八頁，www.oecd.org/investment/OECD-Acquisition-ownership-policies-security-May2020.pdf。
20. European Broadcasting Union, 'Media Freedom & Pluralism: Protecting the Independence and Diversity of Media in Europe', www.ebu.ch/legal-policy/media-freedom-pluralism.
21. EU Parliamentary Assembly, 'Resolution 2317: Threats to Media Freedom and Journalists' Security in Europe' (2020), https://assembly.coe.int/nw/xml/XRef/Xref-XML2HTML-en.asp?fileid=28508&lang=en.
22. Yami Virgin, 'Chinese Wind Farm in Texas: "It's the Greatest National Security Concern"', *Fox San Antonio* (25 August 2020), https://foxsanantonio.com/news/yami-investigates/chinese-wind-farm-in-texas-its-the-greatest-national-security-concern-said-hurd.
23. Bethany Blankley, 'Lone Star Infrastructure Protection Act Heads to Abbott for Signature', *The Center Square* (2 June 2021), www.thecentersquare.com/

2015), 14, www.pwc.com/gr/en/publications/assets/state-owned-enterprises-catalysts-for-public-value-creation.pdf.

7. 同上。
8. 經合組織，《國有企業的海外營運：經合組織的國企公司治理指南在國企跨國營運上的應用》，第三頁，www.oecd.org/corporate/ca/corporategovernanceofstate-ownedenterprises/44215438.pdf。
9. Chinese State-owned and State-controlled Enterprises: Hearing Before the *U.S. China Economic and Security Review Commission,* 112th Cong. 84 (2012),
10. 《補貼及平衡措施協定》（摩洛哥馬拉喀什，一九九四年四月十五日），《馬拉喀什設立世界貿易組織協定》附錄一A。
11. 美中貿易全國委員會，會員調查，二〇一九年八月，www.uschina.org/sites/default/files/member_survey_2019_-_en_0.pdf。
12. Gary Hufbauer, Thomas Moll, and Luca Rubini, 'Investment Subsidies for Cross-Border M&A: Trends and Policy Implications', United States Council Foundation, Occasional Paper No 2 (2008), 1, www.uscib.org/docs/usc_founda-tion_investment_subsidies.pdf. 「中國製造二〇二五」的例子則還涉及政府以行政命令要求某些方面合作的問題。
13. *Chinese State-owned and State-controlled Enterprises...,* 81– 82.
14. Nikolay Mizulin and others, 'European Commission Publishes White Paper on Foreign Subsidies Distorting the EU Internal Market' (Mayer Brown, 18 June 2020), www.mayerbrown.com/en/perspectives-events/publications/2020/06/european-commission-publishes-white-paper-on-foreign-subsidies-distorting-competition-in-the-eu.
15. Cabinet Office, *Public Summary of Social Security and Resilience Plans* (2017), https://assets.publishing.service.gov.uk/government/uploads/system/uploads/attachment_data/file/678927/Public_Summary_of_Sector_Security_and_Resilience_Plans_2017__FINAL_pdf___002_.pdf.

ownership-policies-security-May2020.pdf。

2. David Fagan and Brian Williams, 'Intersection of National Security with M&A: The Committee on Foreign Investment in the United States', Tax Executive (30 January 2020), https://taxexecutive.org/intersection-of-national-security-with-ma-thE-committee-on-foreign-investment-in-the-united-states/.
3. 經合組織，《保護基本安全利益的收購和所有權相關政策》，第六頁。
4. 所舉例子可在各種新聞稿中找到，包括：Li Fusheng, 'Audi to Hold Majority Stake in New Chinese JV', *China Daily* (19 January 2021), www.chinadaily.com.cn/a/202101/19/WS60066835a31024ad0baa3903.html; 'Toyota Plans New $1.2 Billion EV Plant in Tianjin with FAW: Document', *Reuters* (29 February 2020), www.reuters.com/article/us-toyota-china-electric-idUSKBN20N0H0; 'Taiwan Approves TSMC's Plan to Expand Nanjing, China Chipmaking Plant', *Focus Taiwan* (30 July 2021), https://focustaiwan.tw/business/202107300008.
5. 本節參考資料包括：World Bank, 'Belt and Road Initiative' (29 March 2018); Ming Wan, *The Asian Infrastructure Investment Bank: The Construction of Power and the Struggle for the East Asian International Order* (Palgrave McMillan 2016), 70; Scott Wingo, 'How Will China Respond When Low-income Countries Can't Pay Their Debts?', *Washington Post* (30 June 2020); American Enterprise Institute and Heritage Foundation, 'Global China Investment Tracker', aei.org/china-global-investment-tracker/; Nilanthi Samaranayake, 'Chinese Belt and Road Investment Isn't All Bad—or Good', *Foreign Policy* (2 March 2021), https://foreignpolicy.com/2021/03/02/sri-lanka-china-bri-investment-debt-trap/; Maria Abi-Habib, 'How China Got Sri Lanka to Cough Up a Port', *New York Times* (25 June 2018).
6. PWC, 'State-owned Enterprises: Catalysts for Public Value Creation?' (April

challenge-chinese-state-capitalism。

11. Phil Taylor, 'China Enforces Competition Law Against State-owned Enterprises' (12 December 2011), www.ibanet.org/Article/NewDetail.aspx?ArticleUid=c3a3f619-80ac-455a-aae1-ae1dbf9f63a3.
12. CSIS，《應對中國國家資本主義的挑戰》，二〇二一年一月二十二日，www.csis.org/analysis/confronting-challenge-chinese-state-capitalism。
13. Bien Perez and Li Tao, '"Made in China 2025": How 5G could put China in Charge of the Wireless Backbone and Ahead of the Pack', *South China Morning Post* (15 October 2018), www.scmp.com/tech/enterprises/article/2168665/made-china-2025-5g-offers-worlds-biggest-mobile-market-chance-seize.
14. WTO，《杜哈部長宣言》，WT/MIN(01)/DEC/1，二〇〇一年十一月十四日，www.wto.org/english/thewto_e/minist_e/min01_e/mindecl_e.htm。
15. WTO，〈二〇〇三年坎昆WTO部長級會議：簡報—處理卡特爾和其他反競爭行為的貿易和競爭政策〉，www.wto.org/english/thewto_e/minist_e/min03_e/brief_e/brief08_e.htm。
16. WTO，貿易與競爭政策相互作用工作組，二〇〇一年七月五～六日會議報告，WT/WGTCP/M/15，https://docs.wto.org/dol2fe/Pages/FE_Search/FE_S_S009-DP.aspx?language=E&CatalogueIdList=106000,28653,29295,42720,43371,53088,66762,22570,76854,14962&CurrentCatalogueIdIndex=7&FullTextHash=&HasEnglishRecord=True&HasFrenchRecord=True&HasSpanishRecord=True。

## 第七章　跨國併購管制：國家資本主義問題

1. 經合組織，《保護基本安全利益的收購和所有權相關政策：六十二個經濟體的當前和新興趨勢、觀察到的設計和政策實踐》，二〇二〇年五月，第二四頁，www.oecd.org/investment/OECD-Acquisition-

competition-guidance/guide-antitrust-laws。

2. 一般解釋可參考澳洲競爭與消費者委員會對反競爭行為的說明，www.accc.gov.au/business/anti-competitive-behaviour。
3. 聯邦貿易委員會，'The Antitrust Laws', www.ftc.gov/tips-advice/competition-guidance/guide-antitrust-laws/antitrust-laws.
4. 經合組織，《公平競爭：全球市場的競爭必須公平》，見www.oecd.org/trade/topics/levelling-the-playing-field/。
5. 根據WTO的判例，《服務貿易總協定》與一九九四年的《關稅暨貿易總協定》並不相互排斥。因此，因為影響進口商品而受一九九四年的《關稅暨貿易總協定》約束的政府措施，也可能因為影響供應或分銷服務而受《服務貿易總協定》約束。參見WTO上訴機構報告，*EC – Bananas III*，第二二一段。
6. 經合組織，〈關於競爭政策中競爭中立原則的圓桌討論內容提要〉，二〇一五年六月十六～十八日，第三～四頁，https://one.oecd.org/document/DAF/COMP/M(2015)1/ANN7/FINAL/en/pdf。
7. JonesDay, 'New Chinese Anti-Monopoly Law' (October 2007), www.jonesday.com/en/insights/2007/10/new-chinese-anti-Monopoly-law.
8. 美中貿易全國委員會，《競爭政策與中國的執行情況》，二〇一四年十二月，www.uschina.org/reports/competition-policy-and-enforcement-china。
9. 中華人民共和國外交部與商務部，《推動共建絲綢之路經濟帶和二十一世紀海上絲綢之路的願景與行動》，二〇一五年三月二十八日，https://reconasia-production.s3.amazonaws.com/media/filer_public/e0/22/e0228017-7463-46fc-9094-0465a6f1ca23/vision_and_actions_on_jointly_building_silk_road_economic_belt_and_21st-century_maritime_silk_road.pdf。
10. 戰略與國際研究中心（CSIS），《應對中國國家資本主義的挑戰》，二〇二一年一月二十二日，www.csis.org/analysis/confronting-

司。國家電網公司董事長調任中國五大發電公司之一的中國大唐集團的總經理。參見台灣中央社二〇二〇年一月十八日報導「中國央企領導同日大風吹 地方幹部拔擢多」，www.cna.com.tw/news/acn/202001180041.aspx。值得注意的是，這裡涉及的國有企業都是百分百國有的，這些人事任命因此並不直接涉及公司治理。但是，這些百分百國有企業是一些中國國內和海外上市公司的母公司，例如中國移動（集團）就擁有中國移動這家上市的子公司。

27. 中國共產黨與中國國務院，《中共中央、國務院關於深化國有企業改革的指導意見》，二〇一五年八月二十四日，big5.www.gov.cn/gate/big5/www.gov.cn/zhengce/2015-09/13/content_2930440.htm。
28. 恆豐銀行二〇一三年年度報告，二〇一四年四月二十日，www.hfbank.com.cn//upload/Attach/gxhf/qynb/2665289004.pdf。
29. 同上，第九頁。
30. Reuters Staff, 'China's Hengfeng Bank Ex-Chairman Cai Sentenced to Death with Two-Year Reprieve' (6 November 2020), *Reuters*, www.reuters.com/article/US-China-crime-hengfeng-idUSKBN27M0LO.
31. 《中國共產黨章程》第三〇條規定：「企業、農村、機關、學校、醫院、科研院所、街道社區、社會組織、人民解放軍連隊和其他基層單位，凡是有正式黨員三人以上的，都應當成立黨的基層組織。」
32. 中國證監會，《上市公司治理準則》，二〇一八年九月三十日，www.gov.cn/gongbao/content/2019/content_5363087.htm。
33. 中國共產黨中央委員會，《關於加強新時代民營經濟統戰工作的意見》，二〇二〇年九月十五日，www.gov.cn/zhengce/2020-09/15/content_5543685.htm。

## 第六章　全球化時代的反托拉斯法：競爭中立問題

1. 美國聯邦貿易委員會，〈反托拉斯法指南〉，www.ftc.gov/tips-advice/

22. PCAOB, 'International' (n.d), https://pcaobus.org/oversight/international.
23. 瑞幸咖啡是一家中國連鎖咖啡業者，公司股票自二〇一九年五月起在納斯達克掛牌。二〇二〇年四月，該公司宣布，一項內部調查發現其營運長從二〇一九年第二季到同年第四季捏造交易，金額約為二十二億元人民幣。參見Luckin Coffee, 'Luckin Coffee Announces Formation of Independent Special Committee and Provides Certain Information Related to Ongoing Internal Investigation' (2 April 2020), https://investor.luckincoffee.com/news-releases/news-release-details/luckin-coffee-announces-formation-independent-special-committee。美中經濟與安全審查委員會指出，瑞幸咖啡一案說明了「國際審計稽查遵循不足」的風險（The U.S.-China Economic and Security Review Commission, 2020）。該委員會指出：「在提交資料以支持其首次公開發行時，瑞幸操縱了關鍵的收入、營運和顧客流量數據。其IPO以每股十七美元的價格，籌集了五．六一億美元的資本。瑞幸最高市值為一百二十億美元，當時股價略高於五十美元。在資料造假的消息曝光後，該股數週內崩跌，最終導致投資人蒙受損失和公司從納斯達克下市。」
24. 中國共產黨中央委員會，《中共中央關於全面深化改革若干重大問題的決定》，二〇一三年十一月十五日，www.gov.cn/jrzg/2013-11/15/content_2528179.htm。
25. 中國國務院，《國務院關於推進國有資本投資、運營公司改革試點的實施意見》，二〇一八年七月十四日，http://www.gov.cn/zhengce/content/2018-07/30/content_5310497.htm。
26. 最近的一個例子發生在二〇二〇年一月十七日，中共調換了一些中央國企的高層。其中，中國移動（集團）副總經理調任中國電信（集團）總經理，中國電信（集團）副總經理調任填補中國移動（集團）副總經理空缺。一名中共江西省委常委被任命為中國國家電網公司董事長，該公司是財星五百大公司排名前三的公

metro/1812247124/.

14. China Securities Regulatory Commission, 'Code of Corporate Governance for Listed Companies' (7 January 2001), www.csrc.gov.cn/pub/csrc_en/newsfacts/release/200708/t20070810_69223.html.
15. 中國國務院，《國務院關於鼓勵支持和引導個體私營等非公有制經濟發展的若干意見》，二〇〇五年二月十九日，www.gov.cn/gongbao/content/2005/content_63162.htm。
16. 四大會計師事務所是德勤（Deloitte）、普華永道／資誠（PwC）、畢馬威／安侯建業（KPMG），以及安永（Ernst & Young）。
17. Chairman Jay Clayton et al., 'Statement on the Vital Role of Audit Quality and Regulatory Access to Audit and Other Information Internationally — Discussion of Current Information Access Challenges with Respect to U.S.-Listed Companies with Significant Operations in China', PCAOB (7 December 2018), https://pcaobus.org/News/Speech/Pages/statement-vital-role-audit-quality-regulatory-access-audit-information-internationally.aspx.
18. 中國證券監督管理委員會，《關於加強在境外發行證券與上市相關保密和檔案管理工作的規定》，二〇〇九年十月二十日，http://www.gov.cn/gongbao/content/2010/content_1620613.htm。
19. PCAOB, 'PCAOB Enters into Enforcement Cooperation Agreement with Chinese Regulators' (24 May 2013), https://pcaobus.org/news-events/news-releases/news-release-detail/pcaob-enters-into-enforcement-cooperation-agreement-with-chinese-regulators_430.
20. PCAOB, 'China-Related Access Challenges' (n.d.), https://pcaobus.org/International/Pages/China-Related-Access-challenges.aspx.
21. PCAOB, 'Public Companies that are Audit Clients of PCAOB-Registered Firms from Non-U.S. Jurisdictions where the PCAOB is Denied Access to Conduct Inspections' (1 October 2020), https://pcaobus.org/oversight/international/denied-access-to-inspections.

9. Chairman Jay Clayton, 'Statement after the Enactment of the Holding Foreign Companies Accountable Act' (18 December 2020), *U.S. Securities and Exchange Commission*, www.sec.gov/news/public-statement/clayton-hfcaa-2020-12.
10. White House, 'Executive Order on Addressing the Threat from Securities Investments that Finance Communist Chinese Military Companies' (12 November 2020), www.federalregister.gov/documents/2020/11/17/2020-25459/addressing-the-threat-from-securities-investments-that-financE-communist-chinese-military-companies. 美國國防部根據一九九九財政年度《國防授權法》第一二三七條，在二〇二〇年六月初步擬出一份中共軍方企業名單，同年八月和十二月補充了名單內容。參見www.defense.gov/Newsroom/Releases/Release/Article/2328894/dod-releases-list-of-additional-companies-in-accordance-with-section-1237-of-fy/。美國財政部外國資產管制局十二月公布了全部三十五家中共軍方企業的名單。參見www.treasury.gov/ofac/downloads/ccmc/ns-ccmc_list.pdf。
11. New York Stock Exchange, 'Updated Guidance Related to Compliance with Executive Order 13959 for Issuers of Exchange Traded Products and Closed- End Funds' (7 January 2021), www.nyse.com/trader-update/history#110000332208.
12. 例如參見Julian Gewirtz, 'Look Out: Some Chinese Thinkers Are Girding for a "Financial War"', *Politico* (17 December 2019), www.politico.com/news/magazine/2019/12/17/look-out-some-chinese-thinkers-are-girding-for-a-financial-war-086610。亦見'The Dangers of a US-China Financial War', *Financial Times* (14 May 2020), www.ft.com/content/85bca04a-9529-11ea-abcd-371e24b679ed。
13. Y. Jian, 'China Securities Museum Opens in Century-old Astor House Hotel', *SHINE* (24 December 2018), www.shine.cn/news/

31. Minister of Foreign Affairs, the People's Republic of China, 'Wang Yi: China Proposes to Make Universally-Accepted Global Data Security Rules' (12 September 2020), www.fmprc.gov.cn/mfa_eng/zxxx_662805/t1814910.shtml.
32. 'The China Strategy America Needs', *The Economist* (21–27 November 2020), p. 7.
33. A.L. Friedberg, 'An Answer to Aggression: How to Push Back Against Beijing', (September-October 2020), www.foreignaffairs.com/articles/china/2020-08-11/ccp-answer-aggression.

## 第五章　制定《外國公司問責法》：上市公司問責問題

1. Arjun Kharpal, 'Alibaba Shares Dive 7% as Ant Group's Record $34.5 Billion IPO is Ssuspended', *CNBC*, 3 November 2020, www.cnbc.com/2020/11/03/ant-group-ipo-in-shanghai-suspended.html.
2. MSCI是指摩根士丹利資本國際公司。
3. 勞工部長尤金・史卡利亞寫給FRTIB主席Michael Kennedy的信，https://federalnewsnetwork.com/wp-content/uploads/2020/05/051220_scalia_frtib_letter_FNN.pdf.
4. Thrift Savings Plan, 'Board Defers Action on I Fund Transition' (13 May 2020), www.tsp.gov/plan-news/i-fund-transition-defer-2020-05-13/.
5. S.945, 116th Congress, 2nd Session (2020).
6. PWG on Financial Markets (24 July 2020), 'Report on Protecting United States Investors from Significant Risks from Chinese Companies', *U.S. Department of the Treasury*, https://home.treasury.gov/system/files/136/PWG-Report-on-Protecting-United-States-Investors-from-significant-Risks-from-ChinesE-companies.pdf.
7. *Congressional Record*, Vol. 166, No. 203 (2 December 2020), at H6031.
8. Public Law No. 116-22 (18 December 2020).

1 Billion Download Mark' (27 February 2019), *Insider*, www.businessinsider.com/tiktok-hit-1-billion-downloads-surpassing-instagram-in-2018-2019-2.

22. M. Martina, 'Exclusive: In China, the Party's push for influence inside foreign firms stirs fears' (24 August 2017), *Reuters*, www.reuters.com/article/US-China-congress-companies-idUSKCN1B40JU.
23. 有關這兩部法律的一般討論，可參考Data Guidance (November 2020), *China – Data Protection Overview*, www.dataguidance.com/notes/china-data-protection-overview; M. Shi, 'China's Draft Privacy Law Both Builds On and Complicates Its Data Governance: The Personal Information Protection Law in China's Data Governance Puzzle' (14 December 2020), www.newamerica.org/cybersecurity-initiative/digichina/blog/chinas-draft-privacy-law-both-builds-on-and-complicates-its-data-governance/.
24. M. Yang, 'China's Draft Data Security Law: Foreign Companies Caught in the Middle' (12 October 2020), *Voice of America*, www.voachinese.com/a/China-data-security-law-its-impact-on-foreign-companies-in-china-20201012/5618170.html.
25. Shi, 'China's Draft Privacy Law Both Builds On and Complicates Its Data Governance'.
26. K. Paul, 'TikTok Accused in California Lawsuit of Sending User Data to China', *Reuters* (3 December 2019), https://in.reuters.com/article/us-usa-tiktok-lawsuit-idINKBN1Y708Q.
27. S. Sacks, 'China's Privacy Conundrum' (14 February 2019), www.newamerica.org/weekly/chinas-Privacy-conundrum/.
28. Lewis, J.A., 'How Scary Is TikTok?' (14 July 2020), www.csis.org/analysis/how-scary-tiktok.
29. *Halperin v. Central Intelligence Agency*, 629 F.2d 144 (D.C. Cir. 1980).
30. US Department of State, *The Clean Network*, https://2017-2021.state.gov/the-clean-

*and Ministry of Science and Technology publish the revised Catalogue of Technologies Subject to Export Bans and Restrictions* (30 August 2020), http://english.mofcom.gov.cn/article/newsrelease/significantnews/202009/20200902998221.shtml.

13. 'Rubio Introduces Legislation to Establish Standards and Restrictions for Chinese and Other High-Risk Foreign Apps' (29 October 2020), www.rubio.senate.gov/public/index.cfm/press-releases?ID=6BBDD1FB-9A04-4A52-976D-2AD71A508E60.
14. 'Donald Trump-era Ban on TikTok Dropped by Joe Biden' (9 June 2021), *BBC News*, www.bbc.com/news/technology-57413227.
15. White House, 'Executive Order on Protecting Americans' Sensitive Data from Foreign Adversaries' (9 June 2021), www.whitehouse.gov/briefing-room/presidential-actions/2021/06/09/executive-order-on-protecting-americans-sensitive-data-from-foreign-adversaries/.
16. J.D McKinnon and A. Leary, 'Trump's TikTok, WeChat Actions Targeting China Revoked by Biden' (9 June 2021), *Wall Street Journal*, www.wsj.com/articles/biden-revokes-trump-actions-targeting-tiktok-wechat-11623247225.
17. 見www.facebook.com/cateinbigcity/videos/3961569707191616/.
18. C. Biancotti, Peterson Institute for International Economics, 'The Growing Popularity of Chinese Social Media Outside China Poses New Risks in the West' (11 January 2019), www.piie.com/blogs/china-economic-watch/growing-popularity-chinese-social-media-outside-china-poses-new-risks.
19. Office of the Secretary of State, *The Elements of the China Challenge* (November 2020), www.state.gov/wp-content/uploads/2020/11/20-02832-Elements-of-China-Challenge-508.pdf.
20. 'India bans TikTok, WeChat and Dozens More Chinese Apps' (29 June 2020), *BBC News*, www.bbc.com/news/technology-53225720.
21. I.A. Hamilton, 'TikTok was Bigger than Instagram Last Year after Passing the

17. 參見*Joint Statement on Electronic Commerce – Communication from China*, INF/ECOM/19 (24 April 2019), para. 2.5.
18. 參見D.R. Kanth, 'JSI members seek market access outcomes in E-com pluri-talks', *Third World Network* (25 September 2019).
19. 參見*Joint Statement on Electronic Commerce – Communication from China*, INF/ECOM/19 (24 April 2019), para. 4.3.

## 第四章　禁止 TikTok 和微信：隱私保護與國家安全問題

1. 'Alibaba's Ma Says Data Resource Is Oil, Water of the Future' (14 October 2015), *Bloomberg News*, www.bloomberg.com/news/articles/2015-10-14/alibaba-s-ma-says-data-resource-is-oil-water-of-the-future.
2. 當我們一併討論隱私和國家安全問題時，謹提醒以下的非正式說明可能有幫助。隱私涉及個人不希望別人知道的一些秘密，國家安全則涉及國家不希望其他（尤其是敵對）國家知道的一些秘密。因此，概念上而言，侵犯隱私與侵犯國家安全非常相似。
3. 參見*Olmstead v. United States*, 277 US 438 (1928)，該案的多數意見認為竊聽技術不具有實際侵入性，因此不構成搜查。
4. *Katz v. United States*, 389 US 347 (1967).
5. *Smith v. Maryland*, 422 US 735 (1979).
6. *United States v. Jones*, 565 US 400 (2012).
7. *Halperin v. Central Intelligence Agency*, 629 F.2d 144 (D.C. Cir. 1980).
8. 案件包括*Clapper v. Amnesty International USA* (2013), *Klayman v. Obama* (2013), and *American Civil Liberties Union v. Clapper* (2015)。
9. *Carpenter v. United States*, 585 US___ (2018).
10. Recital 23, EU General Data Protection Regulation, www.privacy-regulation.eu/en/r23.htm.
11. 參見Australian Strategic Policy Institute, 2020。
12. Ministry of Commerce, People's Republic of China. *Ministry of Commerce*

4. Adrian Shahbaz, 'Freedom on the Net 2018: The Rise of Digital Authoritarianism' (2018), https://freedomhouse.org/report/freedom-net/2018/rise-digital-authoritarianism.
5. 例如參見臉書的商業案例：www.facebook.com/business/success。
6. 參見USTR, *2020 National Trade Estimate Report on Foreign Trade Barriers*, https://ustr.gov/sites/default/files/2020_National_Trade_Estimate_Report.pdf.\
7. 參見*Work Program on Electronic Commerce – Progress Report to the General Council*, S/L/74 adopted on 27 July 1999, para. 4.
8. *United States – Measures Affecting the Cross-border Supply of Gambling and Betting Services*, WT/DS285/R, adopted on 20 April 2005, para 6.287.
9. *China – Measures Affecting Trading Rights and Distribution Services for Certain Publications and Audiovisual Entertainment Products*, WT/DS363/R, adopted 19 January 2010, para 7.1218.
10. *Services Sectoral Classification List*, MTN.GNS/W/120 (10 July 1991).
11. 我們撰寫本章時，CPC最新版本（version 2.1）是二〇一五年發布的，可在這裡找到：https://unstats.un.org/unsd/classifications/unsdclassifications/cpcv21.pdf (accessed 29 July 2019)。
12. *The Economist*, 'China Invents the Digital Totalitarian State' (17 December 2016), www.economist.com/briefing/2016/12/17/china-invents-the-digital-totalitarian-state.
13. 見www.mfat.govt.nz/assets/Trade-agreements/TPP/Text-eNGLISH/14.-Electronic-Commerce-Chapter.pdf.
14. 見https://ustr.gov/sites/default/files/files/agreements/FTA/USMCA/Text/19-Digital-Trade.pdf.
15. 參見*Work Program on Electronic Commerce*, WT/L/274 (25 September 1998).
16. 參見*Joint Statement on Electronic Commerce*, WT/L/1056 (25 January 2019).

*Environment with Reciprocally Equal Access: Non-Paper from the Separate Customs Territory of Taiwan, Penghu, Kinmen and Matsu*, JOB/GC/170 (16 February 2018).

24. USTR, *2016 National Trade Estimate Report*, 91, https://ustr.gov/sites/default/files/2016-NTE-Report-FINAL.pdf accessed 24 October 2018.
25. USTR, *2018 National Trade Estimate Report on Foreign Trade Barriers*, 104, https://ustr.gov/sites/default/files/files/Press/Reports/2018%20National%20Trade%20Estimate%20Report.pdf accessed 24 October 2018.
26. Freedom House, 'Freedom on the Net 2017: China Country Profile', https://freedomhouse.org/report/freedom-net/2017/china accessed 24 October 2018.
27. World Trade Organization, 'Principles of the Trading System', www.wto.org/english/thewto_e/whatis_e/tif_e/fact2_e.htm#:~:text=The%20WTO%20is%20sometimes%20described,open%2C%20fair%20and%20undistorted%20competition.

## 第三章　電子商務重商主義：封鎖網路的問題

1. 參見*Work Program on Electronic Commerce*, WT/L/274 (25 September 1998)。關於數位內容／產品（例如電腦程式、文本、影片、圖像、錄音）特徵的爭論仍進行中，我們不打算在這裡處理這問題。
2. Ministry of Public Security Order No 33 (16 December 1997), www.dffyw.com/faguixiazai/xzf/201003/20100325213033.htm. 國家網路信息辦公室屬下的網路違法信息舉報中心也奉行類似的標準。The Internet Illegal Information Reporting Center, 'Guidance on Reporting' (5 February 2018), www.12377.cn/txt/2018-02/05/content_40215072.htm.
3. Adrian Shahbaz and Allie Funk, *Freedom on the Net* 2020: *The Pandemic's Digital Shadow* (Freedom House 2020), https:// freedomhouse.org/report/freedom-net/2020/pandemics-digital-shadow.

是關於那些在全世界都還沒出現，但已被斷言將具有報酬遞增特性的產業。

16. 參見OECD, 'Excess Capacity in the Global Steel Industry and the Implications of New Investment Projects' (2015) ECD Science, Technology and Industry Policy Papers, No. 18, 5, https://doi.org/10.1787/5js65x46nxhj-en.
17. 例如參見Mavroidis and Janow (2017)。
18. 參見'*Joint Statement on Trilateral Meeting of the Trade Ministers of the United States, Japan, and the European Union*', https://ustr.gov/about-us/policy-offices/press-office/press-releases/2018/may/joint-statement-trilateral-meeting.
19. CPTPP第十七章全文見此處：www.mfat.govt.nz/assets/Trade-agreements/TPP/Text-ENGLISH/17.-State-Owned-Enterprises-and-Designated-Monopolies-Chapter.pdf
20. 《美國與新加坡自由貿易協定》第一二．八．五條：「如果政府及其政府企業單獨或聯合起來：（a）擁有一個實體逾五〇%的投票權；或（b）有能力對一個實體的董事會或任何其他管理機構之構成施加重大影響，決定該實體的策略、財務或營運政策或計畫，或以其他方式對該實體的管理或營運施加重大影響，則政府就是可以有效影響該實體。如果政府及其政府企業單獨或聯合起來，擁有該實體不多於五〇%但超過二〇%的投票權，而且這份投票權在各方之中是最大的一份，有效影響的可推翻推定即告成立。附件一二A說明了關於有效影響的分析應該怎麼做。」
21. *The Geneva Ministerial Declaration on global electronic commerce*, WT/MIN(98)/DEC/2 (20 May 1998).
22. 參見WTO Secretariat, 'Electronic Commerce', www.wto.org/english/thewto_e/minist_e/mc11_e/briefing_notes_e/bfecom_e.htm.
23. 亦見*Removing Cyberspace Trade Barriers: Towards a Digital Trade*

genome-project/; Brain Initiative, 'The BRAIN Initiative Mission', www.braininitiative.org/mission/.

12. Federal Ministry for Economic Affairs and Energy of Germany, 'What Is Industrie 4.0?', www.plattform-i40.de/I40/Navigation/EN/Industrie40/WhatIsIndustrie40/what-is-industrie40.html.
13. 參見The European Commission. 'Future and Emerging Technologies', https://ec.europa.eu/programmes/horizon2020/en/h2020-section/future-and-emerging-technologies.
14. 例如參見James McBride, 'Is "Made in China 2025" a Threat to Global Trade?' (Council on Foreign Relations, 2 August 2018), www.cfr.org/backgrounder/made-china-2025-threat-global-trade.
15. 我們認為有必要在這裡強調，此處討論的問題，與關於加拿大躉購電價（FIT）的WTO爭端所涉及的補貼和新市場問題，頗為不同。在加拿大FIT一案中，上訴機構區分了「『創造原本不會存在的市場』之政府干預」與「『支持業已存在的市場中的特定參與者』的政府干預」，並表示在前一種情況下，「不能說政府干預扭曲了市場。」詳情參見*Canada – Measures Relating to the Feed-in Tariff Program* ('*Canada–FIT*'), WT/DS412/AB/R, adopted 24 May 2013, para. 5.188。這種區分是必要的，因為這樣才有適當的標準來評斷再生能源產業是否獲得《補貼及平衡措施協定》第一．一（b）條所指的利益。亦參見Cosbey and Mavroidis (2014)。但是，在我們看來，加拿大FIT一案的關鍵是：安大略省政府的保證電價條件，是發電業者必須使用加國本土產品。因此，這個可議的補貼計畫的受益者，是加拿大再生能源商品（例如太陽能電池）的生產商。相關產業當時在安大略省雖然尚未存在，但已經存在於世界其他角落。在這個例子中，這些產業是否具有報酬遞增特性從來不是問題。因此，究其性質，該爭端屬於現行《補貼及平衡措施協定》的管轄範圍。相對之下，我們在這裡討論的「新產業」問題，

Intellectual Property, and Innovation, 83 Fed. Reg. 28,710 (20 June 2018).

4. United States Standards for Grades of Almonds in the Shell, 78 Fed. Reg. 14,907 (6 April 2018).
5. USTR, *2017 Report to Congress on China's WTO Compliance*, https://ustr.gov/sites/default/files/files/Press/Reports/China%202017%20WTO%20Report.pdf accessed 24 October 2018.
6. Actions by the United States Related to the Section 301 Investigation of China's Laws, Policies, Practices, or Actions Related to Technology Transfer, Intellectual Property, and Innovation, 83 Fed. Reg. 13,099 (22 March 2018).
7. 例如可參考以下報導：Lindsay Dunsmuir and Howard Schneider, 'U.S., China Putting Trade War on Hold, Treasury's Mnuchin Says', *Reuters* (20 May 2018), www.reuters.com/article/us-usa-trade-mnuchin/u-s-china-putting-trade-war-on-hold-treasurys-mnuchin-says-idUSKCN1IL0JG.
8. Notice of Modification of Section 301 Action: China's Acts, Policies, and Practices Related to Technology Transfer, Intellectual Property, and Innovation, 83 Fed. Reg. 47,974 (21 September 2018).
9. 參見The State Council of China, *Notice Issued by the State Council Regarding Made in China* 2025, Guo-Fa (2015) no. 28 (19 May 2015), www.gov.cn/zhengce/content/2015-05/19/content_9784.htm accessed 24 October 2018. 該計畫的十大重點產業為：一、先進新資訊科技；二、自動化機床和機器人；三、航空航天設備；四、海洋工程設備和高科技船舶；五、現代軌道交通設備；六、新能源汽車和設備；七、電力設備；八、農業設備；九、新材料；十、生物醫藥和先進醫療設備。
10. 關於策略性研發補貼影響的一般經濟分析，參見Bagwell and Staiger (1994)。
11. National Human Genome Research Institute, 'An Overview of the Human Genome Project', www.genome.gov/12011238/an-overview-of-the-human-

11. 'China Tells Carriers to Block Access to Personal VPNs by February', *Bloomberg News* (11 July 2017), www.bloomberg.com/news/articles/2017-07-10/china-is-said-to-order-carriers-to-bar-personal-vpns-by-february.
12. 參見Michael Martina, 'Exclusive: In China, the Party's Push for Influence Inside Foreign Firms Stirs Fears', *Reuters* (24 August 2017), www.reuters.com/article/US-China-congress-companies-idUSKCN1B40JU。亦參見中國證券監督管理委員會二〇一八年六月十六日公布的規則。
13. Stanley Lubman, 'The Unprecedented Reach of China's Surveillance State', *The China File* (15 September 2017), www.chinafile.com/reporting-opinion/viewpoint/unprecedented-reach-ofchinas-surveillancestate?utm_source=feedburner&utm_medium=feed&utm_campaign=Feed%3A+chinafile%2FAll+%28ChinaFile%29; Josh Chin and Gillian Wong, 'China's New Tool for Social Control: A Credit Rating for Everything', *Wall Street Journal* (28 November 2016), www.wsj.com/articles/chinas-new-tool-for-socialcontrol-a-credit-rating-for-everything-1480351590?mg=prod/accounts-wsj.
14. 有關中國政治制度的一般介紹，可參考William A. Joseph (ed.), *Politics in China: An Introduction* (Oxford University Press 2019); June Teufel Dreyer, *China's Political System: Modernization and Tradition* (Routledge 2019)。

## 第二章　中國製造二〇二五：政府補貼的問題

1. *China's Trade-Disruptive Economic Model: Communication from the United States*, WT/GC/W/745 (16 July 2018).
2. *China and the World Trade Organization: Communication from China*, WT/GC/W/749 (23 July 2018).
3. China's Acts, Policies, and Practices Related to Technology Transfer,

七四四部分的附件四找到，其內容包括外國的個人、政府組織和公司的名字，從美國出口某些項目給這些實體必須遵守特定的許可要求。這些具體的許可要求是《出口管理條例》以外的額外要求。列入實體清單的項目若要出口，都必須獲得批准。違反此一規定可能遭受刑事起訴。

6. 參見Shawn Donnan, 'US Says China WTO Membership was a Mistake' *Financial Times* (20 January 2018), www.ft.com/content/edb346ec-fd3a-11e7-9b32-d7d59aace167 accessed 15 September 2020.
7. 美中衝突的另一種解釋是修昔底德陷阱論（Allison, 2017）：原本較弱的一方（中國）逐漸成為有力挑戰現存霸主（美國）的強國時，兩大巨頭必然面臨衝突。我們的分析可視為對此一理論的補充。即使如修昔底德陷阱論所述，兩大巨頭確實有對抗的本能動機，我們的論述也從經濟面分析了這種衝突為何無可避免。
8. 例如參見USTR, 2017 *Report to Congress on China's* WTO *Compliance* (2018), https://ustr.gov/sites/default/files/files/Press/Reports/China%202017%20WTO%20Report.pdf; USTR, 2016 *National Trade Estimate Report* https://ustr.gov/sites/default/files/2016-NTEReport-FINAL.pdf,91; USTR, 2018 *National Trade Estimate Report on Foreign Trade Barriers* (2018), https://ustr.gov/sites/default/files/files/Press/Reports/2018%20National%20Trade%20Estimate%20Report.pdf, 104, 及 'Joint Statement of the Trilateral Meeting of the Trade Ministers of the United States, Japan, and the European Union' (31 May 2018), https://ustr.gov/about-us/policy-offices/press-office/press-releases/2018/may/joint-statement-trilateral-meeting.
9. Freedom House, *Freedom on the Net* 2020: *China Country Profile*, https://freedomhouse.org/country/china/freedom-net/2020.
10. 參見USTR, *2020 National Trade Estimate Report on Foreign Trade Barriers*, https://ustr.gov/sites/default/files/2020_National_Trade_Estimate_Report.pdf, 119.

# 註釋

## 序言

1. 第二章改寫自C.Y. Cyrus Chu and Po-Ching Lee (2019) 'Three Changes Not Foreseen by WTO Rules Framers Twenty-Five Years Ago', *Journal of World Trade*, 53(6): 895– 922，見https://kluwerlawonline.com/journalarticle/Journal+of+World+Trade/53.6/TRAD2019036。第三章改寫自C.Y. Cyrus Chu and Po-Ching Lee (2020) 'E-commerce Mercantilism-Practices and Causes', *Journal of International Trade Law and Policy*, Vol. 19, No. 1: 51– 66，見www.emerald.com/insight/content/doi/10.1108/JITLP-08-2019-0054/full/html。

## 第一章　引言：當「社會主義市場經濟」走向世界

1. Chalmers Johnson, *MITI and the Japanese Miracle: The Growth of Industrial Policy*, 1925–1975 (Stanford University Press 1982).
2. 同上，第十八頁。
3. Aaron L. Friedberg, 'Competing with China' (2018) 60 *Survival* 7; Hal Brands, 'Democracy vs Authoritarianism: How Ideology Shapes Great-power Conflict' 60(5) *Survival*, 61–114 (2018).
4. 據BBC新聞二〇二一年九月二十五日的報導，孟晚舟在與美國檢察官達成認罪協議後終於獲釋。
5. 美國工業和安全局（BIS）負責管制那些可能危害美國國家安全的商品和相關技術之出口。該局的實體清單可在《出口管理條例》第

Verizon, 2013 *Verizon Data Breach Investigations Report* (2013).

Wang Y, *Tying the Autocrat's Hands: The Rise of The Rule of Law in China* (Cambridge University Press 2015).

Yang X, 'State-owned Enterprises: A Real Challenge to the World Trade Organization' (2018) 8 *Journal of WTO and China* 5.

Yu H, ' Reform of State-owned Enterprises in China: The Chinese Communist Party Strikes Back' (2019) 43 *Asian Studies Review* 332.

Zhou W, Gao HS, and Bai X, ' Building a Market Economy Through WTO- inspired Reform of State-owned Enterprises in China' (2019) 68 *International and Comparative Law Quarterly* 977.

Zhu S, 'The Party and the Courts' in Peerenboom R (ed.), *Judicial Independence in China: Lessons for Global Rule of Law Promotion* (Cambridge University Press 2010).

## 第九章 如何與龍共舞？

Chen KP and Chu CYC, 'Internal Control versus External Manipulation: A Model of Corporate Income Tax Evasion' (2005) 35 *The Rand Journal of Economics* 151.

Fogel R and Engerman SL, *Time on the Cross: The Economics of American Negro Slavery* (University Press of America 1974).

Friedman T, *The World Is Flat* (Farrar, Straus and Giroux 2005).

Keynes JM, *The General Theory of Employment, Interest and Money* (*Palgrave Macmillan* 1936).

*The Economist*, 20–26 March 2021 issue.

*The Economist*, 3–9 April 2021 issue.

*Independence in China: Lessons for Global Rule of Law Promotion* (Cambridge University Press 2010).

Li L, 'The "Production" of Corruption in China's Courts: Judicial Politics and Decision Making in a One-party State' (2012) 37 *Law and Social Inquiry* 848.

Lovely ME and Huang Z, 'Foreign Direct Investment in China's High-technology Manufacturing Industries' (2018) 26 *China & World Economy* 104.

Mastel G, 'A New U.S. Trade Policy toward China' (1996) 19 *Washington Quarterly* 189.

Ng KH and He X, *Embedded Courts: Judicial-Making in China* (Cambridge University Press 2017).

Prud'homme D and Zhang T, *China's Intellectual Property Regime for Innovation: Risks to Business and National Development* (Springer 2019).

Prud'homme D, von Zedtwitzc M, Thraen JJ, and Bader M, '"Forced Technology Transfer"' Policies: Workings in China and Strategic Implications' (2018) 134 *Technological Forecasting & Social Change* 150.

Qin JY, 'Forced Technology Transfer and the US-China Trade War: Implications for International Economic Law' (2019) 22 *Journal of International Economic Law* 743.

Schiappacasse M, 'Intellectual Property Rights in China: Technology Transfers and Economic Development' (2004) 2 *Buffalo Intellectual Property Law Journal* 164.

Sykes AO, 'The Law and Economics of "Forced" Technology Transfer (FTT) and Its Implications for Trade and Investment Policy (and the U.S.-China Trade War) ' (2021) 13 *Journal of Legal Analysis* 127.

Tundang RE, 'US-China Trade War: An Impetus for New Norms on Technology Transfer' (2020) 6 *Journal of World Trade* 943.

Cheng TK, 'A Developmental Approach to the Patent-Antitrust Interface' (2012) 33 *Northwestern Journal of International Law and Business* 47.

deLisle J, 'China's Legal System' in Joseph WA (ed.), *Politics in China: An Introduction* (Oxford University Press 2019).

Economy E, *The Third Revolution: Xi Jinping and the New Chinese State* (Oxford University Press 2018).

European Union Chamber of Commerce in China, *Business Confidence Survey* 2017 (2017).

European Union Chamber of Commerce in China, *Business Confidence Survey* 2020 (2020).

Finder S, 'China's Translucent Judicial Transparency' in Fu H (ed.), *Transparency Challenges Facing China* (Wildy, Simmonds and Hill Publishing 2019).

Gordon JN and Milhaupt CJ, 'China as a National Strategic Buyer: Toward a Multilateral Regime for Cross-Border M&A' (2019) *Columbia Business Law Review* 192.

Hout T and Ghemawat P, 'China vs the World: Whose Technology Is It?' (2010) *Harvard Business Review*.

Jackson JH, Davey WJ, and Sykes Jr AI, *Legal Problems of International Economic Relations: Cases, Materials and Text* (Thomson West 2018).

Kim D and Lo I, 'What is China's New Foreign Investment Law, and What Does It Mean for Canada and the Global Economy?' (Asia Pacific Foundation of Canada, 9 April 2019), www.asiapacific.ca/fr/blog/what-chinas-new-foreign-investment-law-and-what-does-it-mean.

Lee J, 'Forced Technology Transfer in the Case of China' (2020a) 26 *Boston University Journal of Science and Technology Law* 324.

Lee J, 'Shifting IP Battlegrounds in the U.S. – China Trade War' (2020b) 43 *Columbia Journal of Law and the Arts* 147.

Li L, 'Corruption in China's Courts' in Peerenboom R (ed.), *Judicial*

## 第七章　跨國併購管制：國家資本主義問題

Byrne MR, 'Protecting National Security and Promoting Foreign Investment: Maintaining the Exon-Florio Balance' (2006) 67 *Ohio State Law Journal* 849.

Christensen CM, Ojomo E, and Dillon K (eds), *The Prosperity Paradox* (Harper Collins 2019).

Malawer SS, 'Global Mergers and National Security' (2006) 24 *Virginia Lawyer* 34.

O'Keefe C, 2020, 'Technical Report: How Will National Security Considerations Affect Antitrust Decisions in AI? An Examination of Historical Precedents' (2020) 7, www.fhi.ox.ac.uk/wp-content/uploads/How-Will-National-security-Considerations-Affect-Antitrust-Decisions-in-AI-Cullen-OKeefe.pdf.

## 第八章　強制技術移轉：補救不足的問題

Andrenelli A, Gourdon J, and Moïsé E, 'International Technology Transfer Policies' (2019) OECD Trade Policy Papers, No 222.

Branstetter LG, *China's Forced Technology Transfer Problem — And What to Do About It* (Peterson Institute for International Economics 2018).

Brown M and Singh P, *China's Technology Transfer Strategy: How Chinese Investments in Emerging Technology Enable A Strategic Competitor to Access the Crown Jewels of U.S. Innovation* (Defense Innovation Unit Experimental 2018).

Brum J, 'Technology Transfer and China's WTO Commitments' (2019) 50 *Georgetown Journal of International Law* 709.

Carbaugh B and Wassell C, 'Forced Technology Transfer and China' (2019) 39 *Economic Affairs* 306.

(2017) *The Financial Times Chinese Website*, www.ftchinese.com/story/001075315?full=y&archive.

## 第六章　全球化時代的反托拉斯法：競爭中立問題

Bellabona P and Spigarelli F, 'Moving from Open Door to Go Global: China goes on the World Stage' (2007) 1 (1) *International Journal of Chinese Culture and Management* 93.

Bradford A, Adam SC, Megaw C, and Sokol N, 'Competition Law Gone Global: Introducing the Comparative Competition Law and Enforcement Datasets' (2019) 16 (2) *Journal of Empirical Legal Studies* 411.

Chow DCK, 'China's Enforcement of Its Anti-Monopoly Law and Risks to Multinational Companies' (2016) 14 (1) *Santa Clara Journal of International Law* 99.

Epstein A, 'Curbing the Abuses of China's Anti-Monopoly Law: An Indictment and Reform Agenda' (2014), https://sls.gmu.edu/cpip/wp-content/uploads/sites/31/2014/04/Curbing-the-Abuses-of-Chinas-Anti-Monopoly-Law.pdf.

Fels A, 'China's Antimonopoly Law 2008: An Overview' (2012) 41 *Review of Industrial Organization* 7.

Healey D, 'Competitive Neutrality: The Concept' in Deborah Healey (ed.) *Competitive Neutrality and Its Application in Selected Developing Countries* (United Nations Conference on Trade and Development 2014).

Lin KJ, Lu X, Zhang J, and Zheng Y, 'State-owned Enterprises in China: A Review of 40 Years of Research and Practice' (2020) *China Journal of Accounting Research*, 13 (1) 31.

Wu T, *The Curse of Bigness – Antitrust in the New Gilded Age* (Global Reports 2018).

Zhang AH, 'Bureaucratic Politics and China's Anti-Monopoly Law' (2014) 47 (3) *Cornell International Law Journal* 671.

*Corporate Law* (Routledge 2016).

Guo L, Smallman C, and Radford J, 'A Critique of Corporate Governance in China' (2013) 55 (4) *International Journal of Law and Management* 257.

Lin, LY-H and Milhaupt C, 'Party Building or Noisy Signaling? The Contours of Political Conformity in Chinese Corporate Governance' (2020) *Journal of Legal Studies* 187.

Mark L, 'The Impact of Chinese State Secrecy Laws on Foreign- Listed Companies' (2014) *Bloomberg* (3 December 2014), https://news.bloomberglaw.com/securities-law/the-impact-of-chinese-state-secrecy-laws-on-foreign-listed-companies-1.

McGregor R, *The Party – The Secret World of China's Communist Rulers* (*Harper Perennial* 2010).

Milhaupt, J and Zheng W, 'Beyond Ownership: State Capitalism and the Chinese Firm' (2015) 103 (3) *Georgetown Law Journal* , 665.

Organisation for Economic Co-operation and Development (OECD), *Corporate Governance of Listed Companies in China: Self-Assessment by the China Securities Regulatory Commission* (OECD Publishing 2011 ).

The U.S.-China Economic and Security Review Commission, 'Chinese Companies Listed on Major U.S. Stock Exchanges' (2020), www.uscc.gov/sites/default/files/2020-10/Chinese_Companies_on_US_Stock_Exchanges_10-2020.pdf.

World Bank, 'China's Management of Enterprise Assets: The State as a Shareholder' World Bank Report No. 1 6265-CHA (1997), http://documents1.worldbank.org/curated/en/575461468769271136/pdf/multi-page.pdf.

Wu M, 'The "China, Inc." Challenge to Global Trade Governance' (2016) 57 (2) *Harvard International Law Journal* 261.

Zheng Z, 'HengFeng Bank's Chinese-style Insider Control Problem'

President's Council of Advisors on Science and Technology (2014) *Big Data and Privacy: A Technological Perspective.*

Prosser WL, 'Privacy' (1960) 48 (3) *California Law Review* 383.

Rubio, M (R-FL), *The Adversarial Platform Prevention (APP) Act* (2020).

Schlabach GR, 'Privacy in the Cloud: The Mosaic Theory and the Stored Communications Act' (2015) 67 *Stanford Law Review* 677.

Solove, DJ, 'A Taxonomy of Privacy' (2006) 154 *University of Pennsylvania Law Review* 477.

Waldman, AE, *Privacy as Trust: Information Privacy for an Information Age* (Cambridge University Press 2018).

Warren S. and Brandeis L, 'The Right to Privacy' (1890) 4 (5) *Harvard Law Review* 193.

Yu, H, ' Reform of State-owned Enterprises in China: The Chinese Communist Party Strikes Back' (2019) 43 (2) *Asian Studies Review* 332.

Zuboff, S, *The Age of Surveillance Capitalism: The Fight for a Human Future at the New Frontier of Power* (Public Affairs 2019).

## 第五章　制定《外國公司問責法》：上市公司問責問題

Allen, J and Li R (eds), *Awakening Governance: The Evolution of Corporate Governance in China, ACGA China CG Report* 2018. (Asian Corporate Governance Association 2018).

Armour J, Hansmann H, and Kraakman R, 'Agency Problems and Legal Strategies' in Kraakman R et al. (eds), *The Anatomy of Corporate Law: A Comparative and Functional Approach* (*3rd*) (Oxford University Press 2017).

Chen K-P and Chu CYC, 'Internal Control versus External Manipulation: A Model of Corporate Income Tax Evasion' (2005) 35 (1) *The Rand Journal of Economics* 151.

Fu J, 'State Capitalism and Corporate Law' in Tomasic R. (ed.), *Handbook of*

*Controlling Global Information Flows* (2020).
Chen YJ, Lin CF and Liu HW, 'Rule of Trust: The Power and Perils of China's Social Credit Megaproject' (2018) 32 (1) *Columbia Journal of Asian Law*, 1.
Clarke DC, ' Puzzling Observations in Chinese Law ' in Hsu CS (ed.), *Understanding China's Legal System* (New York University Press 2003).
Eichensehr Kristen E, 'Digital Switzerlands' (2019) 167 *University of Pennsylvania Law Review* 665–732.
Executive Office of the President (6 August 2020) Executive Order 13942 Addressing the Threat Posed by TikTok, and Taking Additional Steps To Address the National Emergency With Respect to the Information and Communications Technology and Services Supply Chain.
Executive Office of the President (6 August 2020) Executive Order 13943 Addressing the Threat Posed by WeChat, and Taking Additional Steps To Address the National Emergency With Respect to the Information and Communications Technology and Services Supply Chain.
Executive Office of the President (14 August 2020) Order of August 14, 2020 Regarding the Acquisition of Musical.ly by ByteDance Ltd.
IT Governance Privacy Team (2016) *EU General Data Protection Regulation* (GDPR): *An Implementation and Compliance Guide. IT Governance Publishing.*
Kerr O. S, 'The Mosaic Theory of the Fourth Amendment' (2012) 111 (3) *Michigan Law Review* 311.
Negroponte N, *Being Digital* (Alfred A. Knopf Inc. 1994)
Nissenbaum H, 'Privacy as Contextual Integrity' (2004) 79 (1) *Washington Law Review* 119.
Office of the Secretary of State, *The Elements of the China Challenge* (2020).
Pozen DE, 'The Mosaic Theory, National Security, and the Freedom of Information Act' (2005) 115 *Yale Law Journal* 628.

Google, 'Mobile Site Load Time Statistics' (2016) www.thinkwithgoogle.com/data/mobile-site-load-time-statistics/.

Manak I, 'U.S. WTO E-commerce Proposal Reads Like USMCA' (2019) https://worldtradelaw.typepad.com/ielpblog/2019/05/us-wto-E-commerce-proposal-reads-like-usmca.html.

Negroponte N, *Being Digital* (Knopf 1994).

Orendorff A, 'Global Ecommerce Statistics and Trends to Launch Your Business Beyond Borders' (2019) www.shopify.com/enterprise/global-ecommerce-statistics#2.

The Economist, 'How does China Censor the Internet?' (2013) www.economist.com/the-economist-explains/2013/04/21/how-does-china-censor-the-internet.

The Economist, 'China's Tech Trailblazers' (2016) www.economist.com/leaders/2016/08/06/chinas-tech-trailblazers.

Third World Network, 'JSI Members Seek Market Access Outcomes in E-com Pluri-talks' (2019) www.twn.my/title2/wto.info/2019/ti190910.htm.

USTR, 2016 *National Trade Estimate Report* (2016) https://ustr.gov/sites/default/fiav/2016-NTE-Report-FINAL.pdf.

USTR, 2019 *National Trade Estimate Report on Foreign Trade Barriers* (2019) *https*://ustr.gov/sites/default/files/2019_National_Trade_Estimate_Report.pdf.

Wu T, 'The World Trade Law of Censorship and Internet Filtering' (2006) 7 *Chicago Journal of International Law* 263.

## 第四章　禁止 TikTok 和微信：隱私保護與國家安全問題

Australian Strategic Policy Institute, *Mapping More of China's Technology Giants* (2019).

Australian Strategic Policy Institute, *TikTok and WeChat: Curating and*

University Press 2008), 159–160.

Kawase T and Ambashi M, 'Disciplines on State-owned Enterprises Under the Trans-Pacific Partnership Agreement: Overview and Assessment' (2018) *ERIA Discussion Paper Series*.

Mavroidis PC and Janow ME, 'Free Markets, State Involvement, and the WTO: Chinese State-owned Enterprises in the Ring' (2014) 16 *World Trade Review* 571.

Negroponte N, *Being Digital* (Knopf 1994).

Romer PM, 'Endogenous Technological Change' (1990) 98 *Journal of Political Economy* S71.

Thorstensen V, Ramos D , Muller C, and Bertolaccini F, 'WTO – Market and Non-Market Economies: The Hybrid Case of China' (2013) 1 *Latin American Journal of International Trade Law* 765.

Wu M, 'The "China, Inc." Challenge to Global Trade Governance' (2016) 57 *Harvard International Law Journal* 261.

Zhou W, Gao HS, and Bai X, 'China's SOE Reform: Using WTO Rules to Build a Market Economy' (2018) *Society of International Economic Law*, Sixth Biennial Global Conference 53.

## 第三章　電子商務重商主義：封鎖網路的問題

Aaronson SA, 'What Are We Talking About When We Talk About Digital Protectionism?' (2019) 18 *World Trade Review* 541.

Ahmed U, 'The Importance of Cross-border Regulatory Cooperation in an Era of Digital Trade' (2019) 18 *World Trade Review* S99.

An D, 'Find Out How You Stack Up to New Industry Benchmarks for Mobile Page Speed' (*Think with Google*, February 2017) www.thinkwithgoogle.com/intl/en-ca/marketing-strategies/app-and-mobile/mobile-page-speed-new-industry-benchmarks/.

McGregor R, *The Party – The Secret World of China's Communist Rulers* (Harper Perennial 2010).

Musacchio A and Lazzarini SG, *Reinventing State Capitalism: Leviathan in Business, Brazil and Beyond* (Harvard University Press 2014).

Rajan RG, *The Third Pillar: How Markets and the State Leave the Community Behind* (Penguin Press 2019).

## 第二章 中國製造二〇二五：政府補貼的問題

Arthur WB, 'Competing Technologies, Increasing Returns, and Lock-in by Historical Events' (1989) 99 *The Economic Journal* 116.

Arthur WB, 'Increasing Returns and the New World of Business' (1996) 74 *Harvard Business Review* 100.

Bagwell K and Staiger RW, 'The Sensitivity of Strategic and Corrective R&D Policy in Oligopolistic Industries' (1994) 36 *Journal of International Economics* 133.

Bagwell K and Staiger RW, 'Will International Rules on Subsidies Disrupt the World Trading System?' (2006) 96 *American Economic Review* 877.

Bernstein J, *Secrecy World: Inside the Panama Papers Investigation of Illicit Money Networks and the Global Elite* (Henry Holt and Co 2017).

Cosbey A and Mavroidis PC, 'A Turquoise Mess: Green Subsidies, Blue Industrial Policy and Renewable Energy: The Case for Redrafting the Subsidies Agreement of the WTO' (2014) 17 *Journal of International Economic Law* 26–27, 32–33.

Durlauf SN, 'On the Convergence and Divergence of Growth Rates' (1996) 106 *The Economic Journal* 1016.

Hicks J, *Value and Capital: An Inquiry into Some Fundamental Principles of Economic Theory* (Oxford University Press 1939).

Irwin DA, Mavroidis PC, and Sykes AO, *The Genesis of the GATT* (Cambridge

# 參考書目

## 第一章 引言：當「社會主義市場經濟」走向世界

Acemoglu D and Robinson J, *Why Nations Fail: The Origins of Power, Prosperity and Poverty* (Crown Business 2012).

Acemoglu D and Robinson J, *The Narrow Corridor: State, Society and the Fate of Liberty* (Penguin Books 2019).

Acs ZJ , Desai S, and Hessels J, ' Regional Innovation ' in Acs ZJ (ed.), *Regional Innovation, Knowledge, and Global Change* (2000).

Allison G, *Destined for War – Can America and China Escape Thucydides's Trap?* (Houghton Mifflin Harcourt 2017).

Bolton J, *The Room Where It Happened – A White House Memoir* (Simon and Schuster 2020).

Chu CYC and Lee PC, 'Three Changes Not Foreseen by WTO Rules Framers Twenty-Five Years Ago' (2019) 53 *Journal of World Trade*, 895.

Diamond L and Linz J, 'Introduction: Politics, Society and Democracy in Latin America' in Diamond L, Linz J and Lipset SM (eds), *Democracy in Developing Countries* , vol. 4 Latin America (Lynne Reinner Publishers 1989).

Inglehart R and Welzel C, 'Changing Mass Priorities: The Link between Modernization and Democracy' (2010) 8 *Perspectives on Politics* 551.

Lipset SM, 'Some Social Requisites of Democracy: Economic Development and Political Legitimacy' (1959) 53 *American Political Science Review* 69.

Beyond 48

世界的啟迪

# 價值戰爭：極權中國與民主陣營的終極經濟衝突

Ultimate Economic Conflict Between China and Democratic Countries: An Institutional Analysis

| | |
|---|---|
| 作者 | 朱敬一、羅昌發、李柏青、林建志 |
| 譯者 | 許瑞宋 |
| 執行長 | 陳蕙慧 |
| 總編輯 | 張惠菁 |
| 責任編輯 | 林立恆 |
| 行銷總監 | 陳雅雯 |
| 行銷企劃 | 趙鴻祐、張偉豪 |
| 封面設計 | Javick Studio |
| 內頁排版 | 宸遠彩藝 |
| 出版 | 衛城出版 / 遠足文化事業股份有限公司 |
| 發行 | 遠足文化事業股份有限公司（讀書共和國出版集團） |
| 地址 | 23141 新北市新店區民權路 108-2 號 9 樓 |
| 電話 | 02-22181417 |
| 傳真 | 02-22180727 |
| 客服專線 | 0800-221029 |
| 法律顧問 | 華洋法律事務所　蘇文生律師 |
| 印刷 | 呈靖彩藝有限公司 |
| 初版一刷 | 2023 年 7 月 |
| 定價 | 480 元 |
| ISBN | 978-626-7052-85-3（平裝） |



歡迎團體訂購，另有優惠，請洽 02-22181417，分機 1124



Ultimate Economic Conflict between China and Democratic Countries: An Institutional Analysis, 1 edition
By C.Y.C. Chu, P.C. Lee, C.C. Lin, C.F. Lo/ 9781032233260
*Routledge is an imprint of the Taylor & Francis Group, an informa business*



國家圖書館出版品預行編目(CIP)資料

價值戰爭：極權中國與民主陣營的終極經濟衝突 / 朱敬一, 羅昌發, 李柏青, 林建志著 ; 許瑞宋譯. -- 初版. -- 新北市 : 衛城出版, 遠足文化事業股份有限公司, 2023.07
面 ; 公分. --（Beyond ; 48）
譯自：Ultimate economic conflict between China and democratic countries : an institutional analysis.
ISBN 978-626-7052-85-3（平裝）

1. 中美經貿關係　2. 國際經濟關係

552.2　　112007841

ACRO POLIS
衛城出版
Email acropolismde@gmail.com
Facebook www.facebook.com/acrolispublish